인조이 **오키나와**

인조이 오키나와

지은이 박용준 · 강진아 · 송은아
펴낸이 임상진
펴낸곳 (주)넥서스

초판　1쇄 발행 2015년 1월 30일
2판　20쇄 발행 2017년 7월 20일

3판　1쇄 발행 2018년 1월 15일
3판　3쇄 발행 2018년 7월 25일

출판신고 1992년 4월 3일 제311-2002-2호
10880 경기도 파주시 지목로 5
Tel (02)330-5500 Fax (02)330-5555

ISBN　979-11-6165-228-3　13980

저자와 출판사의 허락 없이 내용의 일부를
인용하거나 발췌하는 것을 금합니다.
저자와의 협의에 따라서 인지는 붙이지 않습니다.

가격은 뒤표지에 있습니다.
잘못 만들어진 책은 구입처에서 바꾸어 드립니다.

www.nexusbook.com

여행을 즐기는 가장 빠른 방법

인조이
오키나와
OKINAWA

박용준·강진아·송은아 지음

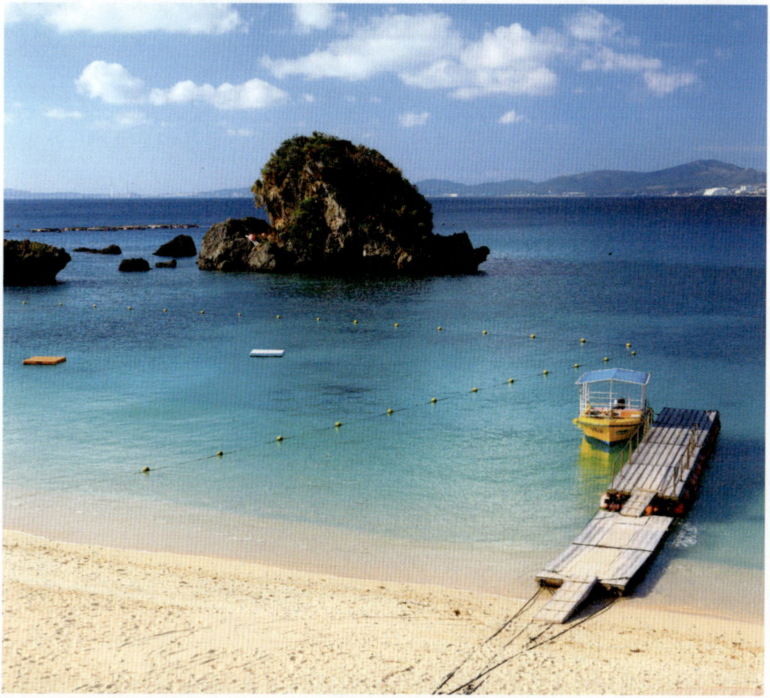

넥서스BOOKS

여는글

Fall in love with Okinawa
오키나와 사랑합니다!

🌺　　오키나와는 일본 최남단의 섬으로 중국, 일본, 류큐의 문화가 뒤섞여 있어 일본인 듯 일본 같지 않은 매력을 가진 곳입니다. 사계절 따뜻하며 에메랄드블루빛 바다가 넓게 펼쳐지는 아름다운 섬으로의 여행. 우리나라에서 2시간밖에 걸리지 않는 가까운 거리에 있고 다양한 항공편이 있기 때문에 마음만 먹는다면 언제라도 찾을 수 있는 곳입니다.

오키나와의 취재는 다른 일본의 지역들과는 다르게 전차가 없고 대중교통이 발달해 있지 않으며 대부분이 섬이기 때문에 쉽지만은 않은 여정이었습니다. 하지만 취재를 하면 할수록 오키나와의 매력에 푹 빠지게 되고 예정보다 긴 한 달 이상의 오키나와 취재, 아니 여행을 즐기게 되었습니다. 그후에도 여러 번 짧게 오키나와에 다녀오게 되었고 책이 나오면 다시 한번 책을 들고 오키나와로 떠나려고 합니다.

책을 마무리하며 오키나와의 이야기와 오키나와의 아름다움을 더 많이 소개하지 못한 것 같아 아쉬움이 남습니다. 욕심 같아선 지금이라도 당장 오키나와로 떠나 더 많은 곳을 둘러보고 정보를 수집해 오고 싶지만 쉬운 일은 아니겠지요. 책에서 미처 하지 못한 이야기는 작가들이 각자의 블로그를 통해 나누고, 이번에 부족한 점들은 중간중간 책을 다듬을 때마다 조금씩 채워 넣기로 하겠습니다.

마지막으로 오키나와 여행과 원고에 대해 함께 고민을 해 준 정태관 작가님, 한 달 간의 취재 동안 묵묵히 옆에서 운전을 하며 여행지로의 이동을 책임져 주신 방병구 님, 오키나와 마라톤을 함께 취재한 하쿠호도제일의 최혜경 님, 오키나와의 맛있는 초밥 사진을 제공해 주신 박성빈 작가님, 오키나와에 대한 정보와 사진을 제공해 주신 OCVB(오키나와 관광 컨벤션 뷰로)의 김윤주 과장님, JNTO의 이경민, 유진 과장님, 책이 무사히 나올 수 있도록 작업을 해 주시고, 작가들의 스케줄을 관리하느라 여러모로 고생을 많이 하신 넥서스 편집부와 관계자분들께 감사를 드립니다.

박용준 · 강진아 · 송은아

 사진 제공·정보 협조
OCVB 오키나와 관광 컨벤션 뷰로 kr.visitokinawa.jp
JNTO 일본정부관광국 www.welcometojapan.or.kr

이 책의 구성

✈ 미리 만나는 오키나와
오키나와의 기본 정보와 오키나와의 하이라이트, BEST PLACE, BEST BEACH, BEST FOOD, BEST SHOP, BEST ACTIVITY, 세계 문화유산 등을 소개한다. 오키나와의 아름다운 여행지와 맛집, 신나는 즐길 거리들을 사진으로 보면서 오키나와 여행의 큰 그림을 그려 볼 수 있다.

✈ 추천 코스
여행 전문가가 추천하는 베스트 코스를 보면서, 자신에게 맞는 일정을 세워 보자.

지역 여행

오키나와의 각 지역별 주요 관광지와 쇼핑, 카페, 레스토랑, 숙소 등을 소개한다. 오키나와를 찾는 여행자라면 꼭 가 봐야 할 핵심 여행 정보를 위주로 실었다.

문화적 배경 지식과 유용한 여행 팁이 곳곳에 숨어 있다.

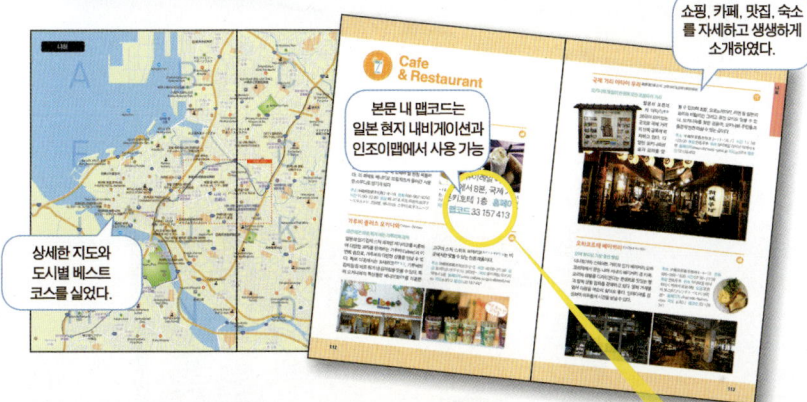

쇼핑, 카페, 맛집, 숙소를 자세하고 생생하게 소개하였다.

본문 내 맵코드는 일본 현지 내비게이션과 인조이맵에서 사용 가능

상세한 지도와 도시별 베스트 코스를 실었다.

가이드북 최초 자체 제작 맵코드 서비스

인조이맵 enjoy.nexusbook.com

★ '인조이맵'에서 간단히 맵코드를 입력하면 책 속에 소개된 스폿이 스마트폰으로 쏙!
★ 위치 서비스를 기반으로 한 길 찾기 기능과 스폿간 경로 검색까지!
★ 즐겨찾기 기능을 통해 내가 원하는 스폿만 저장!
★ 각 지역 목차에서 간편히 위치 찾기 가능!

테마 여행

오키나와에서만 경험할 수 있는 특별한 테마를 소개한다.

여행 정보

오키나와 여행을 시작하기 전에 알아 두면 좋은 여행 정보를 담았다. 여권을 만드는 것부터 오키나와로 가는 항공편, 공항 출입국 수속에 필요한 정보들을 꼼꼼히 담았다.

 찾아보기

이 책에 소개된 관광 명소, 쇼핑, 카페&레스토랑, 호텔&리조트 등을 주제별로 정리해 이름만 알아도 쉽게 찾을 수 있도록 하였다.

 〈특별 부록〉
휴대용 여행 가이드북

각 지역의 지도를 간단하게 들고 다니며 볼 수 있도록 별책 부록으로 담았다. 여행에 꼭 필요한 상황별 일본어 회화도 정리되어 있다.

Notice! 오키나와의 최신 정보를 정확하고 자세하게 담고자 하였으나, 시시각각 변화하는 오키나와의 특성상 현지 사정에 의해 정보가 달라질 수 있음을 사전에 알려 드립니다.

Contents

미리 만나는 오키나와
오키나와 기본 정보 ● 014
오키나와 하이라이트 ● 018
오키나와 BEST PLACE ● 020
오키나와 BEST BEACH ● 024
오키나와 BEST FOOD ● 028
오키나와 BEST SHOP ● 030
오키나와 BEST ACTIVITY ● 032
오키나와 세계 문화유산 ● 034

추천 코스
직장인을 위한 주말 여행 2박 3일 ● 040
로맨틱한 커플 여행 2박 3일 ● 043
대중교통을 이용한 여행 3박 4일 ● 045
아이와 함께하는 여행 3박 4일 ● 048
부모님과 함께하는 여행 3박 4일 ● 051
주변 섬으로 떠나는 시크릿 여행 3박 4일 ● 054

지역 여행
공항에서 시내로 이동하기 ● 062
오키나와의 교통수단 ● 066
오키나와 오키존 라운지 ● 076

나하 ● 078
국제 거리 ● 085
슈리 성 ● 094
Shopping ● 106
Cafe & Restaurant ● 112

중부 ● 130
아메리칸 빌리지 ● 138
동쪽 해안 ● 142
서쪽 해안 ● 146
Shopping ● 156
Cafe & Restaurant ● 160

남부 ● 178
Cafe & Restaurant ● 192

북부 ● 196
모토부 반도 ● 203
얀바루 ● 215
Cafe & Restaurant ● 216

주변 섬 ● 224
야에야마 제도 ● 228
미야코 제도 ● 239
Cafe & Restaurant ● 244

Hotel & Resort ● 246

테마 여행

오키나와의 요리 ● 276
오키나와를 배경으로 한 작품 ● 284
오키나와의 축제 ● 294
오키나와의 쇼핑 ● 297
마라톤과 피크닉을 즐겨요! 러닝 ● 301
마음 가는 대로 오키나와 사이클링 ● 308
탁 트인 자연 속에서 즐기는 골프 ● 314
깊고 푸른 바다와 함께 해양 스포츠 ● 320

여행 정보

여행 준비 ● 326
오키나와로 가는 항공편 ● 329
한국 출국하기 ● 330
오키나와 들어가기 ● 332
귀국하기 ● 333

찾아보기 ● 334

톡톡 오키나와 이야기

렌터카 드라이브 코스 ● 074
시장의 고양이 ● 090
시사 ● 092
츠보야 야키 도자기 잔에 마시는 차 ● 093
게라마 제도 ● 104
블루 실 아이스크림 ● 114
오키나와 소바 ● 115
오키나와의 철판 스테이크 ● 122
에이사 ● 187
이에 섬에서의 하룻밤 ● 214
호시노야 오키나와 ● 272
오키나와 출신 일본 연예인 ● 293
스포츠 트립의 매력 ● 302
오키나와 스포츠 캘린더 ● 323

미리 만나는
오키나와

- 오키나와 기본 정보
- 오키나와 하이라이트
- 오키나와 BEST PLACE
- 오키나와 BEST BEACH
- 오키나와 BEST FOOD
- 오키나와 BEST SHOP
- 오키나와 BEST ACTIVITY
- 오키나와 세계 문화유산

Okinawa Information

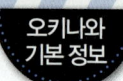

오키나와 개요

오키나와는 일본 최남단에 위치한 화산섬이다. 아열대 기후에 속하는 오키나와는 연평균 22℃의 따뜻한 기온을 유지하여 휴양지로 사랑받고 있다. 오키나와는 본 섬과 이시가키 섬石垣島, 미야코 섬宮古島, 이리오모테 섬西表島 등 주변의 많은 섬으로 이루어져 있다. 본 섬은 다시 남부, 중부, 북부로 나뉘며 대부분의 인구가 남부에 밀집되어 있다. 오키나와는 일본이면서 일본과는 전혀 다른 문화를 가지고 있는데, 이는 일본에 귀속되기 전 류큐 왕국이라는 독립된 국가를 이루고 있었기 때문이고 지금도 오키나와의 곳곳에서 그 흔적을 찾아볼 수 있다. 산호초 가득한 에메랄드빛 푸른 바다, 오키나와만의 독특한 먹거리, 류큐 왕국의 전통 음악, 춤 등 휴양지이면서 도시 문화가 발달한 독특한 분위기의 오키나와에서 다양한 즐거움을 찾을 수 있을 것이다.

면적

오키나와는 면적 약 1,434km², 길이 108km, 너비 3~26km의 화산섬이다. 363개의 유인도와 무인도가 있으며 각 섬들과의 거리는 동서로 1,000km, 남북으로 400km에 달한다.

지역

가장 큰 면적을 차지하는 오키나와 본 섬과 남쪽의 야에야마 제도八重山諸島, 미야코 제도宮古諸島로 나뉘며 대부분이 휴양지이다.

행정

일본 48개 행정 구역 중 오키나와 현에 속하며 본 섬에 있는 나하 시가 오키나와 행정의 중심이며 현청, 시청 등 대부분의 공공 기관이 이곳에 모여 있다.

기후

아열대 해양성 기후 지역인 오키나와는 일 년 내내 온난하고 쾌적한 날씨이다. 연평균 기온은 22.7℃, 10월 평균 기온도 24.9℃로 4월에서 10월까지 장기간 해수욕을 즐길 수 있다. 5월부터 6월은 장마 기간으로 비가 많이 내리고 후텁지근하다. 6월 20일 전후로 장마가 끝나면 본격적인 여름이 시작되어 쾌청한 날이 계속되고 강렬한 햇볕이 내리쬔다. 8~9월에는 태풍이 종종 발생하며 11월경에는 북동 계절풍이 강하게 불어 흐리거나 가는 비가 내리는 날이 계속되는 오키나와의 짧은 겨울이 시작된다. 겨울에도 기온이 10℃ 이하가 되는 날이 거의 없고 눈은 내리지 않는다. 11~3월경은 기온이 낮은 편이니 긴소매 재킷이나 스웨터가 필요하다. 4월과 10월에는 티셔츠나 짧은 바지 등 여름 옷으로 쾌적하게 지낼 수 있다. 다만 자외선이 강하기 때문에 선글라스나 모자, 자외선 차단 크림 등은 반드시 필요하며 긴소매 카디건 하나 정도는 준비하도록 하자.

오키나와 계절 캘린더

1월

긴소매 스웨터
1년 중 가장 추운 시기. 얇은 점퍼 등을 걸치면 좋다.
- 일출 07:18
- 일몰 18:03
- 최고기온 19.6
- 최저기온 14.7
- 수온 21.9

2월

긴소매 스웨터
밤에는 아직 춥다. 스프링 코트 등 추울 때 걸칠 만한 옷을 준비하자.
- 일출 07:01
- 일몰 18:25
- 최고기온 20.6
- 최저기온 15.4
- 수온 21.5

3월

긴소매
봄 기운이 완연하지만 밤에는 긴소매가 필요하다.
- 일출 06:34
- 일몰 18:40
- 최고기온 21.6
- 최저기온 16.2
- 수온 21.7

4월

얇은 긴소매나 반소매
1년 중 가장 쾌적한 시기. 반소매 셔츠나 바지를 준비한다.
- 일출 06:02
- 일몰 18:55
- 최고기온 23.9
- 최저기온 18.7
- 수온 22.6

5월

반소매
무더운 날이 이어진다. 반소매와 반바지를 준비한다.
- 일출 05:41
- 일몰 19:11
- 최고기온 27.3
- 최저기온 22.3
- 수온 24.4

6월

반소매
햇빛 차단 대책이 필요하다. 얇은 셔츠와 선글라스를 준비한다.
- 일출 05:37
- 일몰 19:24
- 최고기온 29.5
- 최저기온 24.9
- 수온 26.4

7월

반소매
얇은 셔츠, 선글라스 등 햇빛 차단 대책을 마련! 태풍 정보에 주의한다.
- 일출 05:48
- 일몰 19:23
- 최고기온 32.2
- 최저기온 27.2
- 수온 28.7

8월

반소매
모자, 선글라스, 햇빛을 차단하는 얇은 긴소매 셔츠가 필요하다.
- 일출 06:04
- 일몰 19:02
- 최고기온 32.0
- 최저기온 26.9
- 수온 29.0

9월

반소매
더위는 한풀 꺾였지만 아직도 해수욕을 즐길 수 있다. 선글라스가 필요.
- 일출 06:17
- 일몰 18:29
- 최고기온 30.6
- 최저기온 25.7
- 수온 28.6

10월

긴소매 또는 반소매
아침 저녁에는 걸칠 만한 얇은 옷이 필요하다.
- 일출 06:31
- 일몰 17:57
- 최고기온 28.2
- 최저기온 23.4
- 수온 26.6

11월

긴소매
춘추복, 얇은 카디건 등.
- 일출 06:52
- 일몰 17:38
- 최고기온 25.0
- 최저기온 20.3
- 수온 25.2

12월

긴소매
본토에 비하면 따뜻한 겨울이다. 트레이너 진 등을 입는다.
- 일출 07:12
- 일몰 17:42
- 최고기온 21.6
- 최저기온 16.9
- 수온 23.7

민족

오키나와는 류큐 문화를 이루고 살았던 오키나와 현지인과 일본인이 대부분이며 파병을 온 미군도 상당수를 차지한다.

인구와 언어

인구는 약 140만 명으로 매년 꾸준히 증가하고 있다. 언어는 일본어를 공용어로 사용하고 오키나와 방언(사투리)이 강하게 남아 있다. 미군 부대가 있어 영어가 가능한 사람도 많은 편이다.

종교

애니미즘을 기본으로 하는 일본 신도神道의 원형인 고대 신도古神道에 가까우며, 류큐 신도球神道라는 독창적인 신도를 가진다. 불교는 왕족과 일부 상류층의 신앙으로 장례 의식의 일부에 사용되고 있다. 특별히 종교에 연연하지 않으며 대부분 특별한 종교 활동을 하지 않는다.

시차

일본과 같으며 우리나라와도 시차가 없다.

화폐, 환율

일본의 화폐인 엔円을 사용하며 1엔이 10원 정도이다. 최근 환율 변동이 심해 1:15에서 1:9 사이를 오르내리고 있다. 1엔, 5엔, 10엔, 50엔, 100엔, 500엔은 동전이며 1,000엔, 2,000엔, 5,000엔, 10,000엔은 지폐를 사용하고 있다.

전기

우리와 다르게 110V를 사용하여 110V용 플러그를 사용해야 한다. 최근에 나오는 전자 제품은 대부분 어댑터가 있어 100~240V를 사용할 수 있어 문제 되지 않지만 그렇지 않은 제품은 변압기(감압기)가 필요하다.

환전 및 신용카드

일본은 은행 수수료가 비싸기 때문에 가능한 한국에서 환전을 하는 것이 좋다. 신용카드는 호텔 등 대형 시설 이외에는 사용할 수 없는 곳이 많으니 현금을 준비하는 것이 좋다. 아메리칸 빌리지 같은 미군이 많이 있는 곳은 달러 사용도 가능하다.

전화

일본도 스마트폰의 보급으로 공중전화가 거의 없으며 로밍 요금도 저렴하고 잘 터지기 때문에 가능한 로밍을 해 가는 것이 좋다. 한국으로 전화할 경우 전화 번호 앞에 001-82(한국 국가번호) - 0을 뺀 지역번호 - 전화번호를 누르면 된다. 예) 02-123-4567 ▷ 001-82-2-123-4567

데이터 로밍

호텔, 공공 장소에는 무료 와이파이가 있고 잘 터지는 편이나 여행 중 인터넷을 많이 사용해야 한다면 데이터 로밍을 하는 것이 좋다. 인터넷 속도는 빠른 편이다.

팁 문화

특별한 팁 문화가 없고, 있다고 하더라도 요금에 포함되어 있다.

생태

'동양의 갈라파고스'라고 불릴 정도로 독특한 생태계를 가지고 있으며 특히 오키나와 본 섬 북부와 남쪽의 이리오모테 섬에서는 특이한 야생 생물을 관찰할 수 있다. 오키나와 북부는 산지와 구릉지가 약 70%를 차지하고 있으며 지형이 험준하여 상록활엽수로 구성된 아열대 숲이며, 얀바루쿠이나ヤンバルクイナ, 얀바루테나가코가네노구치게라ヤンバルテナガコガネノグチゲラ 등의 세계적으로 희귀한 야생 생물들이 서식하고 있다. 이리오모테 섬에는 아직 정확한 학명이 정해지지 않은 생물들이 많이 있으며 살쾡이의 한 종류인 이리오모테 네코西表猫가 천연기념물로 보호받고 있다.

치안

치안은 우리보다 안정되어 있으며 강력 범죄는 거의 일어나지 않는다.

식수

수돗물을 마셔도 문제가 없으며 보통은 편의점이나 마트에서 생수를 사서 먹는다. 가격은 우리와 비슷하거나 조금 비싼 정도다.

오키나와 하이라이트

Nature 에메랄드빛 산호초의 바다 & 신록의 산

오키나와의 섬들을 아름답게 장식해 주는 산호초는 따뜻하고 투명도가 높은 바다에서 많이 볼 수 있다. 오키나와에는 200종류 이상의 산호가 서식하고 있는 세계에서 산호초의 다양성이 제일 풍부한 지역이다. 산호초는 또한 많은 바다 생물이 살고 있는 장소이기도 하다. 한편 아열대 조엽수림의 산들은 일 년 내내 푸른색으로 장식되어 있다. 오키나와 특유의 동식물도 많고 오키나와 본 섬 북부에 펼쳐지는 얀바루의 숲에는 노구치게라, 얀바루쿠이나 등의 천연기념물로 지정된 생물들이 서식하고 있다.

History 오키나와 천년사

선사 시대를 거쳐 10세기경에 각지에서 동족 집단이 형성되고 이어 북산, 중산, 남산이라는 세 세력이 싸움을 계속하다가 1429년에 통일되어 그로부터 류큐琉球의 역사가 시작된다. 류큐 왕국은 중국과의 유대가 깊어 중국에서 오는 사신인 책봉사를 맞이하였으며 동남아시아 각국과 일본의 중계 무역으로 나라는 번영하였다. 하지만 17세기 초 사츠마한薩摩藩(일본 가고시마 지역)의 침입을 받으면서 일본 본토의 통제를 받게 되며 1879년 메이지 정부에 의해 일본으로 귀속(오키나와 현)되면서 450년의 왕국의 역사가 막을 내리게 된다. 제2차 세계대전이 끝나갈 무렵 오키나와는 일본에서 유일하게 지상전에 휘말려 전쟁 후 27년에 거쳐 미국의 통치가 이어진다. 1972년 일본에 귀속되어 지금에 이르고 있다.

Publicenter 류큐 왕조의 음악·미술·문화

지금 오키나와 예능의 원천은 대부분이 류큐 왕조 시대에 중국에서 오는 사신(책봉사)을 환영하기 위해 시작된 춤과 무용, 음악이다. 나라의 중요 무형 문화재에 지정되어 있는 쿠미오도리組踊는 류큐 왕국의 무용수였던 타마구스쿠 쵸쿤玉城朝薰과 중국의 예능의 형식을 따라서 창작해 낸 것이다. 화려한 의상과 우아한 움직임이 특징인 류큐 무용은 지금도 오키나와의 곳곳에서 재현되고 사랑받고 있다. 오키나와 음악은 고전 음악과 민요로 나누어지며 모두 사미센三線이 음악의 기초가 된다. 사미센은 중국에서 전해온 삼현이라는 악기를 개량한 것이다.

Industrial Arts 시대를 초월하여 전해 내려온 기술

오키나와의 전통 공예는 도예(츠보야야치문), 칠공예, 빙가타(염색), 유리 공예(류큐가라스), 직물의 5종류다. 오키나와에서 '야치문'이라 불리는 도자기는 14세기 이후 중국, 조선, 동남아시아, 일본 등의 영향을 받아 발달하였다. 칠기는 류큐 왕국 시대에 중국 황제나 에도바쿠후(에도막부)의 쇼우군(실권자)한테 올린 진상품이자 류큐를 대표하는 미술 공예품으로, 다채로운 기법이 발달했다. 빙가타로 된 의상은 옛 왕국의 제후며 귀족 부인, 궁중 무용의 의상으로만 착용이 가능했다. 오키나와의 각지에 남아 있는 직물은 왕부에 올리는 공납품으로 제작된 것이다. 류큐 유리琉球ガラス는 전쟁 후 폐품 재활용으로 처음 만들어졌으며 지금은 예술성이 높은 작품도 만들어지고 있다.

오키나와
BEST PLACE

슈리 성 공원 首里城公園
오키나와를 지배한 류큐 왕국의 성으로, 오키나와 전통 문화를 한눈에 살펴볼 수 있는 곳이다. 성 주변은 공원으로 조성되어 있으며 산책하듯 가볍게 둘러보면 좋다.
p.094

국제 거리 国際通り
오키나와에서 가장 번화한 곳으로 백화점, 레스토랑, 호텔, 기념품점 등이 모여 있어 식사나 쇼핑을 즐기기에 좋다. 비가 와도 쇼핑을 할 수 있는 아케이드 상가, 시장이 있어 언제 찾아가도 좋다. p.085

해양박 공원 츄라우미 수족관
海洋博公園 沖縄美ら海水族館

해양박 공원에는 고래상어의 유영을 직접 관찰할 수 있는 세계 최대 규모의 수족관 츄라우미 수족관이 있다. 오키나와 전통 민속촌, 하얀 모래로 가득한 해수욕장 등 다양한 볼거리가 있다. p.203

아메리칸 빌리지 アメリカンビレッジ

오키나와 젊은이들의 데이트 장소로 인기를 모으는 곳으로, 다양한 상점과 레스토랑이 모여 있다. 인근 해변인 선셋비치, 아라하비치에서는 해수욕을 즐길 수 있으며 멋진 선셋을 감상할 수 있다. p.138

 오키나와 월드 沖縄ワールド
오키나와를 주제로 다양한 시설이 모여 있는 테마파크다. 류큐 왕조 시대의 거리 풍경을 재현한 류큐 왕국 성하 마을에서는 류큐 유리, 도예, 베 짜기, 빙가타(염색 천)와 같은 오키나와 전통 공예를 접할 수 있다. 오키나와의 전통 무용인 에이사 공연이 볼 만하다. p.186

 만자모 万座毛
코끼리 코 모양의 바위가 인상적인 해안 절벽이다. 만 명이 앉을 수 있다고 하여 만자모라는 이름을 가지게 되었으며 융기 산호의 단애 절벽이 독특한 풍경을 만들어 낸다. 맞은편의 만자 비치 풍경은 오키나와의 절경 중 하나이다. p.151

이에 섬 伊江島
오키나와 북부 해양박 공원 인근의 작은 섬으로 섬 주변의 해변 풍경이 아름답다. 넓고 평평한 섬 한가운데 우뚝 솟아 있는 작은 산인 닷츄城山에 오르면 섬과 바다가 이루는 환상적인 풍경을 감상할 수 있다. p.212

고우리 섬 古宇利島
오키나와 북부의 작은 섬으로, 오키나와에서 가장 긴 다리인 고우리 대교(고우리바시)로 연결되어 있다. 다리와 바다가 이루는 풍경이 아름다워 드라이브 코스로 좋다. **p.207**

미야코 섬 宮古島
오키나와에서 비행기로 1시간 정도 떨어진 섬으로 바다가 아름다워 리조트 시설들이 많이 모여 있다. 아름다운 해변가 골프장이 많고 시설이 잘 갖추어져 있어 골프를 즐기기 위한 관광객이 많다. **p.240**

오키나와
BEST BEACH

아라하 비치 & 선셋 비치 アラハビーチ & サンセットビーチ
오키나와의 젊은이들이 모이는 아메리칸 빌리지 인근에 있기 때문에 언제 찾아도 사람이 많아 활기가 넘친다. 선셋의 명소로도 유명하여 일몰 시간에는 데이트를 즐기는 연인들로 가득하다. p.141, 140

부세나 비치 ブセナビーチ
오키나와 중북부의 아름다운 해변으로, 일대가 국립 공원으로 지정되어 있다. 해수욕은 물론 해변의 끝에 설치된 해중 전망탑에서는 열대어들이 헤엄치는 산호초 바다를 감상할 수 있다. p.152

세소코 비치 瀬底ビーチ
오키나와 북부 세소코 섬의 해변으로, 넓은 백사장 뒤로 맑고 투명한 바다가 펼쳐진다. 수심이 얕고 열대어가 많아 스노클링을 즐기기에도 좋다. **p.211**

이에 비치 伊江ビーチ
이에 섬 남부의 해변으로, 얕고 투명한 바다가 계속되어 멀리 보이는 오키나와 본토까지 걸어서 갈 수 있을 것 같은 착각에 빠지게 된다. 여름이면 저녁 늦게까지 바비큐를 즐기는 사람들로 가득하다. **p.213**

만자 비치 万座ビーチ
드라마 〈괜찮아 사랑이야〉의 주인공 조인성이 해양 스포츠를 즐기던 해변이다. 리조트 호텔이 관리하는 해변으로 잘 정비가 되어 있고 다양한 해양 스포츠를 즐길 수 있다. 해변의 남쪽 끝에는 관광 명소인 만자모가 있다. **p.253**

트로피컬 비치 トロピカルビーチ
나하 시내에서 가까우며 오키나와 관광 컨벤션 뷰로 건물이 바로 뒤에 있어 시설이 잘 갖추어져 있다. 주변은 해양 공원으로 조성되어 있으며 산책을 즐기기에도 좋다. **p.153**

에메랄드 비치 エメラルドビーチ
해양박 공원 안에 있는 해변으로 '일본의 아름다운 해변 100선'에 선정되어 있는 곳이기도 하다. 백사장의 모래가 곱고 바다 건너 이에 섬의 풍경이 아름답다. **p.204**

미바루 비치 新原ビーチ
오키나와 남부의 해변으로 다양한 해양 스포츠를 즐길 수 있다. 해변가에는 카페, 레스토랑이 많이 모여 있어 여유를 부리기에 좋다. p.190

요네하라 비치 米原ビーチ
오키나와 본 섬에서 멀리 떨어진 이시가키 섬의 아름다운 해변이다. 산호바다와 하얀 모래 해변이 펼쳐져 있고 물가에서는 형형색색의 열대어를 관찰할 수 있다. p.232

오키나와 BEST FOOD

오키나와 철판 스테이크 沖縄鉄板ステーキ
미군 통치의 영향으로 발달한 요리로, 두꺼운 철판에 소고기를 구워 먹는다. 고기는 오키나와 브랜드 소고기인 이시가키규石垣牛가 유명하며 요리사들의 퍼포먼스가 화려하다.

고야 참프루 ゴーヤチャンプル
고야(여주)를 이용한 볶음 요리로 여주를 잘게 썰어 두부, 돼지고기(스팸), 달걀, 당근 등을 넣고 볶아 먹는다. '고야'는 여주를 말하며 '참프루'는 오키나와 방언으로 볶음이라는 뜻으로 다른 요리 이름에서도 종종 찾아볼 수 있다.

모즈쿠 もずく
오키나와에서 많이 나오는 해조류의 일종으로 큰실말의 한 종류이다. 보통 식초에 살짝 절여 생으로 먹으며, 튀겨 먹거나 가루를 내어 우동에 넣어 먹기도 한다.

부쿠부쿠차 ぶくぶく茶
오키나와의 전통차로 볶은 현미를 오키나와의 물로 우린 찻물에 재스민차를 붓고 말차를 우리듯 대나무 차선을 이용해 잘 저어 거품을 내어 마신다.

블루 실 아이스크림 ブルーシールアイスクリーム
오키나와를 대표하는 아이스크림으로, 오키나와 전 지역에 매장을 가지고 있다. 아이스크림의 종류가 셀 수 없을 정도로 많다.

오키나와 소바 沖縄そば
오키나와를 대표하는 먹거리 중 하나로, 일본 본토와는 다르게 메밀이 아닌 밀가루를 사용한 면을 사용한다. 오키나와 어디를 가더라도 쉽게 찾을 수 있는 메뉴로 다양한 종류의 오키나와 소바를 만날 수 있다.

오리온 맥주 オリオンビール
오키나와를 대표하는 맥주로 오키나와 주민의 대부분이 이 맥주를 마신다. 오키나와에 맥주 공장이 있으며 공장은 무료로 체험이 가능하다.

타코라이스 タコライス
멕시코 요리인 타코스를 변형한 요리로 타코스의 토르티야 대신 밥과 함께 먹는다. 최근에는 오믈렛과 함께 먹는 오무타코가 인기를 모으고 있다.

친스코우 ちんすこう
오키나와를 대표하는 전통 과자로 밀가루를 이용해 구워 낸 쿠키다. 오키나와의 기념품 가게는 물론, 마트, 편의점에서도 쉽게 찾아볼 수 있다.

아와모리 泡盛
오키나와의 전통술로, 인디카 쌀을 이용해 빚은 소주의 한 종류이다. 도수가 높은 편으로 독한 것은 60도가 까이 되는 것도 있다.

베니이모 타르트 紅芋タルト
오키나와의 특산품인 자색 고구마를 이용하여 만든 타르트로, 오키나와의 기념품으로 사랑받고 있다.

오키나와
BEST SHOP

국제 거리
오키나와에서 가장 번화한 거리인 국제 거리에는 백화점을 비롯한 다양한 상점들이 모여 있어 쇼핑을 즐기기에 좋다. 100엔숍, 돈키호테 등 저렴한 상점은 물론, 백화점, 면세점까지, 오키나와의 기념품을 전문으로 판매하는 상점들도 많이 모여 있다. p.085

국제 거리 시장
오키나와 주민들의 생활 모습을 엿볼 수 있는 공간으로 수많은 상점들이 빽빽이 들어서 있다. 오키나와의 다양한 식재료, 특산물, 잡화 등을 찾아볼 수 있으며 기념품을 구입하기에도 좋다. p.087

DFS T 갤러리아
130개가 넘는 해외 일류 브랜드 아이템을 면세 가격으로 구입할 수 있는 쇼핑센터. 인기 상품은 물론 오키나와 DFS 한정 상품들도 많아 쇼핑을 위해 찾는 사람들이 많다. 나하 시내에 위치하며 교통이 편리하여 쇼핑을 즐기기에 좋다. p.111

아시비나 아울렛 沖縄アウトレットモールあしびなー
일본과 해외의 브랜드 상품을 30~80% 저렴한 가격에 구입할 수 있는 아울렛 쇼핑몰이다. 101개의 브랜드 상점이 입점하여 있다. 공항과 가까워 오키나와에서의 마지막 쇼핑을 즐기기에 좋다. p.111

이온 몰
이온은 일본의 대표적인 복합 쇼핑몰로 다양한 일본 브랜드와 레스토랑이 입점해 있으며 가격도 저렴한 편이다. 특히 대형 마트가 같이 있어 쇼핑을 즐기기에 좋다. 나하 공항 근처에 있는 이온 나하점(유이레일 오로쿠 小禄 역), 아메리칸 빌리지 내부에 있는 이온 챠탄점이 이용에 편리하다. p.157

오키나와 BEST ACTIVITY

 다이빙
아열대의 낙원 오키나와의 바다를 만끽할 수 있는 다이빙. 에메랄드블루의 바닷속 세계를 헤엄치면서 멋진 풍경과 다양한 생물들과의 만남을 즐기자. p.321

 스노클링
다이빙보다 간단히 오키나와의 바다를 즐길 수 있는 스노클링. 먼바다까지 나가지 않고도 얕은 바다에서 색색의 아름다운 물고기를 볼 수 있다. 다이빙을 시작하기 전, 바다에 익숙해지기 위한 연습으로도 좋다. 오키나와 대부분의 리조트나 해변가에서 즐길 수 있다. p.321

 골프
연중 온화한 기후를 자랑하는 오키나와는 골프 시설이 좋기로 일본 내에서도 손꼽히는 지역이다. 천혜의 자연 환경을 갖추고 있어 반팔 차림의 라운드는 물론 카트를 타고 남국의 꽃을 감상하며 이동하는 묘미도 느낄 수 있다. p.314

마라톤

가을이 되면 오키나와의 각 지역에서 개최되는 마라톤 대회는 일본 국내 참가자를 비롯하여 외국인의 참여로 성황을 이룬다. 자연 경관이 아름다운 교외와 활기찬 시내 등 섬 전체가 쾌적한 마라톤 코스가 된다. 오키나와에서는 매년 30여 개의 크고 작은 마라톤 축제가 열리며 관광객도 참여가 가능하다.
p.301

오키나와 전통 문화 체험

오키나와는 옛날부터 바다를 무대로 중국이나 동남아시아 등 주변 국가들과 다양한 교류를 하였다. 교류를 통해 전해진 많은 문물들은 독자적인 문화로 발전되어 류큐 문화의 꽃을 피우게 되었다. 오키나와를 대표하는 전통 공예로는 도예(츠보야야치문), 칠공예, 빙가타(염색), 유리공예(류큐가라스), 직물 등이 있고, 오키나와 곳곳의 공방과 테마파크에서는 이를 만들어 보는 체험을 할 수 있다. 이 밖에도 오키나와 전통 예능인 류큐 무용, 청년들이 북을 치며 춤을 추는 에이사, 오키나와의 전통 악기 샤미센 등 다양한 전통 체험이 준비되어 있다.

오키나와
세계 문화유산

 슈리 성터 首里城跡
나하 시내 언덕 위에 위치한 슈리 성. 슈리 성을 둘러싼 성벽은 우아한 곡선 형태를 띠고 있으며 성벽 안쪽에는 다수의 건축물들이 있다. 슈리 성은 1429년 류큐 왕조의 삼국 통일을 계기로 왕족의 거처로 사용되면서 명실공히 류큐 왕국 번영에 있어 역사적, 문화적으로 중심적인 역할을 하였다. p.096

 소노향우타키이시몬 園比屋武御嶽
류큐의 국왕이 지방을 순시할 때 오가는 길의 안전을 기원하며 기도를 올리던 곳이다. 류큐 왕국 최고위의 신녀인 키코에 오오기미 聞得大君가 즉위할 때는 먼저 이곳을 참배했다고 한다. 슈레이몬과 슈리 성 간케이몬 사이에 있는 유서 깊은 이 기도원에는 지금도 많은 사람들이 기도를 올리러 찾아온다. p.097

타마우돈 玉陵

류큐 왕국의 역대 국왕이 묻혀 있는 왕릉으로, 겉모습은 돌을 잘라 쌓아 올린 집과 같은 형태를 띠고 있다. 내부는 가운데 방, 동쪽 방, 서쪽 방 3개의 방으로 구성되어 있으며, 그중 동쪽 방에 왕과 왕비의 유골이 안치되었다고 한다. 이 무덤을 보면 당시의 류큐 왕실이 얼마나 절대적인 권력을 가지고 있었는지를 알 수 있다. p.102

시키나엔 識名園

18세기 말, 류큐 왕의 별장으로 지어진 시키나엔은 국왕 일가의 휴양 외에 중국의 사신을 대접하는 영빈관의 목적으로도 사용되었다. 류큐 양식의 궁전과 정원 내의 인공 산, 화원 등이 자리한 연못 주위를 거닐며 변화하는 경치를 즐기는 회유식 정원으로 유명하다. 또한 연못 위에 놓인 크고 작은 아치형 다리와 작은 섬 위에 세워진 사원은 중국의 영향을 받았다. p.102

가츠렌 성터 勝連城跡

13세기부터 14세기에 걸쳐 축조된 것으로 전해지는 가츠렌 성은 류큐 역사에 이름을 남긴 세력가였던 성주 아마와리가 머물던 성으로 알려져 있다. 오키나와 중부 가츠렌 반도의 한쪽 언덕 위에 우뚝 솟아 있었으나 지금은 그 모습을 찾아볼 수 없고 돌담과 아름다운 성곽만이 남아 있다. 석회암을 쌓아 만든 돌담은 자연미를 한껏 뽐내고 있으며 가장 높은 지대에 자리한 성곽은 북부의 산들과 중부 우루마 시의 외딴섬, 그리고 남부의 구다카 섬까지 한눈에 조망할 수 있다. p.142

나키진 성터 今帰仁城跡
면적이 무려 37,000m²에 달하는 나키진 성은 오키나와 현 최대 규모의 성이다. 특히 문에서 중심부로 이어지는 계단에 늘어선 벚나무는 매년 1월 말부터 2월 초에 꽃을 피워 오키나와의 벚꽃 명소로도 널리 알려져 있고 일본에서 가장 빨리 벚꽃이 피는 곳으로 알려져 있다.
p.207

자키미 성터 座喜味城跡
류큐 왕국의 통일을 위해 힘쓴 요미탄잔의 왕족 고사마루가 축조한 것으로 전해지는 자키미 성은 곡선형 돌담과 2개의 아치형 문이 있으며 전투에 유리한 전략적인 구조의 성이다. 오키나와에 있는 300여 개의 성 중에서 가장 아름다운 성 중 하나로 꼽히고 있다. p.149

나카구스쿠 성터 中城城跡

나카구스쿠 성터는 오키나와 중부에 위치한 나카구스쿠손 및 키타나카구스쿠손을 잇는 해발 150~170m의 석회암 언덕 위에 자리한 산성이다. 지형 및 구조상으로 전쟁 시 방어를 위해 지어진 성이다. 류큐 석회암을 사용하여 축조한 성곽은 자연 암석과 지형의 특성을 정교하게 살린 아름다운 곡선 형태를 띠고 있다. p.143

세이화 우타키 斎場御嶽

오키나와 남부에 위치한 세이화 우타키는 류큐 왕국의 시조인 아마미키요アマミキヨ가 만들었다고 전해지며 오키나와에서 가장 오래된 성지로 숭배되는 곳이다. 거대한 바위와 햇살을 받아 반짝이는 나무들로 둘러싸인 부지 내에 슈리 성 안의 건축물과 동일한 이름의 기도원이 있다. 부지 내에는 약 1만 5천 년 전에 일어난 지진으로 인해 단층이 어긋나면서 바위 사이에 반 삼각형 형태의 틈이 생겨서 만들어진 신비한 공간을 만나 볼 수 있다. p.187

추천 코스

- 직장인을 위한 주말 여행 2박 3일
- 로맨틱한 커플 여행 2박 3일
- 대중교통을 이용한 여행 3박 4일
- 아이와 함께하는 여행 3박 4일
- 부모님과 함께하는 여행 3박 4일
- 주변 섬으로 떠나는 시크릿 여행 3박 4일

직장인을 위한 주말 여행

2박 3일

직장인들이 여행 가기 위해 낼 수 있는 시간은 짧지만, 오키나와의 핵심 명소를 잘 골라서 다닌다면 알찬 여행을 즐길 수 있다. 동료들에게 선물할 기념품 쇼핑도 잊지 말자.

✈ **오키나와 항공 스케줄**
아시아나항공 인천-오키나와 10:10-12:25 | 오키나와-인천 13:00-15:25
※ 항공 스케줄은 날씨나 항공사 사정에 따라 변경될 수 있다.

1일차

08:10

인천 국제공항 탑승·출국 수속
인천 국제공항 3층에서 탑승 수속을 한다. 인천 공항은 이용객이 많아 붐비기 때문에 늦어도 2시간 전에는 도착하여 탑승 수속을 하는 것이 좋다.

10:10
인천 국제공항 출발

12:25

나하 국제공항 도착
나하 국제공항 도착 → 입국 수속 → 수화물 찾기 → 보안 검사 → 입국장

14:00

츠보야 도자기 거리
약 400m에 이르는 돌담길로 오키나와를 대표하는 도자기인 츠보야야키가 시작된 곳이다. 이 주변의 카페에서 오키나와의 전통차인 부쿠부쿠차를 마시며 여유롭게 둘러보자.

도보 10~15분 ←

13:30

체크인
오키나와의 호텔은 대부분이 3시, 빠르면 2시부터 체크인이 가능하다. 지정된 시간 이전에 가도 방이 정리되어 있으면 체크인이 가능하고 그렇지 않더라도 짐을 맡길 수 있다.

유이레일 12분 (260엔) ←

13:10

나하 시내로 이동
공항에서 나하 시내까지는 모노레일인 유이레일을 이용하면 편리하다.

16:00

국제 거리
오키나와 현청 앞의 교차로에서 유이레일 마키시 역까지 약 1.6km에 이르는 직선 도로다. 오키나와에서 가장 번화한 곳으로 백화점, 레스토랑, 호텔, 기념품점 등이 모여 있어 식사나 쇼핑을 즐기기에 좋다.

도보 10~15분 →

18:00

저녁 식사
샘즈 세라인 サムズセーラーイン에서 오키나와의 철판 스테이크를 맛본다(예산 3,000엔).

20:00

가볍게 한잔
샤미센 연주와 오키나와 전통 무용 공연이 열리는 술집에서 오키나와의 전통술인 아와모리 한잔하기를 추천한다. 편의점에서 오키나와의 맥주인 오리온 맥주를 사서 호텔에서 마시는 것도 좋다.

2일차

07:50

호텔 조식

08:50
얀바루 급행 버스 2시간

얀바루 급행 버스
나하 공항과 오키나와 북부 얀바루 지역을 연결하는 급행 버스로 나하 공항(08:40 출발, 1,900엔) 또는 오키나와 현청 북쪽 출구 버스 정거장 (08:50 출발, 2,000엔)에서 탑승한다.

11:00
해양박 공원(츄라우미 수족관)
거대한 고래상어가 헤엄치는 모습을 눈으로 직접 확인하자. 수족관 이외에도 에메랄드 비치, 열대 드림센터 등 볼거리가 많아 반나절 이상 시간을 보낼 수 있다.

12:00
점심 식사
수족관을 감상하며 식사를 할 수 있는 수족관 내부의 카페를 추천한다(예산 1,000엔).

17:30

얀바루 급행 버스 2시간

아메리칸 빌리지로 이동
나하 시내 현청 북쪽 출구 버스 정거장에서 20, 120번 버스 또는 챠탄北谷 방면 버스를 타고 군병원 앞軍病院前 군보우인마에에서 내린다(720엔).

15:08

나하 시내로 출발
해양박 공원에 올 때 이용하였던 얀바루 급행 버스를 타고 다시 나하 시내로 돌아간다.

버스 50분

18:30

아메리칸 빌리지
여름이면 선셋을 감상하러 선셋 비치나 아라하 비치에 들르고 해가 졌다면 야경을 감상하며 저녁 식사를 즐긴다.

도보 10~15분

19:00

저녁 식사
아메리칸 빌리지 입구에 위치한 구루메 회전초밥 시장グルメ回転・寿司市場에서 식사.

21:00

나하 시내로 이동
호텔이 있는 나하 시내로 이동한다.

만자 비치

3일차

08:00 호텔 조식

→ 유이레일 10~15분 →

08:45 슈리 역
유이레일을 타고 슈리 역(덴町駅) 하차(230~300엔).

→ 도보 15분(택시 3분) →

09:00  슈리 성 공원
오키나와에서 가장 큰 성으로 가볍게 둘러보는 데도 꽤 시간이 걸린다.

↓ 도보 15분 (택시 3분)

10:20  슈리 역
슈리 역에서 유이레일을 이용하여 공항까지 간다(330엔).

← 유이레일 27분 ←

10:50  점심 식사 & 쇼핑
국제선보다 국내선 공항이 더 크고 식당과 상점이 많다. 가볍게 먹을 수 있는 오키나와 소바를 추천한다.

11:20 탑승 및 출국 수속
13:00 오키나와 나하 공항 출발
15:25 인천 공항 도착

Tip

오키나와 항공 스케줄

진에어
인천 - 오키나와 10:35-12:50
오키나와 - 인천 13:50-16:05

아시아나 항공
인천 - 오키나와 10:10-12:25
오키나와 - 인천 13:00-15:25

대한 항공
인천 - 오키나와 15:40-17:55
오키나와 - 인천 19:05-21:35

피치 항공
인천 - 오키나와 16:10-18:25
오키나와 - 인천 13:10-15:30

티웨이 항공
인천 - 오키나와 14:05-16:20
오키나와 - 인천 17:20-19:35

제주항공
인천 - 오키나와 13:30-15:45
오키나와 - 인천 16:35-18:55

이스타 항공
인천 - 오키나와 11:30-14:00
오키나와 - 인천 14:50-18:10

※ 항공 스케줄은 날씨나 항공사 사정에 따라 변경될 수 있다.

예상 경비 (1인 기준, 항공료 제외)

숙박비	200,000원
식비	100,000원
입장료	30,000원
교통비	50,000원
기타	30,000원
합계	**410,000원**

쇼인 사스노마

로맨틱한 커플 여행

연인과 함께 떠나는 2박 3일 오키나와 여행 코스다. 렌터카를 이용하여 오키나와 관광 명소를 둘러보고 아름다운 카페, 맛있는 레스토랑을 찾아 떠난다. 렌터카는 사전 인터넷 예약을 통해 공항에 도착하면 바로 받을 수 있도록 하자. 숙소는 교통이 편리한 나하 시내가 좋으나 차로 이동하기 때문에 아메리칸 빌리지 주변 또는 남중부의 리조트 호텔도 좋다.

✈ **오키나와 항공 스케줄**

아시아나 항공 인천-오키나와 10:10-12:25 | 오키나와-인천 13:00-15:25
※항공스케줄은 날씨나 항공사 사정에 따라 변경될 수 있다.

1일차

10:10 인천 국제공항 출발

12:25 나하 국제공항 도착

13:10 렌터카 대여
공항에 도착하면 공항 출구에서 피켓을 들고 예약 손님을 기다리는 렌터카 직원을 찾을 수 있다. 렌터카 직원을 만나 안내를 받고 차를 대여한다.

차로 10~15분

16:00 아메리칸 빌리지
오키나와 젊은이들의 데이트 코스. 드라마 〈괜찮아 사랑이야〉에서 주인공들이 데이트를 하던 곳이다.

차로 20분

14:00 미나토카와 스테이츠 사이드 타운
오키나와 중부의 미나토카와에 있는 외국인 주택 거리로, 마을 풍경이 독특해 사진을 찍기에 좋다. 이페 코페, 오하코르테 등 예쁜 카페가 많으니 점심은 이곳에서 해결한다(예산 1,000엔).

나하 시내에서 차로 20분

13:30 체크인
오키나와의 호텔은 대부분이 3시 빠르면 2시부터 체크인이 가능하다. 지정된 시간 이전에 가도 방이 정리되어 있으면 체크인이 가능하고 그렇지 않더라도 짐을 맡길 수 있다.

도보 5분

17:30 선셋 비치
아메리칸 빌리지의 해변으로 바로 옆의 아라하 비치와 함께 선셋의 명소로 알려져 있다. 연인과 함께 선셋을 감상하며 로맨틱한 시간을 보내자.

도보 5분

18:00 저녁 식사
스테이크 하우스 시키에서 오키나와의 철판 스테이크를 맛본다(예산 3,000엔). 아메리칸 빌리지 입구에 위치.

20:00 가볍게 한 잔
아메리칸 빌리지에 숙소를 잡았다면 해변가의 레스토랑이나 라이브 카페에서 음료를 즐기자. 호텔이 나하 시내라면 나하 시내의 이자카야나 편의점에서 음료를 구입하여 호텔에서 편하게 마시자.

2일차

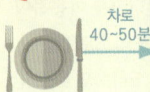
09:00 호텔 조식

차로 40~50분

10:30 평화 기념 공원
오키나와의 전쟁 역사도 알 수 있고 태평양의 멋진 풍경을 감상할 수 있다.

차로 15~20분

12:00 챠도코로 마카베치나
오키나와 전통의 목조 건물로 된 챠도코로 마카베치나에서 오키나와 전통 요리를 즐긴다. (예산 1,000엔)

차로 30분

14:00 니라이 카나이바시
아름다운 오키나와 남부 해변의 드라이브 코스. 다리 위에는 멋진 풍경을 감상할 수 있는 전망대가 있다.

차로 10분

15:00 치넨 미사키 공원
오키나와 남부 해안 끝의 공원으로 삼면이 바다로, 태평양 한가운데 서 있는 듯한 착각에 빠지게 된다.

차로 15분

16:30 카페 후우쥬
해변가의 숲속에 세워진 목조 건물 카페. 멋진 전망을 감상하며 시원한 주스를 마시면서 여유를 부려 본다. (예산 500엔)

차로 10~15분

17:50 하마베노 챠야
바다와 맞닿아 있는 해변가의 카페. 커다란 창밖으로 펼쳐지는 아름다운 바다, 붉게 물든 석양이 아름답다. (예산 1,000엔)

차로 약 40분

19:50 나하 시내 도착
시내를 둘러보거나 호텔에서 휴식을 취한다.

 3일차

08:30 호텔 조식

09:30 체크아웃

차로 20~25분

09:50 아시비나 아웃렛
공항과 가깝고 오키나와의 기념품도 구입할 수 있어 마지막 쇼핑을 즐기기에 안성맞춤이다.

차로 10~15분

10:40 렌터카 반납 & 공항으로 이동
각 렌터카 회사의 지정된 장소에 차를 반납하고 나하 공항으로 이동한다. 렌터카 회사에서는 공항까지 송영 서비스를 제공한다.

11:20 탑승 및 출국 수속
13:00 나하 공항 출발
15:25 인천 공항 도착

예상 경비 (1인 기준, 항공료 제외)

숙박비	250,000원
식비	100,000원
입장료	10,000원
교통비	100,000원(렌터카 3일, 유류비 포함)
기타	30,000원
합계	**490,000원**

44

대중교통을 이용한 여행

나하 시내의 교통수단인 유이레일과 버스를 이용하여 알차게 둘러보는 여행 코스. 친구와 함께 가는 여행일 때 추천한다. 교통이 불편한 지역은 정기 관광버스를 이용한다.

✈ **오키나와 항공 스케줄**
아시아나항공 인천-오키나와 10:10-12:25 | 오키나와-인천 13:00-15:25
※항공 스케줄은 날씨나 항공사 사정에 따라 변경될 수 있다.

10:10 인천 국제공항 출발

12:25 나하 국제공항 도착

유이레일 12분

13:30 체크인

14:00 나하 버스 터미널
오키나와 교통의 중심. 오키나와 대부분의 버스가 이곳에서 출발하고, 정기 관광버스의 예약 및 탑승도 이곳에서 이루어진다. 유이레일 아사히바시旭橋 역 하차, 도보 2분.

20:30 나하 시내 도착
다음 날을 위해 충분한 휴식을 취하자. 근처의 편의점에 들러 물과 군것질거리를 사 둔다.

버스 50분

18:00 저녁 식사
자전거를 반납하고 저녁 식사를 한다. 타코라이스 전문점 기지무나ぁ きじむなぁ에서 오키나와의 소울푸드 타코라이스를 맛보는 것도 좋다. (예산 1,000엔)

15:20 아메리칸 빌리지
자전거를 이용하여 아메리칸 빌리지와 주변을 둘러보자. 자전거로는 선셋 비치까지 3분, 아라하 비치까지 5분 정도 소요된다.

버스 50분

14:20 아메리칸 빌리지로 이동
나하 버스 터미널에서 20, 120번 버스 또는 챠탄北谷 방면으로 가는 버스를 이용하여 군병원 앞軍病院前 군보우인마에에서 내린다(720엔).

슈리킨죠우쵸우 돌다다미길

슈리 성 공원

2일차

08:00
호텔 조식

→ 유이레일 10~15분

09:15
슈리 역
유이레일을 타고 슈리 역首里駅 하차(230~300엔).

→ 도보 15분 (택시로 3분)

09:30
슈리 성 공원
오키나와에서 가장 큰 성으로 가볍게 둘러보는 데도 꽤 시간이 걸린다(1시간 이상).

→ 도보 10분

11:00
슈리킨죠우쵸우 돌다다미길
슈리 성과 나하를 연결하는 돌다다미길로, 독특한 풍경을 감상하며 산책할 수 있다. 가파른 언덕길이라 주의가 필요하다.

↓ 도보 10~15분 (슈리 역에서 도보 4분)

12:00
점심 식사
오키나와에서 손꼽히는 맛집 슈리 소바에서 오키나와 소바를 맛보자. (예산 1,000엔)

← 유이레일 11분 +도보 15분

13:30
츠보야 도자기 거리
오키나와의 도자기 츠보야야키가 시작된 곳으로 거리 중간중간 카페와 공방, 잡화점이 많이 모여 있어 가볍게 산책하며 둘러보기에 좋다.

14:30
우치나챠야 부쿠부쿠
오키나와 전통 가옥에서 전통차인 부쿠부쿠차를 마시며 한숨 돌리자. (예산 1,000엔)

↓

15:30
길 고양이들과 기념사진
도자기 거리에는 길 고양이들이 많이 모여 있으며 재미있는 모습을 연출한다. 고양이 점장이 운영하는 가게(가카즈 쇼우카이)에도 살짝 들러보자.

→ 도보 10~15분

16:30
국제 거리에서 쇼핑
오키나와에서 가장 번화한 곳으로 백화점, 레스토랑, 호텔, 기념품점 등이 모여 있다. 또한 이치바혼 도오리, 무츠미바시 도오리, 헤이와 도오리 쇼텐가이 등 시장 골목과 아케이드 상가가 조성되어 있다.

→

18:00
저녁 식사
저녁은 오키나와 인기 패스트푸드 체인점 A&W 또는 오키나와 스테이크의 원조인 자키스 스테이크 하우스를 추천한다.

3일차

07:20 호텔 조식

08:00 정기 관광버스
버스를 타고 오키나와 북부 지역을 둘러본다.

Tip 정기 관광버스
오키나와의 관광 명소를 안내원의 안내를 받으며 편안하게 둘러볼 수 있는 관광 상품이다. 시간이 많이 걸리고 교통이 불편한 오키나와 북부 관광을 목적으로 이용하면 좋다. 대부분의 버스가 08:00~09:00 사이에 출발하며 나하 버스 터미널, 오키나와 버스 탑승장(나하 버스 터미널 부근), 나하 공항, 나하 시내 일부 관광 호텔에서 탑승할 수 있다. 츄라우미 수족관 등 일부 명소의 요금(4,000~6,000엔)이 포함되어 있으며 대부분 저녁이 되어 일정이 끝나고 나하에 도착한다.

19:00 국제 거리
정기 관광버스 이용 후 국제 거리에 도착. 저녁도 먹을 겸 가볍게 한잔하며 오키나와의 마지막 밤을 달랜다. 류큐 무용과 사미센 연주를 감상하며 술을 마실 수 있는 이자카야, 수이텐로 首里天楼를 추천한다. (예산 3,000엔, 공연 관람 시 800엔 추가)

류큐 무용

4일차

09:00 호텔 조식

10:00 DFS T 갤러리아
130개가 넘는 해외 일류 브랜드 아이템을 면세 가격으로 구입할 수 있는 쇼핑센터. 유이레일 오모로마치 역과 바로 연결된다.

유이레일 19분

 11:20 탑승 및 출국 수속
 **13:00** 나하 공항 출발
15:25 인천 공항 도착

예상 경비 (1인 기준, 항공료 제외)	
숙박비	400,000원
식비	100,000원
입장료	20,000원
교통비	10,000원(정기 관광버스 요금 포함)
기타	30,000원
합계	560,000원

아이와 함께하는 여행

아이와 함께 여유롭게 즐기는 오키나와 3박 4일 여행 코스다. 오키나와의 아름다운 해변과 자연을 둘러보고 아이와 함께 다양한 체험 활동을 즐긴다.

✈ 오키나와 항공 스케줄

제주항공 인천-오키나와 13:30-15:45 | 오키나와-인천 16:35-18:55
※항공스케줄은 날씨나 항공사 사정에 따라 변경될 수 있다.

1일차

13:30 인천 국제공항 출발

15:45 나하 국제공항 도착

16:30 나하 시내로 이동
공항에서 나하 시내까지는 유이레일을 타고 국제 거리의 시작인 현청 앞에서 내린다. (요금 260엔)

유이레일 12분

17:00 체크인

19:00 저녁 식사
스테이크 하우스 88에서 오키나와의 철판 스테이크를 맛본다. 국제 거리 곳곳에 지점이 있다. (예산 2,000엔)

18:00 국제 거리
점프 스테이션(JUMP STATION)에 들러 애니메이션 캐릭터들을 만나 보자.

도보 2분

17:30 나하 시 관광 안내소
나하시내의 관광 정보를 얻을 수 있고 유모차 대여(1일 500엔)가 가능하다.

점프 스테이션

아메리칸 빌리지

2일차

08:30 호텔 조식

09:20 체크아웃

10:00 DFS T 갤러리아에서 렌터카 대여
유이레일 오모로마치 역. 입구에 오키나와의 각 렌터카 회사들이 입점해 있어 이곳에서 렌터카를 대여한다. (인터넷으로 사전 예약해 두는 것이 좋다.)

차로 1시간

11:30 해중 도로
다리와 제방으로 연결된 도로는 오키나와의 푸른 바다를 가로지른다. 도로 중간에 쉬어 갈 수 있는 공간이 있으며 해변에서는 해수욕과 해양 스포츠를 즐길 수 있다.

차로 약 15분

12:00 테이라부이에서 점심 식사
오키나와의 전통 민가에서 오키나와의 향토 요리를 맛보자. 메뉴 중 돼지 곱창으로 끓인 국은 잡내가 있으니 주의. (예산 1,500엔)

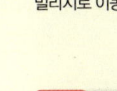

14:00 해중 도로 주변 섬
점심을 먹고 해중 도로 주변의 섬들을 둘러본 다음 아메리칸 빌리지로 이동한다.

차로 40분

15:40 아메리칸 빌리지 호텔 체크인
아메리칸 빌리지에 도착하여 호텔에 체크인을 한다. 호텔은 온천 풀이 있어 아이와 함께 하기 좋은 비치 타워 호텔을 추천한다.

16:00 아메리칸 빌리지
아메리칸 빌리지를 둘러보거나 선셋 비치, 아라하 비치에서 해수욕을 즐기면 좋다. 호텔 내에 있는 천연 온천 추라유 ちゅらーゆ를 이용하는 것도 좋다.

18:00 저녁 식사
저녁은 호텔이나 아메리칸 빌리지 주변의 레스토랑에서 해결한다.

19:30 블루 실 아이스크림
깔끔한 디저트를 찾거나 입이 심심할 때 찾으면 좋은 오키나와 아이스크림 전문점. 아메리칸 빌리지에 두 곳의 지점이 있다. (예산 1,000엔)

3일차

07:30 호텔 조식

차로 40~50분

09:00 비오스의 언덕
오키나와 중부의 고지대인 비오스 언덕 위의 습지. 아이들을 위한 체험 시설이 많이 준비되어 있다.

차로 25분

12:00 온나노에키에서 점심 식사
오키나와 여성들이 모여서 운영하는 고속도로 휴게소 온나노에키에서 점심을 먹는다. 종류도 다양하고 군것질거리도 많아 즐겁다.

차로 1시간 ~ 1시간 10분

14:00 해양박 공원
아이와 함께 오키나와의 바다 생물을 직접 보고 만지며 체험할 수 있다.

차로 30분

17:00 나고 파인애플 파크
약 100종류의 파인애플이 재배되고 1년 내내 파인애플을 맛볼 수 있는 테마파크다. 파인애플 모양의 자동차를 타고 파인애플 숲을 둘러본다.

차로 50분 ~ 1시간

19:00 시마부타야에서 저녁 식사
시마부타야しまぶた屋에서 오키나와 섬돼지(아구) 돈까스를 즐긴다.

차로 약 40분

21:00 아메리칸 빌리지
호텔에 도착.

4일차

08:00 호텔 조식

차로 30분

09:00 잔파 곶
오키나와 본 섬 최서단의 곶이다. 하얀 등대와 절벽이 만들어내는 풍경이 절경이다.

차로 10분

09:30 무라사키 무라 むら咲き村
과거의 류큐 마을을 체험해 볼 수 있는 테마파크다. 유리 공예, 염색, 유리 구슬 만들기, 도예, 흑설탕 만들기 등 101개의 체험 프로그램이 준비되어 있다.

차로 50분

12:00 점심 식사
오키나와 중부 기노완시의 식당에서 해결한다. 천연 효모를 사용한 베이커리 무나카타도, 플라우만즈 런치 베이커리 등을 추천한다.

차로 20~30분

14:00 렌터카 반납
각 렌터카 회사의 지정된 장소에 차를 반납하고 나하 공항으로 이동한다. 렌터카 회사에서는 공항까지 송영 서비스를 제공한다.

14:50 나하 공항 출국 수속
16:35 나하 공항 출발
18:55 인천 공항 도착

예상 경비 (1인 기준, 항공료 제외)

숙박비	500,000원
식비	150,000원
입장료	50,000원
교통비	120,000원 (렌터카, 유류비 포함)
기타	50,000원
합계	**870,000원**

부모님과 함께하는 여행

렌터카를 이용하여 편안하게 부모님을 모시고 3박 4일 동안 오키나와의 자연과 문화를 여유롭게 살펴본다. 세계 문화유산을 둘러보며 오키나와의 역사를 알아보고, 류큐 무용 등 오키나와의 전통 문화를 체험해 보자.

✈ **오키나와 항공 스케줄**

아시아나항공 인천-오키나와 10:10-12:25 | 오키나와-인천 13:00-15:25
※항공 스케줄은 날씨나 항공사 사정에 따라 변경될 수 있다.

1일차

10:10 인천 국제공항 출발

12:25 나하 국제공항 도착

13:10 렌터카 대여
공항에 도착하면 공항 출구에서 피켓을 들고 예약 손님을 기다리는 렌터카 직원을 찾을 수 있다. 렌터카 직원을 만나 안내를 받고 차를 대여한다.

차로 10~15분

17:30 부세나 해중 공원
선셋이 아름다우며 오키나와의 바닷속을 살펴볼 수 있는 해중 전망탑, 글라스 보트 등 다양한 시설이 있다.

차로 15~20분

16:00 만자모
코끼리 코 모양의 바위로 유명한 오키나와 중부 서해안의 관광지다.

차로 1시간 20~30분

13:30 미카도에서 점심 식사
점심은 나하 시내의 오키나와 향토 요리 전문점 미카도みかど에서 오키나와 짬뽕을~! (예산 3,000엔)

18:30 부세나 리조트 체크인
부세나 리조트는 오키나와 최대급의 리조트 호텔이다. 부모님을 모시고 보내기에 안성맞춤이다. 이 지역에는 부세나 리조트 이외에도 해변을 낀 리조트 호텔이 많기 때문에 적당한 곳에 숙소를 잡도록 하자.

19:00 저녁 식사
저녁은 호텔의 뷔페나 레스토랑에서 간편하게 즐기는 것이 좋다.

2일차

08:30

호텔 조식

차로 40~50분 →

10:00
고우리 섬
오키나와 북부의 아름다운 섬. 오키나와에서 가장 긴 다리인 고우리 대교로 연결되어 드라이브를 즐기기에 좋다.

차로 30~35분 →

11:30
나키진 성터
류큐 왕국의 성으로 오키나와의 세계 문화유산 중 하나이다. 성에 오르면 오키나와 북부의 푸른 바다가 눈 앞에 펼쳐진다.

차로 30~35분 ↓

19:00
호텔 도착
호텔에서 휴식.

← 차로 40~50분

15:00
해양박 공원
일본 최대의 츄라우미 수족관에서 오키나와의 바닷속을 살펴본다. 수족관 이외에도 식물원, 향토촌 등 다양한 볼거리가 있으며 인공 해변인 에메랄드 비치에서 시간을 보내도 좋다.

← 차로 10~15분

13:00
키시모토 식당 본점에서 점심 식사
오키나와 북부에서 가장 유명한 소바 전문점인 키시모토 식당 본점きしもと食堂에서 오키나와 소바를 맛보자. (예산 1,000엔)

3일차

08:30

호텔 조식
식사 후 호텔과 주변의 해중 공원에서 여유롭게 시간을 보내고 체크아웃을 한다.

차로 35~40분 →

11:30
류큐무라
오키나와의 옛 풍경 속에서 전통 공예 등 오키나와 전통 문화를 체험할 수 있는 테마파크다. 점심은 이곳에서 해결한다. (예산 1,000엔)

차로 30~35분 →

15:30
아메리칸 빌리지
이국적인 아메리칸 빌리지를 천천히 둘러본다. 대형 마트인 이온 몰에서 일본과 우리나라의 물가를 비교해 가며 쇼핑을 즐기는 것도 좋다.

차로 40~50분 ↓

20:00
호텔에서 휴식
오키나와 여행을 정리하며 호텔에서 편안한 휴식을 취한다.

19:00
헤키에서 저녁 식사
국제 거리 길가에 위치한 고급스러운 철판 요리 전문점 헤키飛에서 오키나와의 철판 스테이크를 맛보자. (예산 4,000엔)

18:20
국제 거리에서 쇼핑
국제 거리에서 쇼핑을 즐긴다. 부모님과 함께라면 국제 거리의 시장 골목을 둘러보는 것도 좋다.

18:00
나하 시내 호텔 체크인

4일차

08:00
호텔 조식

차로 10~15분

08:40
슈리 성 공원
마지막으로 세계 유산이자 류큐 왕국의 문화를 대표하는 슈리 성과 그 주변을 둘러보자. 성을 둘러보는 데 약 1시간 정도 소요된다.

차로 10~15분

11:00
렌터카 반납
각 렌터카 회사의 지정된 장소에 차를 반납하고 나하 공항으로 이동한다. 렌터카 회사에서는 공항까지 송영 서비스를 제공한다.

예상 경비 (1인 기준, 항공료 제외)

숙박비	500,000원
식비	200,000원
입장료	30,000원
교통비	150,000원 (렌터카, 유류비)
기타	100,000원
합계	980,000원

11:20 나하 공항 출국 수속
13:00 나하 공항 출발
15:25 인천 공항 도착

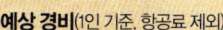
아메리칸 빌리지

3박 4일

주변 섬으로 떠나는 시크릿 여행

오키나와 여행을 이미 경험했거나 좀더 아름다운 바다를 찾는 분들에게 추천하는 오키나와 주변 섬 위주의 여행이다.

✈ **오키나와 항공 스케줄**
아시아나항공 인천-오키나와 10:10-12:25 | 오키나와-인천 13:00-15:25
※항공 스케줄은 날씨나 항공사 사정에 따라 변경될 수 있다.

1일차

10:10 인천 국제공항 출발

 **12:25** 나하 국제공항 도착 후 입국 수속

도보 5~10분

 **13:20** 국내선 공항으로 이동
이시가키 섬, 미야코 섬 등 오키나와 주변 섬으로 이동하기 위해서는 국내선 항공을 이용해야 한다.

Tip 주변 섬으로의 국내선 이용
이시가키 섬까지의 국내선은 JAL, ANA, SKYMARK 항공사에서 20~30분 간격으로 항공편이 있으며 약 1시간 정도가 소요된다. 요금은 평균 10,000엔(왕복) 정도이다.
미야코 섬까지의 국내선은 JAL, ANA, SKYMARK 항공사에서 30~40분 간격으로 항공편이 있으며 약 50분 정도가 소요된다. 요금은 평균 10,000엔(왕복) 정도이다.

13:30 국내선 수속
14:00 나하 공항 출발

비행기 1시간

 **15:05** 이시가키 섬 공항 도착

Tip 공항에서 호텔로 이동하기
대부분의 호텔이 송영 서비스를 제공하므로 호텔 셔틀이나 택시를 이용한다. 이 지역의 호텔은 대부분 리조트 호텔이기 때문에 첫날은 여유롭게 휴식을 취하도록 하자. 택시는 10분에 약 1,000엔, 이시가키 항 터미널까지는 2,800엔 정도 나온다. 공항 버스 이용 시 이시가키 항 터미널까지 35~50분이 소요되며 요금은 520엔이다.

 **18:30** 체크인
공항에서 바로 호텔로 이동하여 호텔의 시설을 만끽한다.

다케토미 섬의 호시노야 리조트를 이용할 경우

 **16:00** 이시가키 항
다케토미 섬으로 가기 위해 페리를 이용한다. 약 10분, 690엔.

페리 10분

 **16:20** 다케토미 항 도착

셔틀버스 10분

 **16:40** 호시노야 오키나와 체크인
이동이 많았기 때문에 호텔의 서비스를 만끽하며 충분히 휴식을 취하도록 한다.

요네하라 비치

2일차

08:00 호텔 조식

택시 10~20분

09:00 이시가키 항 → 다케토미 항
각 호텔에서 택시나 이시가키 버스 터미널행 노선버스를 이용하여 이시가키 항으로 간다. 페리를 타고 다케토미 항으로 이동한다.
시내버스 200엔 + 페리 690엔

페리 10분

09:20  다케토미 항
다케토미는 작은 섬이기 때문에 걸어서 다니거나 자전거를 빌려 둘러보면 편하다.

Tip 호시노야 오키나와에서 숙박했을 경우 물소차부터 START!
호시노야 오키나와에서 숙박했을 경우 여기서부터 일정을 시작한다. 호시노야 오키나와에서 물소차 예약을 하면 물소차가 출발하는 마을까지 송영을 해 준다.

11:30  나고미노 토우
섬 중앙에 위치한 전망탑으로, 민가 중심에 있어 섬 내의 전통 가옥들과 바다의 풍경을 감상할 수 있다.

도보 20분 (자전거 5분)

10:30  니시잔바시
오키나와의 푸른 바다를 향해 뻗어 있는 길이 105m의 잔교. 해변과 함께 그림 같은 풍경을 만들어 낸다.

도보 20분 (자전거 5분)

09:30  물소차
물소가 이끄는 물소차를 타고 다케토미 섬의 마을과 해변을 둘러본다. (약 30분, 1,200엔)

도보 20분 (자전거 5분)

11:40  다케토미 항 → 이시가키 항

페리 10분

12:10 점심 식사
이시가키 항 주변 식당에서 오키나와의 요리를 맛보자. 섬에서 맛볼 수 있는 야에야마 소바 八重山そば를 추천한다.

13:50  정기 관광버스
이시가키 섬의 관광 명소는 차를 이용하지 않으면 둘러보기 어렵기 때문에 차를 렌트하거나 관광버스를 이용하는 것이 좋다. 정기 관광버스는 이시가키 섬의 버스 터미널에서 출발하며 가비라완, 요네하라 비치 등의 명소를 둘러본다. (약 4시간, 3,200엔)

18:30 호텔로 이동

3일차

09:30 호텔 조식

→ 버스 12분(택시 10분)

11:00 이시카키 섬 종유 동굴
총 3,200m의 대형 동굴로, 오키나와에서 두 번째로 큰 동굴이다. 이시가키 항 버스 터미널에서 10:45 버스 이용(220엔).

12:00  점심 식사
종유 동굴 식당에서 류큐 왕국의 전통 요리를 맛보자. (예산 1,500엔)

버스 20분 (택시 15분)

Tip 이시가키 섬 종유 동굴 → 후사키 비치
종유 동굴에서 버스를 타고 버스터미널로 이동하여 버스터미널에서 아나 인터콘티넨탈을 경유하는 공항행 버스를 탄다. 20분 정도 소요되며 요금은 210엔이다.

13:30  후사키 비치
아나 인터콘티넬탈 이시가키 리조트가 관리하는 해변으로, 다양한 해양 스포츠를 즐길 수 있다.

버스 21~24분 (택시 18분)

15:00  이시가키 섬 공항으로 이동
후사키 비치에서 준급행버스(15:04-15:25), 일반 버스(15:34-15:58) 이용, 요금 450엔.

16:40 이시가키 섬 공항 출발

→ 비행기 1시간

17:40 나하 공항 도착

→ 유이레일 12분

18:40 체크인

19:20  아메이로 식당에서 저녁 식사
국제 거리에서 조금 떨어져 있어 찾아가기는 조금 어려우나 가 볼 만한 밥집 아메이로 식당에서 저녁을 먹는다. 유이레일 겐쵸마에 역에서 도보 12분.

이시카키 섬 다마도리사키 전망대

스플래시 오키나와

4일차

 09:00 — 호텔 조식

 10:00 — 국제 거리
국제 거리에서 기념품 쇼핑 또는 간단하게 군것질을 하며 둘러본다.

유이레일 12분

11:20 나하 공항 출국 수속
13:00 나하 공항 출발
15:25 인천 공항 도착

예상 경비 (1인 기준, 항공료 제외)

숙박비	500,000원 (호시노야 1박 이용 시 300,000원 추가)
식비	100,000원
입장료	30,000원
교통비	30,000원
기타	50,000원
합계	710,000원

Tip 예상 경비
각 코스별 예상 경비는 넉넉하게 잡아 놓은 편이다. 저렴한 숙소를 이용하고 아껴 쓴다면 좀 더 알뜰한 여행이 될 수 있을 것이다.

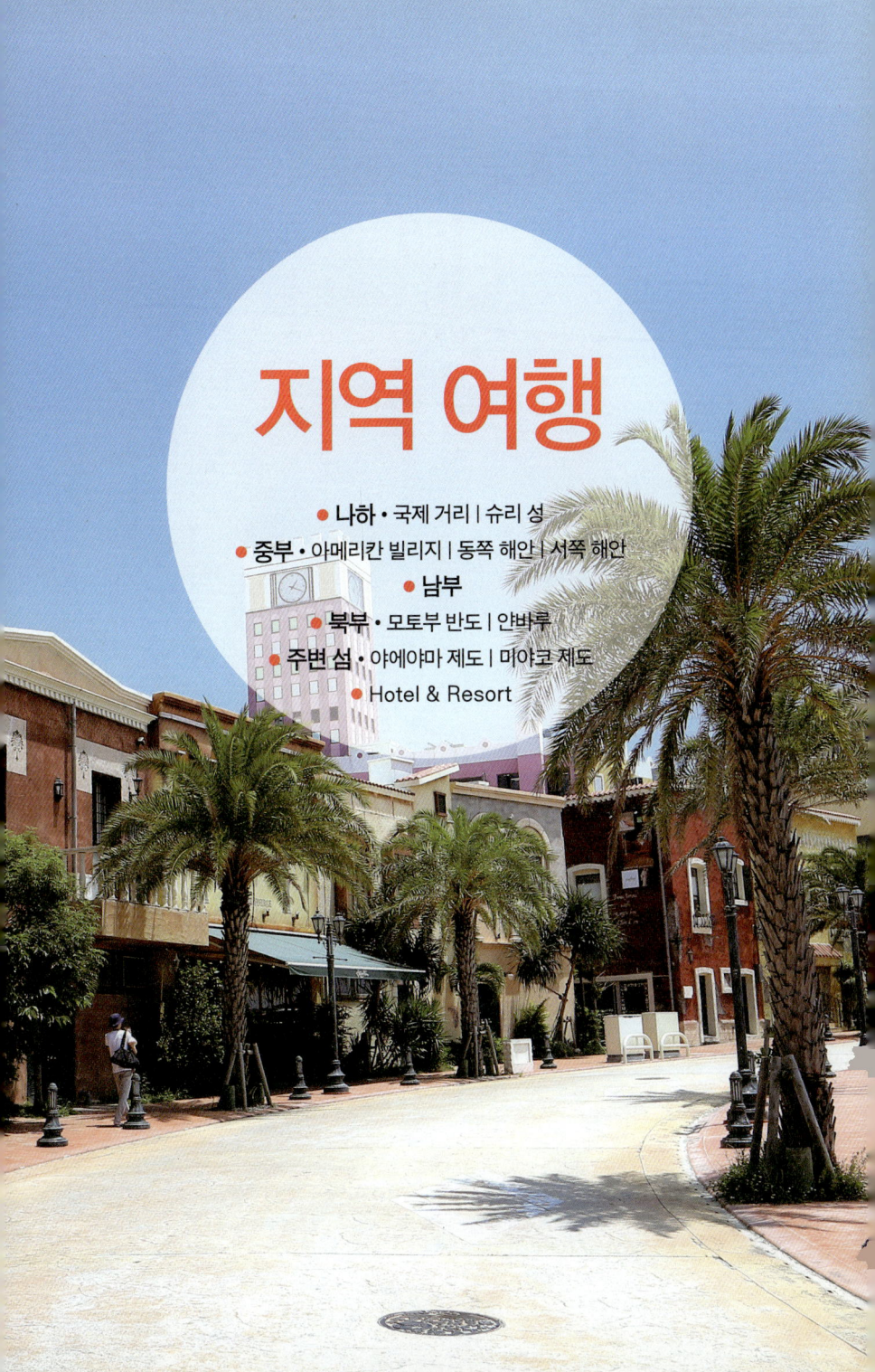

지역 여행

- 나하 • 국제 거리 | 슈리 성
- 중부 • 아메리칸 빌리지 | 동쪽 해안 | 서쪽 해안
- 남부
- 북부 • 모토부 반도 | 얀바루
- 주변 섬 • 야에야마 제도 | 미야코 제도
- Hotel & Resort

공항에서 시내 이동하기

▶ 나하 공항 那覇空港

오키나와 여행의 시작이자 중심이 되는 나하 공항. 나하 공항은 국제선 여객 터미널과 국내선 여객 터미널로 나누어지며 도보로 5분 정도면 이동 가능한 가까운 거리에 위치해 있다. 국내선은 도쿄, 오사카, 후쿠오카, 삿포로 등 일본 각 지역과 연결되며, 국제선은 서울, 부산, 타이페이, 상하이, 베이징, 홍콩, 태국과 연결된다. 대부분의 쇼핑 시설은 국내선에 모여 있어 식사나 기념품을 사는 것은 국내선 여객 터미널을 이용하면 편리하다. 오키나와의 모노레일인 유이레일도 국내선 2층과 연결되어 있으며 렌터카, 버스, 공항 리무진 버스도 대부분 국내선 여객 터미널에서 출발한다. 국제선 여객 터미널은 최근에 새로 지어 건물이 깔끔하며 4층에는 항공기의 이착륙 모습을 감상할 수 있는 전망 시설이 있다.

주소 沖縄県那覇市鏡水150

나하 공항 국내선 여객 터미널
전화 종합 안내 098-840-1179, JAL 098-891-8201, ANA 098-861-8800, SKY 0570-051-330, JETSTAR 0570-550-538 홈페이지 www.naha-airport.co.jp/ko

나하 공항 국제선 여객 터미널
전화 아시아나 항공 098-857-6410, 종합 안내 098-840-1350, 관광 안내 098-859-0742 홈페이지 www.naha-airport.co.jp/ko/terminal/international

서울 · 부산 · 대구 - 오키나와 취항 항공

아시아나 항공 주 7편(서울), 주 3편(부산)
홈페이지 flyasiana.com/gateway.html

대한 항공 주 7편(서울)
홈페이지 kr.koreanair.com

진에어 주 7편(서울), 주 5편(부산)
홈페이지 www.jinair.com

티웨이 항공 주 7편(서울), 주 5편(대구)
홈페이지 www.twayair.com

이스타 항공 주 7편(서울)
홈페이지 www.eastarjet.com

제주 항공 주 7편(서울)
홈페이지 www.jejuair.net/jejuair/main.jsp

피치 항공 주 7편(서울)
홈페이지 www.flypeach.com/pc/kr

▶ 나하 공항에서 시내로 이동하기

유이레일

나하 공항과 나하 시내와 관광 명소를 연결하는 유이레일. 공항에서 나하 시내로의 이동 시 저렴하고 편리하게 이용할 수 있다.

시간 및 요금 아사히바시(旭橋, 나하 버스 터미널) 역까지 11분(260엔), 겐쵸마에(県庁前, 국제 거리) 역까지 12분(260엔) 홈페이지 www.naha-airport.co.jp/ko/access/monorail.html 유이레일 www.yui-rail.co.jp

버스

오키나와는 일본의 다른 지역과는 다르게 열차가 없기 때문에 대중교통은 주로 버스를 이용한다. 대부분의 관광지로의 이동은 나하 공항 또는 나하 버스 터미널에서 출발한다.

시간 및 요금 나하 버스 터미널, 국제 거리까지 10분~15분(230엔) 홈페이지 www.naha-airport.co.jp/ko/access/bus.html 나하 버스 주식회사 okinawa.0152.jp 오키나와 버스 주식회사 okinawabus.com 류큐 버스 주식회사 www.ryukyubuskotsu.jp 동양 버스 주식회사 www.toyobus.jp

택시

나하 공항과 나하 시내는 가깝기 때문에 3명 이상 모여 택시를 타면 편하고 빠르게 시내의 목적지까지 이동할 수 있다.

시간 및 요금 나하 시내까지 15분(1,000엔) 홈페이지 www.naha-airport.co.jp/ko/access/taxi.html

오키나와 공항 리무진 버스

나하 공항에서 중 · 북부의 리조트 호텔까지 이동할 때는 공항 리무진 버스를 이용하면 편리하다. 공항과 호텔을 빠르게 연결하며 리조트 호텔의 입구까지 버스가 들어가기 때문이다. 노선은 4개의 노선으로 나뉘며 나하 공항 국내선 터미널 공항 리무진 버스 안내 센터에서 티켓을 구입 후 탑승한다.

공항 리무진 버스 노선

A구역 챠탄·기완 코스 北谷·宜野湾コース
나하 공항 ⇔ 기노완 ⇔ 챠탄 ⇔ 기타나카구스쿠 방면

B구역 요미탄 코스 読谷コース
나하 공항 ⇔ 나하 버스 터미널 ⇔ 요미탄 방면

C구역 니시카이간 미나미 코스 西海岸南コース
나하 공항 ⇔ 나하 버스 터미널 ⇔ 우루마 ⇔ 온나 방면

D구역 니시카이간 키타 코스 西海岸北コース
나하 공항 ⇔ 나하 버스 터미널 ⇔ 온나 ⇔ 나고 방면

E구역 오키나와 북부로 직행하는 버스로 나고 버스 터미널까지 이동(약 90분) 후 모토부 항(약 114분)과 츄라우미(약 127분) 그리고 인근 호텔을 경유한다.

D·E구역 D구역을 거쳐 E구역으로 이동하는 코스로 나하 버스 터미널에서만 출발한다. D구역까지는 시간과 코스가 동일하나 D구역을 거쳐 E구역으로 가기 때문에 빠르게 북부까지 이동할 경우는 E구역을 이용하는 것이 좋다.

※ E구역과 D·E구역을 운행하는 공항 리무진 버스의 자세한 노선과 운임은 아래 QR을 통해 확인할 수 있다.

공항 리무진 버스 시간표

나하공항 국내선 那覇空港国内線

나하공항 국제선 那覇空港国際線
약 2분(국제선과 국내선의 이동 시간)

공항 리무진 버스 운임

A구역	B구역	C구역	D구역
아사히바시 역 앞 버스 정거장 旭橋駅前バス停	나하 버스 터미널 那覇バスターミナル		
약 10분	약 10분		
문 오션 기노완 호텔 & 레지던스 ムーンオーシャン宜野湾ホテル＆レジデンス	호텔 문 비치 ホテルムーンビーチ	호텔 문 비치 ホテルムーンビーチ	아나 인터콘티넨탈 만자 비치 리조트 ANA インターコンチネンタル万座ビーチリゾート
약 30분	약 60분	약 65분	약 76분
라구나 가든 호텔 ラグナガーデンホテル	르네상스 리조트 오키나와 ルネッサンスリゾートオキナワ	호텔 몬토레 오키나와 스파 & 리조트 ホテルモントレ沖縄スパ＆リゾート	오키나와 가리유시 비치 리조트 오션 스파 沖縄かりゆしビーチリゾートオーシャンスパ
약 37분	약 70분	약 69분	약 96분
더 비치 타워 오키나와 ザ・ビーチタワー沖縄	오키나와 잔파 미사키 로얄 호텔 沖縄残波岬ロイヤルホテル	쉐라톤 오키나와 선 마리나 리조트 シェラトン沖縄産マリーナリゾート	더 부세나 테라스 ザ・ブセナテラス
약 56분	약 85분	약 73분	약 105분
벳셀 호텔 칸파나 오키나와 ベッセルホテルカンパーナ沖縄	호텔 닛코 아리비라 ホテル日航アリビラ	리잔시 파크 호텔 차탄베이 リザンシーパーク谷茶ベイ	오키나와 메리어트 리조트 & 스파 オキナワ マリオット リゾート＆スパ
약 59분	약 90분	약 76분	약 111분
힐튼 오키나와 차탄 리조트 ヒルトン沖縄北谷リゾート		아나 인터콘티넨탈 만자 비치 리조트 ANA インターコンチネンタル万座ビーチリゾート	더 리츠칼튼 오키나와 ザ・リッツカールトン沖縄
약 66분		약 95분	약 114분
			가네히데 키세 비치 팔레스 かねひで喜瀬ビーチパレス
			약 120분

공항에서 시내 이동하기

얀바루 급행 버스 やんばる急行バス

나하 공항과 오키나와 북부 얀바루 지역을 연결하는 급행 버스, 오키나와 서쪽 해안의 관광지를 경유하며 오키나와 북부 지역의 주요 호텔을 들러 편리하다. 무엇보다 북부 지역까지 환승 없이 이동하는 것이 장점이다. 일본어 페이지를 이용하면 예약도 가능하다.

홈페이지(일본어) www.ok-connection.net

시내에서 공항까지

시내에서 공항까지는 공항에서 시내까지의 역순으로 돌아오면 된다. 유이레일, 버스 등 대중교통을 이용하거나 여럿이 모여 택시를 이용해도 좋다. 공항 주변에서 렌터카를 빌렸으면 렌터카를 빌린 장소에 차를 돌려주고, 렌터카 회사에서 무료로 공항까지 데려다 준다.

얀바루 급행 버스 시간표 & 요금

나하 국제 공항 출발편	1	2	3	4	5	6	7	8	요금(엔)
	1편	3편	5편	7편	9편	11편	13편	15편	
나하 공항 국제선 那覇空港国際線	06:40	08:37	10:30	12:00	14:30	16:50	18:40	19:50	220
나하 공항 국내선 那覇空港国内線	06:41	08:38	10:31	12:01	14:31	16:51	18:41	19:51	220
현청 북쪽 출구 県庁北口	06:50	08:50	10:40	12:10	14:40	17:00	18:53	20:03	220
도마린 항 泊港	06:56	08:56	10:46	12:16	14:46	17:06	18:59	20:09	220
오모로마치 1초메 おもろまち1丁目	07:03	09:05	10:53	12:23	14:53	17:13	19:08	20:18	220
후루지마 역 앞 古島駅前	07:10	09:15	11:00	12:30	15:00	17:20	19:18	20:25	220
이게이 서비스 에리어 伊芸サービスエリア				5~10분 휴식					1,600
나고 시청 앞 名護市役所	08:22	10:27	12:12	13:42	16:12	18:32	20:30	21:27	1,600
모토부 항 本部港	08:40	10:45	12:30	14:00	16:30	18:50	20:48	21:55	1,850
마하이나 리조트 マハイナリゾート	08:51	10:56	12:41	14:11	16:41	19:01	20:59	22:06	1,950
츄라우미 수족관 美ら海水族館	08:58	11:03	12:48	14:15	16:45	19:05	21:03	22:10	2,000
르와지르 호텔 츄라우미 ロワジールホテル美ら海	09:00	11:05	12:50	14:17	16:47	19:07	21:05	22:12	2,000
나키진 성터 今帰仁城	09:10	11:15	13:00	14:27	16:57	19:17	21:15	22:22	2,100
리조트 호텔 벨파라인 ベルパライン	09:24	11:29	13:14	14:41	17:11	19:31	21:29	22:36	1,950
운텐 항 運天港	09:29		13:19	14:46					2,000

운텐 항 출발편	1	2	3	4	5	6	7	8	요금(엔)
	2편	4편	6편	8편	10편	12편	14편	16편	
운텐 항 運天港				10:45		14:45			160
리조트 호텔 벨파라인 ベルパライン	05:00	06:30	08:00	10:50	13:00	14:50	16:00	17:00	160
나키진 성터 今帰仁城	05:13	06:43	08:13	11:03	13:13	15:03	16:13	17:13	430
르와지르 호텔 츄라우미 ロワジールホテル美ら海	05:23	06:53	08:23	11:13	13:23	15:13	16:23	17:23	580
츄라우미 수족관 美ら海水族館	05:26	06:56	08:26	11:16	13:26	15:19	16:29	17:29	590
마하이나 리조트 マハイナリゾート	05:29	06:59	08:29	11:19	13:29	15:22	16:32	17:32	620
모토부 항 本部港	05:41	07:11	08:41	11:31	13:41	15:34	16:44	17:44	740
나고 시청 앞 名護市役所	06:00	07:30	09:00	11:50	14:00	15:53	17:03	18:03	690
이게이 서비스 에리어 伊芸サービスエリア				5~10분 휴식					730
후루지마 역 앞 古島駅前	07:08	08:49	10:13	13:03	15:13	17:06	18:30	19:26	1,800
오모로마치 1초메 おもろまち1丁目	07:15	08:56	10:20	13:10	15:20	17:13	18:37	19:33	1,850
도마린 항 泊港	07:22	09:03	10:27	13:17	15:27	17:20	18:44	19:40	1,900
현청 북쪽 출구 県庁北口	07:28	09:13	10:33	13:23	15:33	17:28	18:54	19:46	1,900
나하 공항 국내선 那覇空港国内線	07:43	09:28	10:48	13:38	15:48	17:43	19:09	20:01	2,000
나하 공항 국제선 那覇空港国際線	07:46	09:31	10:51	13:41	15:51	17:46	19:12	20:04	2,000

오키나와의 교통수단

🔵 유이레일 ゆいレール

나하 공항과 나하 시내의 관광 명소를 연결하는 오키나와 도시 모노레일이다. 운행 시간이 정확하고 나하 공항, 국제 거리, 슈리 성을 들러 편리하다. 고가 다리 위를 달리기 때문에 시내의 풍경을 감상하며 이동할 수 있어 그 또한 하나의 관광이 된다.

홈페이지 www.yui-rail.co.jp

노선도

나하 공항 역那覇空港駅 나하쿠우코우 – 4분 – 아카미네 역赤嶺駅 – 2분 – 오로쿠 역小禄駅 – 2분 – 오노야마 공원 역奥武山公園 – 2분 – 쓰보가와 역壺川駅 – 2분 – 아사히바시 역旭橋駅 – 1분 – 현청 앞 역県庁前駅 켄쵸마에 – 2분 – 마에바시 역美栄橋駅 – 2분 – 마키시 역牧志駅 – 2분 – 아사토 역安里駅 – 1분 – 오모로마치 역おもろまち – 2분 – 후루지마 역古島駅 – 2분 – 시립 병원 앞 역市立病院前駅 – 2분 – 기보 역儀保駅 – 2분 – 슈리 역首里駅

유이레일 노선도

나하 공항 역~슈리 역(12.9km / 약 27분 소요)

Required Time (Unit: Minutes)

유이레일 승차 방법

1. 나하 공항 국제선 터미널 빌딩을 나와서 오른쪽에 보이는 국내선 터미널 빌딩으로 이동한다. 가장 가까운 입구에 들어서서 에스컬레이터로 2층에 올라간다.

2. 2층의 연결 통로를 통해 유이레일 나하 공항 역으로 이동한다.
3. 승차권 발매기 위에 설치된 운임표를 보고 목적지까지의 운임을 확인한다. 승차권 발매기 앞에 서면 화면에 역 이름과 운임이 표시된다. 요금을 넣고 목적지의 역 이름이 쓰인 부분에 손을 대면 승차권이 나온다.
4. 프리패스 발권
유이레일 프리패스를 이용하면 유이레일 주변 관광지 입장료 할인 등의 혜택이 있다. 프리패스를 보여 주면 할인을 받는다.

5. 티켓에는 QR 코드가 있어 입구와 출구에서 티켓을 QR 코드판에 찍고 들어간다. 사용 후 티켓은

티켓 수거함에 넣거나 기념으로 가져가도 좋다.

요금 성인 230엔~, 어린이 120엔 **1일권** 성인 700엔, 어린이 350엔 **2일권** 성인 1,200엔, 어린이 600엔

▶ 나하 버스 터미널 那覇バスターミナル

오키나와 교통의 중심이며 대부분의 오키나와 고속버스, 노선버스가 출발하는 곳이다. 오키나와 본 섬의 관광 명소로의 이동과 나하(那覇)-나고(名護) 간의 고속버스를 이용할 수 있다. 또한 오키나와의 관광 명소를 둘러보는 정기 관광버스가 출발하는 곳으로, 각 버스 회사별 관광버스 예약을 할 수 있다.

주소 沖縄県那覇市泉崎1丁目20番1号 **시간** 버스 운행 시간 내 **위치** 유이레일 아사히바시 역에서 1분 **홈페이지** www.kotsu-okinawa.org/index_info3.html
류큐 버스 교통 琉球バス交通
전화 098-863-2821 **홈페이지** www.ryukyubuskotsu.jp

오키나와 버스 沖縄バス
전화 098-861-0385 **홈페이지** okinawabus.com/wp
나하 버스 那覇バス
전화 098-860-3232 **홈페이지** okinawa.0152.jp
토요 버스 東陽バス
전화 098-867-2313 **홈페이지** www.toyobus.jp

▶ 버스

오키나와의 버스는 주로 나하 시내를 운행하는 시내선과 그 외 지역을 운행하는 시외선으로 나뉜다.

시내선 (20번 미만 ※7, 8, 10, 12, 18번 제외)
1. 버스 앞문으로 승차한다.
2. 승차 후 운임을 요금함에 투입한다. (선불)
3. 목적지 버스 정류장의 안내 방송을 확인한 후 하차 벨을 누른다.
4. 버스가 완전히 정차한 후, 자리에서 일어나 뒷문으로 하차한다.

요금 균일 / 어른 230엔, 어린이 110엔
※20번 이상의 노선(시외선)도 나하 시내는 균일 요금

시외선 (7, 8, 10, 12, 18번 및 20번 이상)
1. 버스 앞문으로 승차하면서, 표 발행기에서 정리권

오키나와의 교통수단

을 뽑는다. (7, 8, 10, 12번은 버스 뒷문으로 승차)
2. 목적지 버스 정류장의 안내 방송을 확인한 후 하차 벨을 누른다.
3. 운임 표지판에서 정리권 번호의 운임을 확인하고 버스가 완전히 정차한 후, 자리에서 일어나 운임을 요금함에 넣는다.
4. 버스 앞문으로 하차한다.

요금 거리에 따라 운임이 다르다.
※ 10, 12, 105번은 각각 균일 요금

나하, 중서부 관광에 많이 이용되는 20, 120번 버스 운임
www.kotsu-okinawa.org/time/20_120/k1.htm

오키나와 버스 맵 (영어, 일본어)
www.kotsu-okinawa.org/index.html

▶ 정기 관광버스

오키나와는 나하 시내를 제외하고는 대중교통이 발달해 있지 않기 때문에 관광 명소가 시내에서 그리 멀지 않다. 시내에서 거리가 있는 관광 명소는 정기적으로 운행하는 관광버스를 이용하면 편리하고 한 번에 여러 명소를 둘러볼 수 있다. 오키나와의 관광버스는 반나절, 하루 코스가 있으며 버스 회사에 따라 다양한 코스가 마련되어 있다.

안내원의 안내를 받으며 편안하게 둘러볼 수 있는 관광 상품이며 시간이 많이 걸리고 교통이 불편한 오키나와 북부 관광을 목적으로 이용하면 좋다.

대부분의 버스가 08:00~09:00 사이에 출발하며 나하 버스 터미널, 오키나와 버스 탑승장(나하 버스 터미널 부근), 나하 공항, 나하 시내 일부 관광 호텔에서 탑승할 수 있다. 츄라우미 수족관 등 관광 시설의 요금이 포함(4,000~6,000엔)되어 있으며 대부분 저녁이 되어 나하로 돌아온다. 경우에 따라 스케줄과 요금이 변경될 수 있다.

오키나와 버스 沖縄バス

전화 098-861-0083 주소 沖縄県那覇市泉崎1丁目10-16 출발 장소 유이레일 아사히바시 역에서 3분, 나하 버스 터미널 북쪽 가리유시 그룹 빌딩 홈페이지 okinawabus.com/ko

오키나와 월드와 전쟁 유적지 코스 おきなわワールドと戦跡めぐり
- 니라이카나이 바시 ニライカナイ橋
- 오키나와 월드 おきなわワールド
- 오키나와 평화 기념 공원 沖縄平和祈念公園
- 히메유리의 탑 ひめゆりの塔
- 아시비나 아웃렛 アウトレットモールあしびなー

출발 시간 08:30 소요 시간 약 7시간 요금 4,900엔, 3,000엔(어린이 6~12세)

비오스의 언덕

안내원이 함께하는 오키나와 정기 관광버스

사진도 찍어 주는 안내원

츄라우미 수족관과 나키진 성터 코스 美ら海水族館と今帰仁城跡
- 만자모万座毛
- 센츄리 호텔 리조트センチュリオンホテルリゾート (런치 뷔페 제공)
- 츄라우미 수족관美ら海水族館(수족관 요금 별도)
- 나키진 성터今帰仁城跡
- 나고 파인애플 파크ナゴパイナップルパーク

출발 시간 08:45 소요 시간 약 9시간 30분 요금 5,500엔, 3,300엔(어린이 6~12세)

슈리 성 시내 역사 탐방 코스 首里城・市内史跡めぐりコース
- 타마우돈玉陵(입장료 포함)
- 슈리 성 공원首里城公園(입장료 포함)
- 킨죠타다미미치金城町石畳道
- 사키나엔識名園(입장료 포함)
- 오키나와 현립 박물관沖縄県立博物館

출발 시간 13:00 소요 시간 약 4시간 요금 4,000엔, 3,000엔(어린이 6~12세)

오키나와 중부 탐방 코스 中部いいとこめぐりコース
- 류큐무라琉球村
- 오카시고텐 요미탄 본점御菓子御殿 読谷本店(런치 오키나와 소바 제공)
- 자키미 성터座喜味城跡
- 미치노에키 카데나道の駅かでな
- 비오스의 언덕ビオスの丘

출발 시간 08:30 소요 시간 약 8시간 30분 기간 4/1~9/30 요금 5,500엔, 4,500엔(어린이 6~12세)

츄라우미 수족관 & 고우리 오션 타워 코스 美ら海水族館と古宇利オーシャンタワーコース
- 고우리 오션 타워古宇利オーシャンタワー
- 츄라우미 수족관美ら海水族館

- 얀바루이키ヤンバル이키노모리やんばる憩いの森

출발 시간 09:00 소요 시간 약 10시간 기간 4/1~9/30 요금 5,000엔, 2,500엔(어린이 6~12세)

나하 버스 那覇バス

전화 098-867-6083 주소 沖縄県那覇市泉崎1丁目20番1号 출발 장소 나하 버스 터미널 홈페이지 okinawa.0152.jp

A코스 슈리 성 & 오키나와 월드 코스 Aコース首里城・戦跡・おきなわワールドコース
- 슈리 성 공원首里城公園(요금 별도)
- 구해군사령부旧海軍司令部壕(입장료 포함)
- 히메유리의 탑ひめゆりの塔(런치 포함)
- 평화 기념 공원平和祈念公園
- 오키나와 월드おきなわワールド(입장료 포함)

출발 시간 09:00 소요 시간 약 8시간 요금 4,900엔, 3,100엔(어린이 6~11세)

B코스 츄라우미 수족관 코스 Bコース 美ら海水族館 満喫コース
- 츄라우미 수족관美ら海水族館(입장료 포함)
- 나고 파인애플 파크ナゴパイナップルパーク

출발 시간 08:00 소요 시간 약 9시간 요금 4,800엔, 2,400엔(어린이 6~11세)

C코스 츄라우미 수족관 & 서해안 관광 코스 Cコース 美ら海水族館 西海岸コース
- 류큐무라琉球村(입장료 별도)
- 만자모万座毛
- 나고 파인애플 파크ナゴパイナップルパーク 또는 오키나와 후르츠 랜드OKINAWA フルーツらんど
- 오카시고텐御菓子御殿(런치 포함)
- 츄라우미 수족관美ら海水族館(입장료 별도)

출발 시간 08:20 소요 시간 약 9시간 30분 요금 6,000엔, 3,300엔(어린이 6~11세)

오키나와의 교통수단

D코스 고우리 섬·츄라우미·와루미 대교·모리노가라스 코스
Dコース 絶景·古宇利島·ワルミ大橋·森のガラス館コース

- 고우리 오션 타워古宇利オーシャンタワー
  (입장료 포함, 점심 포함)
- 와루미 대교ワルミ大橋
- 츄라우미 수족관美ら海水族館(입장료 포함)
- 모리노가라스 관森のガラス館

출발 시간 08:40 소요 시간 약 10시간 요금 7,200엔, 4,200엔(어린이 6~11세)

라도 관광 RADO観光

전화 098-951-0012 주소 沖縄県那覇市前島2-2-2 출발 장소 나하 시내와 주변의 주요 호텔, 홈페이지에서 확인 홈페이지 www.rado-okinawa.com
※ 라도 관광 상품은 한국인이 응대하는 오키존 패스에서도 같은 요금으로 상품 예약이 가능하니 영어나 일본어가 힘들면 오키존 패스 홈페이지(www.okizonepass.com)를 이용하도록 하자.

오키나와 남부 반나절 코스 南部半日観光バスツアー

- 세이화 우타키斎場御嶽
- A. 오키나와 월드おきなわワールドコース,
  B. 신에이 비치新原ビーチ
- 히메유리의 탑ひめゆりの塔
- 나하 공항那覇空港
- 현청 앞県庁前

출발 시간 호텔별로 다름(07:40~08:00) 소요 시간 약 5시간 30분 기간 4월 1일~9월 30일 요금 1,500엔(4세 이상) 출발 호텔 난세이 관광 호텔(南西観光ホテル)에서 출발 후 오키나와의 각 호텔을 들르며 이동. 홈페이지나 숙박하는 호텔에서 송영 여부 확인.

당일치기 관광버스 투어 日帰り観光バスツアー

- 나고 파인애플 파크ナゴパイナップルパーク
  (입장료 포함)
- 류구죠쵸쵸엔琉宮城蝶々園 (런치 제공)
- 츄라우미 수족관沖縄美ら海水族館
- 오카시고텐御菓子御殿

출발 시간 호텔별로 다름 (08:00~10:35) 소요 시간 약 9시간 기간 4월 1일~9월 30일 요금 4,800엔, 4,500엔(고등학생), 3,600엔(초, 중학생), 2,900엔(유아) 출발 호텔 난세이 관광 호텔(南西観光ホテル)에서 출발 후 오키나와의 각 호텔을 들르며 이동. 홈페이지나 숙박하는 호텔에서 송영 여부 확인.

츄라우미 수족관 직행 코스 美ら海直行バスコース

- 나하 공항那覇空港
- 츄라우미 수족관那覇空港(입장료 포함)
- 호텔 송영(당일치기 관광버스 투어 호텔)

출발 시간 14:00 소요 시간 약 6시간 기간 4월 1일~9월 30일 요금 3,700엔, 2,500엔(초, 중학생), 1,800엔(유아) 출발 장소 나하 공항 1층 4번 출구 앞

▶ 택시

오키나와의 택시는 기본 요금이 소형 500엔, 중형 510엔으로 다른 일본 지역에 비해 저렴한 편이다. 여러 명이 모여 택시를 이용하면 노선버스를 이용하는 것보다 저렴하게 목적지에 도착할 수 있다. 단, 나

나고 파인애플 파크

하 시내의 국제 거리는 차선이 좁고 정체가 심하기 때문에 이 구간에서의 이용은 주의를 요한다.
소형차 기본요금(1.8km까지)은 500엔, 여기에 359m 이동할 때마다 60엔이 가산된다. 또 밤 10시부터 다음 날 새벽 5시까지는 심야 요금으로, 20% 할증료가 추가된다.

❯ 렌터카

일본의 다른 지역과는 달리 열차가 없고 시내 외에는 대중교통 시설이 잘 갖추어지지 않은 오키나와에서는 렌터카를 이용하면 더욱 편리하게 관광지를 둘러볼 수 있다.

렌터카를 빌릴 때 체크는 기본

운전 자격

일본에서 차를 빌리고 운전하기 위해서는 일본 운전면허나 국제 운전면허증이 필요하다. 국제 운전면허증은 일본에 입국하기 전, 지방 경찰청이나 운전면허 시험장에서 발급받아야 하며 일본에 입국 후 1년간 인정된 국제 운전면허증을 소지하고 운전할 수 있다.

오키나와의 고속도로

중요한 표지는 일본어와 영어로 쓰여 있기 때문에 일본어를 모른다고 해도, 일본의 고속도로를 이용하는 데 거의 문제가 없을 것이다. 일반적으로 승용차의 제한 속도는 80km/h 미만이다. 고속도로를 이용할 경우 고속도로 이용 요금을 내야 한다. (승용차 기준 10km에 약 200엔)

도로 및 교통 법규

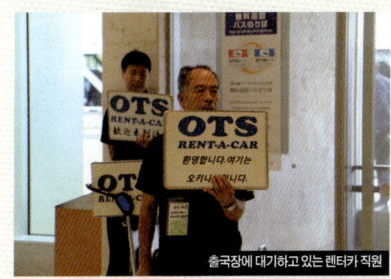

출국장에 대기하고 있는 렌터카 직원

11번 정거장 각 렌터카 회사의 직원들

일본에서는 한국과는 반대로, 도로의 좌측 차선으로 운전하며 운전석 및 운전대가 차의 오른쪽에 있다. 면허를 딸 수 있는 법적 최저 연령은 18세다. 도로 표지 및 교통 법규는 국제 표준을 따르고 있으며, 주요 도로의 표지판 대부분은 일본어와 영어로 표기되어 있다. 음주 운전은 한국만큼이나 엄격하게 금지되고 있다. 일반적인 속도 제한은 고속도로에서는 80~100km/h이며, 시가지에서는 40km/h, 골목길에서는 30km/h, 그 밖의 도로에서는 50~60km/h이다. 하지만 운전자들이 제한 속도에서 약 10km/h 정도 초과하는 것은 자주 있는 일이다. 일본에서 고속도로 및 경치가 좋은 드라이브 코스를 제외한 대부분의 길은 통행료가 무료이다. 길 상태는 좋은 편이지만, 도시의 골목길은 상당히 좁은 편이라 운전하기 불편하다. 일본의 운전자들은 일반적으로 매너가 좋고 사려가 깊다. 일본에서 운전할 때 가장 주의해야 할 점은 자전거를 타는 사람들을 들 수 있다. 또한 도로 체계가 한국과는 반대 방향이므로, 한국에서 하던 운전에 익숙한 사람은 더더욱 주의를 요한다.

오키나와의 교통수단

오키나와 지역 렌터카 회사를 이용하면 차의 색상의 선택이 비교적 자유롭다.

직원의 안내에 따라 서류를 작성한다.

내비게이션
오키나와의 렌터카에는 기본적으로 내비게이션이 장착되어 있고, 보통 전화번호를 입력하면 목적지까지 안내를 해 주기 때문에 무리 없이 운전을 할 수 있다. 도요타 렌터카의 경우 한국어, 영어 지원이 되는 내비게이션이 있어 더욱 편리하나 도요타 렌터카는 요금이 비싼 편이다. 일부 차종은 사이드 브레이크를 올리지 않으면 내비게이션 입력이 불가능하니 차를 세우고 내비게이션을 입력하도록 하자.

맵코드
맵코드는 일본의 전 지역의 위치를 표시하는 특정한 번호로 보통 10자리, 확장 12자리의 숫자로 표시된다. 일본의 웹사이트, 스마트폰 앱, 자동차 내비게이션 등에 이용되며 일본 렌터카의 내비게이션에는 맵코드 입력란이 있다. GPS의 좌표처럼 정확한 위치를 표시하기 때문에 주소나 전화번호로 찾기 힘든 지역을 찾을 때 이용하면 좋다.

렌터카 회사
일본의 주요 렌터카 회사로는 마츠다 렌터카, 닛산 렌터카, 도요타 렌탈리스, 닛폰 렌터카, 오릭스 렌터카 등이 있다. 이 회사들은 일본 전역에 수백 개의 지점을 운영하고 있다. 경우에 따라서는 대형 밴, 버스, RV까지도 빌릴 수 있다. 일본 회사의 경우 하루 이용 요금은 일반적으로 소형차가 약 6,000엔, 중형차가 10,000엔, 대형차가 15,000엔 정도이며, 여기에는 1일당 약 1,000엔의 자동차 보험료(의무)가 포함되어 있다. 오키나와의 경우 렌터카 요금이 일본 본토의 30~50%가량 저렴하며 기름값도 리터당 150엔으로 일본에서 가장 저렴한 편이다. 오키나와에는 스카이 렌터카, OTS 렌터카 등 저가 렌터카 회사와 후지 렌터카, 류큐 렌터카 등 오키나와의 렌터카 회사가 있으며 일반 렌터카 회사들보다 저렴하게 차를 빌릴 수 있다.

OTS 렌터카 OTSレンタカー
전화 0123-34-3732 홈페이지 www.otsrentacar.ne.jp

스카이 렌터카 スカイレンタカー
전화 098-859-6505 홈페이지 www.skyrent.jp

후지 렌터카 フジレンタカー
전화 0120-439-022 홈페이지 www.fujiren.jp

도요타 렌터카 トヨタレンタカー
전화 098-857-0100 홈페이지 rent.toyota.co.jp

닛폰 렌터카 ニッポンレンタカー
전화 098-859-7878 홈페이지 www.nipponrentacar.co.jp

닛산 렌터카 日産レンタカー
전화 098-858-2523 홈페이지 nissan-rentacar.com

오릭스 렌터카 オリックスレンタカー
전화 098-851-0543 홈페이지 car.orix.co.jp

트래블 렌터카 トラベルレンタカー
전화 0120-38-7799 홈페이지 www.luft-travelrentacar.com

렌터카 예약
국내의 여행사를 통해서 예약이 가능하다. 일본어가 가능하다면 직접 일본의 렌터카 홈페이지에서 예약하는 것도 괜찮다. 일본의 렌터카 홈페이지에서 예약하는 것이 가장 저렴하며 도요타 렌터카는 조금 비싼 편이다.

렌터카 픽업 및 수속 절차
보통 오키나와의 렌터카는 공항 또는 DFS 면세점 렌

DFS 2층 렌터카

송영 버스

터카 카운터에서 빌리게 된다. 나하 공항에서는 미리 예약을 하고 항공편을 알려 주면 출국 카운터 앞에 렌터카 직원이 대기하고 있는 경우가 많다. 그리고 대부분의 렌터카 회사가 나하 공항에서 조금 떨어져 있는 곳에 위치해 있는데 나하 공항 국내선 11번 정거장에서 렌터카 회사까지 무료로 송영을 해 준다. DFS 면세점에서 차를 빌릴 경우 DFS가 개장하는 오전 9시부터 차를 빌릴 수 있으며 예약하거나 빌리고 싶은 회사 카운터에 가서 이야기를 하면 차를 빌려준다.

렌터카 반납

렌터카는 보통 처음 렌터카를 빌린 지점에 반납하는 것이 기본이며 경우에 따라 다른 지점으로의 반납도 가능하다. (DFS에서 대여, 나하 공항 영업소에 반납) 반납 시 기름을 가득 채워야 하며 그렇지 않은 경우 기름값을 지불해야 한다. 렌터카 회사의 기름값은 일반 주유소보다 20% 정도 비싸니 반납 장소에서 가까운 주유소를 이용하는 것이 좋다. (셀프 주유소의 경우 기름값이 더욱 저렴하다.) 렌터카 회사의 영업 시간은 보통 08:00~20:00이며 시간이 지나면 반납이 불가능하니 주의한다. 나하 공항 영업소 주변에서 반납하면 공항까지 무료로 송영을 해 준다.

주의 사항

일본은 한국과 달리 운전석이 오른쪽에 있고 주행 방향이 반대이기 때문에 주의해야 한다. 특히 차량 통행이 거의 없는 한적한 도로를 다니거나 우회전 시 특히 주의를 해야 한다. 대부분 운전을 얌전히 하기 때문에 교통 신호만 잘 지킨다면 문제없이 운전을 할 수 있을 것이다.

문제가 생겼을 경우

차를 빌린 렌터카 회사에 전화를 해서 해결한다. 렌터카 회사의 영업 시간 이후에 사고가 났을 경우 110번(경찰), 119번(소방)에 전화를 걸어 해결한다. 또는 다국어 콜 센터 098-851-9554 (09:00~21:00)를 이용하면 해당 국가의 언어로 안내를 받을 수 있다.

렌터카 드라이브 코스

① 남부 해안 드라이브, 카페 투어

아름다운 남부의 해안 도로를 질주하며, 오키나와 남부의 관광 명소, 해변, 카페들을 둘러보는 드라이브 코스. 나하 시내에서 출발한다.

> 약 65km / 4~5시간 소요

나하 시내 → 아시비나 아웃렛 → 평화 기념 공원 → 오지마 섬(나카모토 센교텐) → 하마베노차야 → 미바루 비치 → 카페 야부사치 → 치넨 곶 → 니라이 카나이바시 → 차리 레스토랑 → 나하 시내

② 해중 도로, 동부 섬 드라이브 코스

오키나와 중부 동쪽 해안과 해중 도로로 연결된 헨자, 미야기, 이케이 섬 등을 둘러보는 드라이브 코스. 아메리칸 빌리지 또는 나하 시내에서 출발한다.

> 약 75km / 5~6시간 소요

아메리칸 빌리지(나하 시내) → 가츠렌 성 → 해중 도로 → 테이라부이 → 이케이 비치 → 아메리칸 빌리지(나하 시내)

❸ 서부 해안 드라이브 코스

나하 시내에서 출발하여 오키나와 중부의 서쪽 해안을 둘러보는 드라이브 코스. 오키나와 서해안의 아름다운 해변과 관광 명소를 들른다. 왕복 코스로, 시간을 단축하기 위해 돌아오는 길은 고속도로를 이용해도 좋다.

▶ 약 125km / 7~8시간 소요

나하 시내 → 트로피컬 비치 → 아메리칸 빌리지 → 무라사키 무라 → 잔파 곶(잔파 미사키) → 마에다 미사키 → 온나노에키 → 후차쿠 비치 → 만자모 → 만자 비치 → 미션 비치 → 부세나 해중 공원 → 나하 시내

---

❹ 북부, 고우리 섬 드라이브 코스

오키나와 북부의 관광지를 둘러보며 세소코 섬, 고우리 섬 등 다리로 연결된 북부의 섬들을 찾아가는 드라이브 코스. 북부의 해안을 둘러보고 야에다케 숲속의 카페에서 잠시 시간을 보낸다. 츄라우미 수족관에서 출발한다.

▶ 약 60km / 4~5시간 소요

츄라우미 수족관 → 나키진 성터 → 고우리 대교 → 고우리 섬 → 나고 파인애플 파크 → 야치문 킷사 시사엔 → 세소코 섬 → 세소코 비치 → 츄라우미 수족관 또는 나하 시내(나하 시내로 이동 시 약 2시간 30분 추가)

오키존 라운지

오키나와 여행의 필수품

오키나와의 관광 1번지 국제 거리의 돈키호테 5층에 위치. 오키나와 여행자를 위한 라운지 시설로 다양한 서비스와 안내를 받을 수 있다. 한국어 안내, 무료 전화와 와이파이, 오키나와의 마린 레저 상담이나 추천 코스 안내 등의 서비스가 있다. 현재 SK텔레콤과 제휴하여 오키나와 T멤버십 라운지로 서비스 중이다. 오키나와 T멤버십을 발급 받으면 수족관 티켓이 오키나와 최저가 1,590엔에 구입 가능하며 짐 보관 서비스 등을 받을 수 있다.

오키존 패스 국제 거리점

주소 沖縄県那覇市松尾2-8-19 전화 098-943-1181, 070-7663-4134(한국 전화) 시간 10:00~21:00 휴일 연중무휴 위치 돈키호테5층 지도 p.83 G 맵코드 33 157 382

▶ 오키나와 T멤버십 오키존 패스

오키존 렌터카

SK텔레콤 이용자라면 오키나와 80여 곳의 관광지와 쇼핑몰, 레스토랑에서 할인 받을 수 있는 패스이다. 제시하는 것만으로도 다양한 혜택을 받을 수 있다. SK텔레콤과 제휴하기 전의 오키존 패스를 소지한 고객의 경우에도 특전을 받을 수 있으니 SK텔레콤 이용자가 아니더라도 라운지에서 상담을 받자.

오키존 렌터카 서비스

오키나와에서 필수품인 렌터카 상품을 저렴하게 판매한다. 아반떼급의 S클래스의 경우 안심보험 포함하여 24시간 4,750엔에 렌트가 가능하다.

홈페이지 www.okizonepass.com

SK텔레콤 이용자인 경우 24시간 예약 시 24시간을 추가로 주는 1+1 상품이 있어 더욱 더 저렴하게 구매할 수 있다.

홈페이지 tmembership.tworld.co.kr (멤버십 〉 글로벌 멤버십 〉 오키나와 여행 혜택)

오키존 해양 스포츠 서비스

오키나와에서 10년 이상 마린숍을 운영하고 있는 한스 어드벤처에서, 한국인 스탭이 안내하고 진행하는 해양 스포츠 서비스이다. 크루즈, 체험 다이빙, 스노클링, 낚시 등을 즐길 수 있다. 3박 4일 이상의 일정이라면 다이빙 라이선스인 오픈 워터 자격증도 취득할 수 있다. SK텔레콤 이용자의 경우 좀 더 특별한 혜택이 있으니 T멤버십 사이트를 확인하자.

홈페이지 tmembership.tworld.co.kr (멤버십 〉 글로벌 멤버십 〉 오키나와 여행 혜택)

오키존 패스 가맹점

지역	이름	서비스	페이지
나하	트래블 렌터카 ルフト・トラベルレンタカー	전화 0120-38-7799, 홈페이지 www.luft-travelrentacar.com	72
	돈키호테 ドン・キホーテ	5층에 오키나와 T멤버십 라운지가 있으며, 돈키호테 쇼핑 할인권 및 각종 서비스 제공 (T멤버십 유저 아니라도 이용 가능)	107
	수이텐로 首里天楼	음료1잔(소프트드링크/맥주/아와모리 중 택1)	116
	군치야 くんち家	음료1잔(소프트드링크/맥주/아와모리 중 택1)	117
	류큐 모던 클래식 요츠타케 RYUKYU MODERN CLASSIS 四ツ竹	(식전) 맥주 및 소프트드링크 서비스, (식후) 아이스크림디저트	117
	웨스트 마린 ウェストマリン	디너 크루즈, 반잠수함 10~20% 할인	121
	스테이크 하우스 88 ステーキハウス88	블루 실 아이스크림 디저트	122
남부	오키나와 월드 おきなわワールド	입장료 10% 할인	186
	류큐 유리 마을 琉球ガラス村店	숍 이용 시 포스트 카드1장, 레스토랑 이용 시 드링크 1잔	183
중부	동남 식물 낙원 東南植物楽園	입장료 20% 할인	144
	누치마스 소금 공장 ぬちまーす観光製塩ファクトリー	포인트 적립	145
	비오스의 언덕 ビオスの丘	입장료 10% 할인	146
	스테이크 하우스 나카마 ステーキハウスなかま	샤카샤카 포테이토 1봉지 서비스	171
	와카페 노도카 和カフェ 和花	미니 도라 1봉지 서비스	170
북부	나고 파인애플 파크 ナゴパイナップルパーク	특제 미니 아이스크림 증정	209
	츄라 하나 美ら花	오키나와 전통 과자 1봉지	216
	류큐쵸쵸죠엔	입장료 30% 할인	205
	잇푸쿠 차야 福茶屋	전 상품 10% 할인	219
	스테이크 하우스 88 츄라우미점 ステーキハウス88 美ら海店	블루 실 아이스크림 디저트	219
	츄라 테라스 美らテラス	드링크 바 무료	220
	아나 인터콘티넨탈 만자비치 ANA INTERCONTINENTAL MANZA BEACH RESORT	서브 마린 런치 팩 45%할인 / 마린 레저 20% 할인, 레스토랑 이용 시 10% 할인, 숍 10% 할인 (편의점, 일부 상품 제외)	253
	카후 리조트 후차쿠 콘도 カフーリゾートフチャクコンド	류큐 BBQ 이용 시 특제 디저트 제공 (런치 한정)	257
	오키나와 그랑 메르 리조트 Okinawa Grand Mer Resort	초밥 전문 레스토랑 슈나 이용 시 드링크 무제한 이용 (런치 한정)	259

*오키존 패스 가맹점 확인 및 상세 정보는 홈페이지(www.okizonepass.com)에서 확인할 수 있다.
*현재 제공되고 있는 오키존 패스 와이파이 무료 이용권은 2018년 9월까지만 사용 가능하다. 10월부터는 새로운 혜택이 제공될 예정이다.

나하

那覇 Naha

오키나와의 중심 도시이자 여행의 출발지

오카나와의 중심 도시로, 국제 공항인 나하 공항과 오키나와 주변 섬과 연결되는 나하 항이 있는 오키나와 교통의 중심지이다. 시의 중심부인 국제 거리 国際通り 고쿠사이 도오리에는 기념품 판매점, 잡화점, 레스토랑 등 수많은 상업 시설이 들어서 있으며, 시 동쪽의 슈리 성首里城은 유네스코 세계 문화유산이자 오키나와의 인기 관광지로 유명하다. DFS 갤러리아를 비롯한 대형 면세 쇼핑 시설도 이곳에 모여 있어 쇼핑을 즐기기에 좋다. 시내에는 오키나와의 모노레일인 유이레일ゆいレール이 있어 저렴하고 편리하게 도시 관광을 즐길 수 있다.

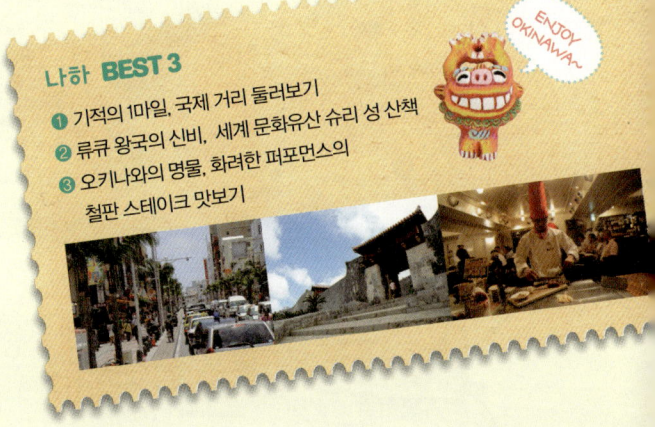

나하 BEST 3
1. 기적의 1마일, 국제 거리 둘러보기
2. 류큐 왕국의 신비, 세계 문화유산 슈리 성 산책
3. 오키나와의 명물, 화려한 퍼포먼스의 철판 스테이크 맛보기

교통

오키나와의 중심부이자 도심인 나하에는 시내를 가로지르는 모노레일인 유이레일ゆいレール이 있어 시내 관광 명소를 편리하게 둘러볼 수 있다. 또한 공항과 시내 중심인 국제 거리가 가까워서 택시를 이용해도 1,000엔 안팎의 요금이 나오기 때문에 3~4명이 함께 이동한다면 대중교통보다 저렴하게 공항에서 시내 목적지까지 이동이 가능하다. 나하 시내의 교통이 복잡하고 차량이 많기 때문에 버스를 타는 경우 시간이 많이 걸린다. 버스는 공항과 나하 버스 터미널을 연결하고 아메리칸 빌리지 등 시외의 관광 명소까지 운행하는 20, 120번 버스가 편리하다.

Travel Tip

나하 시 관광 안내소 那覇市観光案内所 나하시 칸코우 안나이쇼

나하 시내의 관광, 교통 정보를 안내한다. 나하 시내 프리패스 판매(유이레일 1일 승차권, 주유 버스 1일 승차권)와 짐 보관 서비스, 유모차, 휠체어 대여 등의 서비스를 제공한다. 나하 시내를 둘러보기 전이나 다른 지역으로 이동하기 전에 들러 정보를 얻자.

주소 那覇市牧志3-2-10 てんぶす那覇1階 **전화** 098-868-4887 **시간** 09:00~20:00 **요금** 짐 보관 서비스 1일 1개 500엔(09:00~19:30), 유모차 대여 1일 500엔, 휠체어 대여 무료 **위치** 유이레일 마키시 역에서 4분

베스트 코스

나하 하루 코스

국제 거리
国際通り 고쿠사이 도오리

국제 거리 부근은 오키나와에서 가장 번화한 곳이자 오키나와 현청, 시청이 모여 있는 행정·교통의 중심지이다. 국제 거리, 뉴 파라다이스 거리 등 수많은 거리를 중심으로 상업 시설들이 모여 있으며 오키나와에서의 쇼핑을 즐기기에 좋다. 대부분의 시설은 국제 거리를 중심으로 밀집되어 있으며 이치바혼 도오리를 시작으로 대규모의 시장이 형성되어 있다. 오키나와의 다른 지역으로 이동할 때에도 편리하며 시내에는 유이레일이 달린다.

국제 거리 国際通り 고쿠사이 도오리

오키나와 제일의 번화가, 기적의 1마일

오키나와 현청 앞의 교차로에서 유이레일 마키시 역까지의 약 1.6km의 직선 도로이다. 전쟁 후 가장 빠르게 재건되었고, 길이도 약 1마일 정도 되기 때문에 '기적의 1마일'이라고 불린다. 오키나와에서 가장 번화한 곳으로 백화점, 레스토랑, 호텔, 기념품점 등이 모여 있어 식사나 쇼핑을 즐기기에 좋다. 교통 정체가 심하고 비어 있는 주차장을 찾기 힘들기 때문에 산책하듯 가볍게 걸으며 둘러보는 것이 좋다.

매주 일요일 12~18시 사이에는 현청 앞에서부터 무츠미바시 교차점까지 약 650m를 보행자 천국으로 지정한다. 이때 에이사 등 다양한 퍼포먼스가 열리므로 나와서 구경해 보자.

주소 沖縄県那覇市牧志 **위치** 오키나와 현청 교차로를 시작으로 유이레일 마키시 역까지의 직선 도로 **시간** 10:00~22:00(가게에 따라 다름) **지도** p.82~83 **맵코드** 33 156 177

오키나와 현청 沖縄県庁 오키나와 켄쵸

국제 거리가 시작되는 곳

일본의 유명 건축가인 구로카와 키쇼黒川紀章에 의해 설계된 건축물로, 오키나와 현의 행정 중심이다. 국제 거리(고쿠사이 도오리)가 시작하는 지점이며, 유이레일 역이 있어 나하 관광의 출발점으로 잡으면 좋다. 시내·시외 버스가 많이 정차하는 곳으로, 버스 이용 시 이 주변의 버스 정거장을 이용하면 된다.

주소 沖縄県那覇市泉崎1-2-2 **전화** 098-866-2333 **시간** 09:00~17:00 **위치** 유이레일 겐쵸마에 역에서 2분 **홈페이지** www.pref.okinawa.jp **지도** p.82 I **맵코드** 33 156 028

미츠오 시사 미술관 MITSUOシーサー美術館 미츠오 시사 비쥬츠칸

오키나와의 다양한 시사를 한눈에

오키나와의 상징인 시사를 조각하고 시사 작품을 만드는 시사 아티스트 미야기 미츠오宮城光男 씨가 운영하는 갤러리이자 뮤지엄 숍이다. 조각, 티셔츠, 텀블러, 액세서리, 에코백 등 다양한 작품을 감상하고 구입할 수 있다. 화려하고 강렬한 색상의 시사 디자인들이 눈에 띄며 가게 주변에서는 오키나와를 기념하는 사진을 찍기에 좋다.

주소 沖縄県那覇市牧志2-1-3 **전화** 098-862-7800 **시간** 10:00~22:00 **위치** 유이레일 마키시·미마에바시 역에서 5분, 겐쵸마에 역에서 9분, 국제 거리(고쿠사이 도오리) 삼거리 주변 **홈페이지** www.seasirmuseum.com **지도** p.83 G **맵코드** 33 157 473

뉴 파라다이스 거리 ニューパラダイス通り 뉴 파라다이스 도오리

예쁜 가게들이 모여 있는 거리

예전에 있었던 파라다이스 댄스 클럽이 거리 이름의 유래가 되었다. 국제 거리에서 한 골목 들어가면 펼쳐지는 거리로, 오키나와 현지 주민들이 모이는 예쁜 잡화점, 카페들이 많이 있다. 도로와 함께 길게 뻗은 국제 거리와는 다르게 골목 골목 다양한 상점들이 모여 있다. 약 400m의 짧은 거리로, 가볍게 둘러보기에 좋고 중간쯤 나타나는 놀이터와 공원에서는 잠깐 머물러 휴식을 취하기에 좋다.

지도 p.82 B, F, J / p.83 C **맵코드** 33 157 559

이치바혼 도오리 　헤이와 도오리

국제 거리의 시장 골목

쇼핑이 즐거운 아케이드 상가

국제 거리(고쿠사이 도오리) 중간쯤에서 시작되는 상점가 골목들이 있다. 미츠코시 백화점 앞의 이치바혼 도오리市場本通り, 무츠미바시 도오리むつみ橋通り와 조금 떨어져 있는 헤이와 도오리平和通り商店街에는 수많은 상점들이 모여 있어 큰 시장을 이루고 있다. 어떤 거리를 걷더라도 결국은 만나게 되며 다시 다른 골목 시장으로 들어갈 수 있다.
오키나와 주민들의 생활 모습을 엿볼 수 있으며 오키나와의 거의 모든 특산물이 이곳에서 판매되고 있다. 천장이 덮혀 있는 아케이드 상가여서 비가 와도 무리없이 둘러볼 수 있는 곳이다.

지도 p.83 G, K

나하 시 제일 마키시 공설 시장 那覇市第一牧志公設市場 나하시 다이이치 마키시 코우세츠 이치바(마치과)

오키나와만의 독특한 식재료를 만날 수 있는 곳

이치바혼 도오리 아케이드 상가 중간쯤에 위치한 공설 시장이다. 제2차 세계 대전 직후 암시장으로 이용되던 미군 관리 구역을 1951년 시장으로 바꾸어 놓았다. 1층은 오키나와의 식재료를 판매하는 시장, 2층은 식당으로 되어 있어 1층에서 구입한 재료를 가져가면 2층의 식당에서 요리를 해 주기도 한다. 돼지고기를 부위별로 판매하는 모습이 재미있으며 색색의 열대 생선과 해산물, 모즈쿠(큰실말), 고야, 시마락교(염교) 같은 오키나와의 특산물로 만든 반찬 등 오키나와의 모든 식재료는 이곳에서 구할 수 있다고 해도 과언이 아니다. 오키나와 서민들의 생활 모습을 관찰하기에도 좋은 곳이다.

주소 沖縄県那覇市松尾2-10-1 전화 098-867-6560 시간 08:00~20:00 휴무 매월 4번째 일요일(12월 제외), 1월 1일, 설날, 추석 위치 유이레일 마키시 역에서 6분 홈페이지 kousetsu-ichiba.com 지도 p.83 G 맵코드 33 157 264

시장의 고서점 우라라 市場の古本屋ウララ 이치바노 후루혼야 우라라

시끌벅적 시장 속의 자그마한 헌책방

시끌벅적한 시장의 상점들 사이에서 조용히 책들로 둘러싸여 다른 혼자만의 공간을 만들어 내는 곳이다. 일본에서 가장 좁은 고서점으로 알려진 작은 책방이다. 블로그를 통해 종종 들어오는 책을 소개하며 고객들과 대화를 나눈다. 천천히 살펴보고 자신만의 보물을 찾아보도록 하자.

주소 沖縄県那覇市牧志3-3-1 시간 12:00~19:00 휴무 화, 일요일 위치 헤이와 도오리 상점가 내부 홈페이지 urarabooks.ti-da.net 지도 p.83 K 맵코드 33 157 235

츄라우미야 ちゅらうみ家

내 손으로 직접 만들어 보는 오키나와의 기념품

시사 인형, 별모래, 산호 조각 등 오키나와의 기념품을 내 손으로 직접 만들어 볼 수 있는 체험 공간이다. 아이들이나 연인과 함께 찾으면 더욱 추억이 될 만한 시간을 만들 수 있을 것이다. 츄라우미 캔들(오키나와 바다를 상징하는 병 캔들) 만들기, 오키나와 전통 인형 시사 인형 색칠하기, 오키나와의 별모래를 이용한 샌드 아트 액자 만들기, 오키나와 바다의 산호나 조개껍질을 이용한 오브제 만들기 등이 있다.

주소 沖縄県那覇市牧志3-2-45 전화 098-861-0008 시간 10:00~19:00 요금 츄라우미 캔들(1시간 내외) 945엔~, 오키나와 전통 인형 시사 인형 색칠하기(1시간 내외) 1,680엔~, 오키나와의 별모래를 이용한 샌드 아트 액자 만들기(40분 내외) 1,050엔, 오키나와 바다의 산호나 조개껍질을 이용한 오브제 만들기(30분 내외) 210엔~ 위치 헤이와 도오리 내부에 위치 홈페이지 churaumiya.com 지도 p.83 G 맵코드 33 157 266

사카에마치 시장 栄町市場 사카에마치 이치바

60년 넘게 한결 같은 오키나와 주민들의 시장

태평양 전쟁 이후 부흥의 역사를 함께해 온 시장으로, 60년 전과 거의 변함없는 모습으로 역사를 말해주고 있다. 국제 거리의 시장들과는 달리 관광객보다는 현지 주민들이 주로 찾는 곳으로, 그들이 사랑하는 가게들이 모여 있다.

1955년 오키나와의 상업지 조성 계획의 일환으로 설립되었으며, 약 150여 곳의 상점에서는 친절한 오키나와 상인들의 모습을 발견할 수 있을 것이다. 관광객이 몰리는 국제 거리의 시장과는 다른 오키나와만의 무언가를 느낄 수 있다.

주소 沖縄県那覇市安里381 **전화** 098-886-3979 **시간** 가게에 따라 다름 **위치** 유이레일 마키시 역에서 12분 **홈페이지** sakaemachi-ichiba.net **지도** p.81 G **맵코드** 33 158 503

사쿠라자카 도오리 桜坂通り

레트로한 분위기의 작은 언덕길

국제 거리 시장 골목에서 하얏트 리젠시 호텔로 올라가는 언덕길이다. 제2차 세계 대전 이후 미군 통치 시대에 술집들이 모여 번성했다가 지금은 극장, 카페, 레스토랑으로 바뀌고 있다. 다양성 영화를 상영하는 사쿠라자카 극장과 그 주변의 골목 풍경이 운치 있다. 길 고양이들이 모이는 장소로도 유명하다.

주소 縄県那覇市牧志3-6-10 **위치** 유이레일 마키시 역에서 7분, 미마에바시 역에서 7분 **지도** p.83 G, K **맵코드** 33 158 271

시장의 고양이

오키나와를 여행하다 보면 곳곳에서 길 고양이를 만날 수 있고 그들의 여유로운 모습을 보면 마음이 편안해지곤 한다. 나하의 아케이드 상가와 시장 골목에서도 많은 길 고양이를 찾아볼 수 있는데 이중에는 상점에 취업하여 점장을 담당하고 있는 고양이들도 몇몇 있다고 한다. 오키나와 시장에서 만난 길 고양이 그리고 상점 고양이들을 소개한다.

가카즈 쇼우카이 嘉数商会

고양이 점장이 운영하는 타월 가게

헤이와 도오리 상점가 끄트머리에 있는 타월·천 전문점이다. 미탄み~たん이라는 이름의 고양이가 점장을 담당하고 있으나 가게는 잘 보지 않고 친구 턱시도 고양이와 함께 놀이를 가거나 낮잠에 정신이 없다. 가게 한편에는 미탄의 보금자리가 꾸며져 있으며 가게에서는 미탄의 캐릭터 상품도 판매하고 있다.

주소 沖縄県那覇市牧志3-6-41 전화 098-862-1682 시간 10:00~18:00 위치 헤이와 도오리 내부 지도 p.83 K

내가 바로 고양이 점장

류카슈텐 琉夏酒店

고양이 점장이 운영하는 오키나와 술 전문점

오키나와의 술 아와모리泡盛를 전문으로 판매하는 가게다. 이곳에도 냥 웨이츠라는 고양이가 점장을 담당하고 있다. 냥은 열심히 일해 가게를 번성시켰으며 주변 가게의 상인들과도 친해 시장의 인기 고양이로 이름이 높다. 하지만 요즘은 나이가 많아 가게를 보다가 꾸벅꾸벅 조는 시간이 늘어났다고 한다.

주소 沖縄県那覇市松尾2-10-1 전화 098-862-6743 시간 10:00~19:00 위치 이치바혼 도오리 내부, 코우세츠 이치바 주변 홈페이지 www.rebun.to/~ryuka 지도 p.83 K

츠보야 도자기 거리 壺屋やちむん通り 츠보야 야치문 도오리

오키나와 전통의 도자기 츠보야 야키의 거리

약 400m에 이르는 돌담길로, 오키나와를 대표하는 도자기인 츠보야 야키壺屋焼가 시작된 곳이다. 오래된 오키나와의 건축물들이 늘어선 거리로, 과거의 풍경을 그대로 간직하고 있다. 거리 중간중간 공방과 잡화점도 많이 모여 있어 가볍게 산책하며 둘러보기에 좋다. 헤이와 도오리 쇼텐가이의 끝에서 길을 건너면 츠보야 도자기 거리가 시작된다. 공방 사이 사이에는 아담한 카페들도 많이 모여 있어 여유롭게 시간을 보내기에 좋다. 길 고양이들이 많이 살고 있어 거리 곳곳에서 꾸벅꾸벅 졸고 있는 고양이를 찾아볼 수 있다.

주소 沖縄県那覇市壺屋 위치 국제 거리의 시장인 이치바혼도오리가 끝나는 지점으로부터 약 400m 지도 p.83 L 맵코드 33 158 122

나하 시립 츠보야 도자기 박물관 那覇市立壺屋焼物博物館 나하 시리츠 츠보야 야키모노 하쿠부츠칸

오키나와의 도자기 문화를 이해하자

츠보야 도자기 거리 시작 지점에 있는 도자기 박물관이다. 나하 시에서 운영하는 박물관으로, 오키나와의 도자기 츠보야 야키를 비롯해 다양한 오키나와의 도자기를 전시하고 있다. 오카나와 도자기의 역사와 제작 방법 등을 알 수 있으며 가끔 요금을 받지 않는 무료 기획전이 열리곤 하니 도자기 거리를 걷기 전 살짝 들러 보면 좋을 것이다.

주소 沖縄県那覇市壺屋1-9-32 전화 098-862-3761 시간 10:00~18:00 휴무 월요일, 연말 연시 요금 상설 전시회 350엔 위치 유이레일 마키시 역에서 15분 홈페이지 www.edu.city.naha.okinawa.jp/tsuboya 지도 p.83 L 맵코드 33 158 153

구마 구와 Guma-guwa

오키나와의 젊은 도예 작가의 작품이 가득

2009년에 '귀여운 야치문 도자기'를 테마로 오픈한 도자기 전문점이다. 주로 오키나와의 젊은 도예 작가의 작품을 전시·판매하고 있으며 귀엽고 세련된 도자기 작품이 많이 모여 있다. 젊은 감각의 작품들이 많이 있으며 가격도 저렴한 편이라 부담없이 구경하기에 좋다. 특히 귀여운 그릇을 좋아하는 분들에게 추천한다.

주소 沖縄県那覇市壺屋1-16-21 전화 098-911-5361 시간 10:30~18:30 휴무 1월 1일 위치 유이레일 마키시 역에서 16분 홈페이지 www.ikutouen.com/gumaguwa 지도 p.83 L 맵코드 33 158 067

크래프트 하우스 스프라우트 Craft house Sprout 구라후토 하우스 스푸라우토

오키나와의 공예품이 모여 있는 셀렉트 숍

츠보야 야키는 물론 오키나와 각 지역의 도자기를 취급하는 셀렉트 숍이다. 빙가타, 목공예 등 도자기 이외의 작품들도 많이 모여 있으며 이 가게만의 오리지널 상품도 판매되고 있다. 대부분이 생활 속에서 쉽게 사용할 수 있는 도자기가 많으며 가격도 그리 비싸지 않기 때문에 선물용이나 기념품으로 구입해도 좋다.

주소 沖縄県那覇市壺屋 1-17-3 **전화** 098-863-6646
시간 10:00~19:00 **위치** 유이레일 마키시 역에서 17분
홈페이지 www.sprout-tuboya.com **지도** p.83 L **맵코드** 33 158 066

이쿠토엔 토게이도우쇼 育陶園 陶芸道場

오키나와의 상징 시사를 만나다

오키나와의 상징물 중 하나인 시사シーサー를 직접 만들어 볼 수 있는 체험 시설이다. 시사의 제작은 약 1시간에 걸쳐 이루어지며 직접 빚은 시사는 가마에 구워 낸다. 이후 완성까지는 약 1개월 정도가 걸리기 때문에 체험을 하기보다는 제작 과정을 관찰하고 다양한 모양의 시사를 구경하는 것이 좋다.

주소 沖縄県那覇市壺屋 1-22-3 **전화** 098-866-1635
시간 09:00~18:00 **요금** 시사 만들기 체험 3,000엔 **위치** 유이레일 마키시 역에서 15분 **홈페이지** www.ikutouen.com **지도** p.83 L **맵코드** 33 158 010

시사 シーサー

시사는 오키나와에서 많이 볼 수 있는 전설의 괴수 조각으로, 건물의 입구나 지붕 위, 마을의 높은 곳에 설치되어 있으며 화재를 일으키는 악령을 쫓는다고 알려져 있다. 시사는 사자를 의미하는 오키나와의 방언으로 처음에는 사자의 모습이었다가 점점 지금의 모습으로 변하면서 다양한 종류가 만들어졌다. 시사는 암수가 있으며 입을 벌리고 있으면 수컷, 입을 다물고 있으면 암컷이다. 처음에는 왕궁이나 사원 등에 장식되어 권위를 나타내는 상징이었지만 지금은 오키나와 대부분의 건물에 사용될 정도로 일반적이며 귀여운 캐릭터 상품도 판매되고 있다.

츠보야 야키 도자기 잔에 마시는 차

우치나챠야 부쿠부쿠 うちなー茶屋 ぶくぶく

거품 가득 오키나와의 전통차와 함께 하는 시간

오키나와 전통의 차인 부쿠부쿠차를 맛볼 수 있는 카페 겸 갤러리. 옛 방식 그대로의 부쿠부쿠차를 츠보야 야키 도자기에 담아 제공하고 있다. 카페 한편에는 다양한 츠보야 야키 도자기가 전시 판매되고 있다.

주소 沖縄県那覇市壺屋1-22-35 전화 098-943-4811 휴무 수요일 시간 10:00~18:00 요금 포포토 부쿠부쿠차(ぶくぶくさんぴん茶) 700엔 위치 유이레일 마키시 역에서 20분 홈페이지 www.facebook.com/bukubuku.okinawa 지도 p.83 L 맵코드 33 158 039

카페 챠타로 カフェ茶太郎

잡화점 겸 카페

츠보야 도자기와 이를 이용한 다양한 소품을 판매하는 잡화점 겸 카페다. 입구의 귀여운 시사 마스코트가 손님을 반겨 준다. 메뉴가 다양하고 간단한 요리도 즐길 수 있어 츠보야 도자기 거리(츠보야 야치문 도오리)의 작은 쉼터로 이용하면 좋다.

주소 沖縄県那覇市壺屋1-8-12 전화 098-862-8890 시간 10:00~20:00 휴무 화요일 위치 유이레일 마키시 역에서 18분 홈페이지 cafe-chataro.com 지도 p.83 L 맵코드 33 158 094

부쿠부쿠차 ぶくぶく茶

부쿠부쿠차는 오키나와에서만 마실 수 있는 차로, 소프트크림과 같은 거품을 마시는 차의 한 종류이다. 오랜 역사를 가지고 있지만 태평양 전쟁 후 40년 동안은 잊혀졌다가 다시 부활하였는데 이로 인해 '마법의 차'라고도 불린다. 오키나와 방언 중 거품이 부글부글한 모습을 뜻하는 단어를 '아부쿠(あぶく)'라고 하는데 차의 거품이 모락모락 피어오른다고 하여 부쿠부쿠차라고 부르게 되었다. 볶은 현미를 이용하여 오키나와의 경수(칼슘, 마그네슘이 많이 함유된 물)로 우린 찻물에 산피차를 넣고 말차를 우리듯 잘 저어 거품을 만들어 낸다. 찻잔에는 팥으로 만든 찰밥을 넣고 그 위에 차를 붓고 다시 그 위에 거품을 올리고 마지막으로 땅콩을 뿌려 완성한다. 과거에는 귀한 손님이 오거나 경사스러운 날에만 마실 수 있는 차였으나 지금은 오키나와의 어느 찻집에 가도 쉽게 찾아볼 수 있는 오키나와를 대표하는 차로 자리 잡았다.

슈리 성 首里城 슈리죠

오키나와의 옛 왕조인 류큐 왕국을 상징하는 성인 슈리 성의 흔적이 남아 있는 곳이다. 완만한 언덕이 계속되어 자전거를 이용하기에는 조금 무리가 있다. 슈리 성은 일본의 11번째 세계 문화유산에 등록되어 있으며 이 일대를 공원으로 지정해 두었다. 성 주변에는 상점들이 모여 있으며 슈리 소바를 비롯하여 오키나와의 이름난 맛집이 구석구석 숨어 있다.

슈리 성 공원 首里城公園 슈리죠 코우엔

류큐 왕국의 상징 슈리 성과 그 주변의 공원

슈리 성과 슈리 성터 주변을 하나의 큰 공원으로 지정해 두었다. 공원은 무료 구간과 유료 구간으로 나뉘며 여유롭게 2시간 정도면 공원을 둘러볼 수 있다. 슈리 성 공원의 휴식 공간인 스이무이칸에서는 공원과 주변 문화재 관련 정보를 제공해 주며, 류큐 전통 요리를 판매하는 레스토랑과 슈리 성 오리지널 기념품을 판매하는 기념품 가게도 찾아볼 수 있다. 류탄이라는 이름의 인공 호수를 중심으로 나무숲과 산책로가 조성되어 있어 가볍게 걷기에도 좋은 곳이다.

주소 沖縄県那覇市牧志3-1-6 **전화** 098-866-2020 **휴무** 7월 2~3일 **위치** 유이레일 슈리 역에서 도보 15분 또는 택시 3분 **홈페이지** oki-park.jp/shurijo **지도** p.95 **맵코드** 33 161 463

★시간

유료 구간			무료 구간	
기간	개관 시간	입장권 판매 종료	기간	개관 시간
4월~6월	08:30~19:00	18:30	4월~6월	08:00~19:30
7월~9월	08:30~20:00	19:30	7월~9월	08:00~20:30
10월~11월	08:30~19:00	18:30	10월~11월	08:00~19:30
12월~3월	08:30~18:00	17:30	12월~3월	08:00~18:30

★요금

	어른	고등학생	어린이	6세 미만
일반(20명 미만)	820엔	620엔	310엔	무료
단체(20명 이상)	660엔	490엔	250엔	
연간 패스포트	1,640엔	1,240엔	620엔	

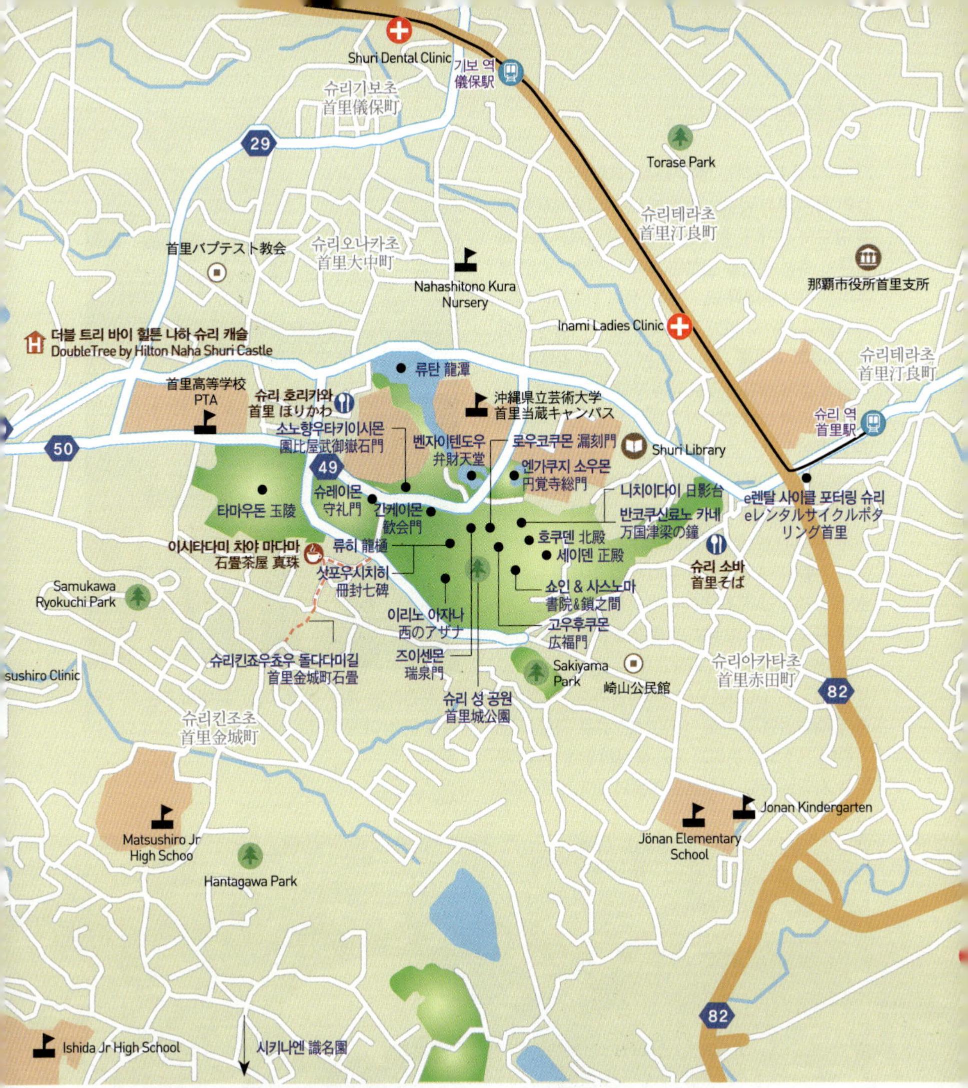

류큐 무용 공연

무료로 관람하는 궁중 무용

류큐 왕국의 전통 복장을 입고 류큐 왕국의 전통 무용을 선보인다. 무료로 감상할 수 있으며 류큐 왕국의 역사, 문화를 이해하는 데 도움이 된다.

장소 슈리 성 공원 무료 구역, 시타노우나(下之御庭) **기간** 1일 3회, 매주 수, 금, 토, 일, 공휴일 **휴무** 태풍을 비롯한 악천후, 슈리 성 휴관일, 슈리 성 축제 기간(10/31~11/3) **시간** 11:00, 14:00, 16:00 **요금** 무료

슈리 성 首里城 슈리죠

오키나와를 대표하는 성이자 세계 문화유산

슈리 성은 류큐 왕국의 성으로, 오키나와에서 가장 큰 규모의 성이다. 슈리 성을 둘러싼 성벽은 중국과 일본의 축성 문화를 융합한 독특한 건축 양식으로 우아한 곡선 형태를 띠고 있다. 성벽 안쪽에는 많은 건축물이 세워져 있고 정원석의 배치 기술은 문화적, 역사적 가치를 가진다. 성은 13세기 말부터 14세기에 걸쳐 세워진 것으로 추정되며 1945년 오키나와 전투에 의해 완전히 파괴되었다. 철거지는 류큐 대학의 캠퍼스로 이용되었으며 1980년부터 시작된 복원 계획에 의해 과거의 위용을 다시 찾았다. 2000년 12월에는 구스쿠 유적 및 류큐국 유적으로 세계 문화유산으로 등록이 되었는데 복원된 건물이 아닌 건물이 세워져 있던 슈리 성터가 세계 유산으로 등록되어 있다. 선명한 주홍색을 띤 성의 모습은 류큐 왕국의 역사와 문화의 숨결을 전하고 있으며, 오키나와의 심볼 그 자체라고 할 수 있다.

류큐 왕국은 1429년부터 1879년까지 약 450년간 유지되었던 국가로, 슈리 성은 류큐 국왕과 그 가족이 거주하던 곳이자 왕국 통치의 행정 본부, 제사를 지내는 종교 시설로도 이용되었다. 슈리 성과

그 주변에는 예능, 음악, 미술, 공예의 전문가가 많이 모여 살아 오키나와 문화 예술의 중심이 되었던 곳이다.

지도 p.95

슈레이몬 守礼門

기념사진 찍기 좋은 문

슈레이守礼는 예절을 지킨다는 의미로, 문에 걸려 있는 편각扁額에는 '류큐는 예절을 중요시하는 나라이다.'라는 의미의 글이 적혀 있다. 슈리 성의 수많은 문 중에서 가장 균형미가 있고 디자인이 뛰어나 이곳에서 기념 촬영을 하는 사람들이 많다. 16세기 중순에 건립되어 1933년에 국보로 지정되었지만 오키나와 전쟁 때 소실되어 1985년에 복원되었다.

★ 세계 문화유산

소노향우타키이시몬 園比屋武御嶽石門

국왕의 안전을 기원하는 장소

류큐 석회암으로 만들어진 건축물로, 국왕이 외출할 때 안전을 기원하던 장소이자 류큐 왕국의 성지다. 우타키御嶽는 류큐 왕국의 종교인 류큐 신도琉球神道 제사를 지내던 곳으로 오키나와 곳곳에서 발견할 수 있다. 오키나와 전쟁 때 일부 파괴되었다가 1957년에 복원되어 일본의 중요 문화재로 등록되어 있으며, 2000년 세계 문화유산에 등록되었다.

간케이몬 歓会門

제1의 성문

성 안으로 들어가는 제1의 성문으로 '환영'이라는 뜻을 가지고 있다. 중국 황제의 사신을 비롯한 손님을 환영하는 의미에서 붙여진 이름으로 문의 양측에는 한 쌍의 석조 사자상 시사가 놓여 있다.

즈이센몬 瑞泉門

류히 옆의 문

'훌륭한, 경사스러운 샘'이라는 의미로, 문의 우측에 있는 류히와 연관되어 붙여진 이름의 문이다. 1470년 경에 세워져 오키나와 전쟁 때 소실되었지만 1992년 다시 복원되었다. 이곳에도 문 양측에 시사라는 한 쌍의 석조 사자상이 놓여 있다.

로우코쿠몬 漏刻門
물시계문

로우코쿠漏刻는 물시계라는 의미의 중국어 '로우커'에서 나온 말로, 시간을 측정하던 문이다. 망루에 수조를 설치해 물이 새는 양을 비교하며 시간을 측정하여 북을 울리면 그 소리를 듣고 동쪽과 서쪽의 망루에서 종을 쳐 널리 시간을 알렸다. 1456년 우리나라의 기록에도 로우코쿠몬이 등장한다고 한다.

니치이다이 日影台
해시계

로우코쿠몬 앞에 설치되어 있는 해시계로, 1739년 불완전한 로우코쿠몬의 물시계를 보완하기 위해 설치되었다. 1879년까지 사용되었다는 기록이 있다.

반코쿠신료노 카네 万国津梁の鐘
만국진량의 종

슈리 성 정전에 걸려 있던 종으로, 진품은 오키나와 현립 박물관에 보관되어 있다. '류큐 왕국은 남해의 아름다운 나라이며, 조선, 중국, 일본 등 만국의 가교 역할을 하는, 무역에 의해 번성하는 나라이다.'라는 명문이 새겨져 있어 해상 왕국으로서 류큐 왕국의 위치를 짐작하게 한다.

류히 龍樋

용의 입에서 물이 솟아나는 샘물

용의 입 모양을 한 조각에서 물이 솟아나는 샘물이다. 류큐 국왕의 음료수로 사용되었다. 물이 나오는 용 조각은 약 500년 전인 1523년에 중국에서 가져온 것이라고 한다.

삿포우시치히 冊封七碑

일곱 개의 비석

류히 쥬변에 설치되어 있는 일곱 개의 비석이다. 비석에는 각각 한시漢詩가 새겨져 있다. 중국의 사신이 18세기 전반부터 19세기 후반에 걸쳐 남긴 기록이다.

고우후쿠몬 広福門

유료 구간 티켓 판매소

'복을 널리 퍼지게 한다.'는 의미를 가진 문으로, 세이덴으로 들어가는 입구에 위치하고 있다. 유료 구간의 입장권을 판매하는 티켓 판매소가 있다.

이리노 아자나 西のアザナ

서쪽 망루

슈리 성 서쪽에 위치한 표고 130m의 성곽 위의 전망대로, 나하 시내와 풍경이 한눈에 들어온다. 오키나와 시내와 멀리 푸른 바다가 만들어 내는 풍경이 아름답다.

쇼인 & 사스노마 書院 & 鎖之間

서원과 회의 장소

세이덴과 이어지는 대규모 목조 건물을 복원한 곳으로, 세이덴(정전)의 복도와 연결되어 있다. 쇼인은 '서원'으로 국왕이 집무를 시행하던 곳이며, 사스노마는 왕자들이 대기하거나 관료들이 회의를 하는 곳으로 사용되었다.

세이덴 正殿

국왕이 거처하던 정전

류큐 왕국 최대의 목조 건축물로, 류큐 왕국의 국왕이 거처하던 곳이다. 2층, 3층으로 이루어진 건물과 용주 장식은 일본, 중국에도 유례가 없는 류큐 왕국의 독자적인 형식이다. 정전 내부 관람도 가능하며 국왕이 사용했던 옥좌와 시설들을 관찰할 수 있다.

우나 御庭

중앙 정원

슈리 성 중앙의 정원으로 국왕이 거처하던 세이덴과 호쿠덴 사이의 광장이다. 당시 다양한 국가 행사가 진행되던 장소이다.

호쿠덴 北殿

행정 시설인 북전

류큐 왕국의 행정 시설로, 왕국의 관리들이 업무를 보던 곳이다. 지금은 슈리 성의 뮤지엄 숍으로 이용되고 있다.

e렌탈 사이클 포터링 슈리 eレンタルサイクルポタリング首里

슈리 역 주변의 렌탈 사이클 전문점이다. 주로 작고 귀여워 여성들이 타면 좋은 자전거를 대여해 준다. 자전거를 이용하면 골목골목 예쁜 풍경이 많은 슈리 성 주변을 좀더 빠르게 둘러볼 수 있다. 단, 슈리 성 주변은 언덕이 많아 다소 힘들 수 있으니 주의한다.

주소 沖縄県那覇市鳥掘町1-50-1 **전화** 098-963-9294 **시간** 09:30~18:30 **요금** 2시간 1,000엔, 4시간 1,500엔, 하루 2,000엔 **위치** 유이레일 슈리 역에서 3분 **홈페이지** pottering-shuri.net/wp

벤자이텐도우 弁財天堂

빨간 기와의 별당

엔칸치円鑑池 호수 중앙에 세워져 있는 빨간 기와의 별당, 오키나와 전쟁 때 소실되었다가 1968년 복원되었다. 바닷길 안전을 주관하는 여신을 모시고 있으며 우리나라에서 보낸 방책장경方冊蔵經을 보관하기 위해 건축되었으나 일본 본토의 침입으로 인해 파괴되었다가 다시 건축되기도 했다. 호수와 함께 소소한 풍경을 만들어 낸다.

엔가쿠지 소우몬 円覚寺総門

오키나와 대표 사원

옛부터 슈리 성 주변에는 사원이나 가신들의 저택 등이 많이 있었으며 그를 대표하는 건축물이 바로 엔가쿠지이다. 1494년에 건축된 이후 오키나와를 대표하는 사원으로 알려졌으며 오키나와 전쟁 때 파괴되었다가 1968년에 복원되었다.

류탄 龍潭

인공 호수 용담

1427년에 조성된 인공 호수, 시민들의 휴식 공간이자 중국의 사신을 접대할 때 이곳에 배를 띄워 대접하였다고 한다. 호수 주위에는 산책로가 잘 정비되어 있어 가볍게 둘러보기에 좋다.

슈리킨죠우쵸우 돌다다미길 首里金城町石疊道 슈리킨죠우쵸우이시다타미미치

소소한 풍경을 만들어 내는 아름다운 돌다다미길

약 500년 전에 만들어진 슈리 성과 나하를 연결하는 길이다. 류큐 석회암을 이용하여 만든 도로와 돌담의 풍경이 아름답다. 과거 류큐 왕국의 귀족들이 많이 모여 살던 곳이기도 하다. 10km가 넘는 긴 도로였지만 오키나와 전쟁 때 대부분 소실되고 지금은 마다마미치真珠道(238m 정도의 거리)만이 옛 풍경을 기억하고 있다. 가파른 언덕 길이므로 중간의 아카가와라赤瓦屋(빨간 기와집)에서 한숨을 돌리고 계속 걷도록 하자.

주소 沖縄県那覇市首里金城町 **전화** 098-917-3501 **위치** 유이레일 슈리 역에서 도보 20분, 슈리 성 슈레이몬에서 10분 **지도** p.95 **맵코드** 33 161 391

★ 세계 문화유산

타마우돈 玉陵

류큐 왕가의 무덤

1501년 건설된 이후 류큐 왕국의 무덤으로 사용되던 곳이다. 약 70여 개의 무덤이 남아 있으며 무덤 위에서 이곳을 지키고 있는 시사의 표정이 재미있다. 2000년 12월에 류큐 왕국의 다른 성터와 함께 세계 유산으로 등록되었다. 묘실 주변은 돌담으로 둘러싸여 있는데, 동서로 이어지는 자연의 절벽에 구멍을 뚫어 만든 연속된 세 개의 방으로 나뉜다. 동쪽 방에는 왕과 왕비의 유골을, 가운데 방에는 시신을 두었으며 서쪽 방에는 다른 가족의 유골을 안치하였다.

주소 沖縄県那覇市金城町1-3 전화 098-885-2861 시간 09:00~18:00 위치 유이레일 슈리 역에서 도보 15분, 슈레이몬에서 5분 요금 300엔, 150엔(중학생 이하) 지도 p.95 맵코드 33 160 659

★ 세계 문화유산

시키나엔 識名園

류큐 왕가의 별장

류큐 왕가의 가장 큰 별장으로, 국왕 일가의 휴양과 중국의 사신인 책봉사를 접대하던 곳이다. 18세기 후반에 호수 주변을 걸으며 풍경을 감상하기 위한 목적으로 만들어졌다. 위치에 따라 정원의 풍경이 바뀌는 가이유우시키테이엔廻遊式庭園(회유식 정원)이다. 20년간의 복원 공사를 거쳐 2000년에 세계 문화유산에 등록되었다. 호수에는 크고 작은 아치형의 다리가 놓여 있으며 연못 주변에는 계절에 따라 다양한 꽃이 피어난다.

주소 沖縄県那覇市字真地421-7 전화 098-855-5936 시간 4~9월 09:00~17:30 10~3월 09:00~17:00 휴무 수요일 요금 400엔, 200엔(어린이) 위치 유이레일 슈리 역에서 택시로 10분 지도 p.95 맵코드 33 130 119

게라마 제도 _{慶良間諸島 케라마쇼토}

오키나와 본토에서 서쪽으로 약 40km 떨어진 곳에 위치한 크고 작은 20여 개의 섬들이 모여 있는 제도로 오키나와에서 가장 맑고 투명한 바다를 만날 수 있다. 자마미 섬座間味島 자마미지마, 도가시키 섬渡嘉敷島 도가시지마을 중심으로 관광업이 발달해 있다. 이 두 섬과 아카 섬阿嘉島 아카지마, 게루마 섬慶留間島 게루마지마, 마에 섬前島 마에지마 이외의 섬에는 사람이 살고 있지 않다. 게라마 제도의 각 섬으로 가는 방법은 나하 시내의 도마린 항泊港 토마린코우에서 페리나 고속선을 이용하면 되며 도가시키 섬까지는 30분, 자마미 섬까지는 약 1시간 정도가 소요된다.

도마린 항 _{泊港}

서해안의 섬들과 본 섬을 연결하는 교통의 중심

오키나와 본섬과 도가시키 섬渡嘉敷島, 자마미 섬座間味島, 아구니 섬粟国島, 도나키 섬渡名喜島, 다이토 섬大東島을 연결하는 항구로, 다양한 선박이 운항하는 여객 터미널이다. 15층의 건물로, 다양한 시설이 있으며 6층부터는 호텔로 이용되고 있다.

주소 沖縄県那覇市前島3-25-1 **전화** 098-861-3341 **위치** 유이레일 미마에바시 역에서 도보 10분, 나하 공항에서 차로 20분 **홈페이지** www.tomarin.com **지도** p.61, 80 F **맵코드** 33 187 338

▶ 운항 정보

도가시키 섬 _{渡嘉敷島}

페리 도가시키 フェリーとかしき

시간표 도마린 항 출발 10:00, 도가시키 항 출발 16:00 (3/1~9/30), 도가시키 항 출발 15:30 (10/1~2/28), **편수** 일 1회 왕복 **소요 시간** 약 70분 **요금** 1,660엔(편도), 3,160엔(왕복), 어린이 반값

마린라이나 도가시키 マリンライナーとかしき

시간표 골든 위크 등 특수 시즌에는 시간이 변경되니 홈페이지를 확인 **편수** 일 2회 왕복 **소요 시간** 약 35분 **요금** 2,490엔(편도), 4,740엔(왕복), 어린이 반값 **전화** 098-868-7541 **홈페이지** www.vill.tokashiki.okinawa.jp

*날씨나 사정에 따라 운항 시간이 변경 혹은 취소될 경우가 있으니 출발하기 전에 확인하는 것이 좋다.

자마미 섬 _{座間味島}

페리 자마미 フェリーざまみ

시간표 도마린 항 – 아카 섬 – 자마미 섬 코스와 도마린 항 – 자마미 섬 두 코스가 있으며, 보통 10시와 12시 전후에 도마린 항에서 출발(매월 시간이 변경되니 홈페이지에서 시간표 참고) **편수** 일 1회 왕복 **소요 시간** 1시간 30분~2시간 **요금** 2,120엔(편도), 4,030엔(왕복), 어린이 반값 **홈페이지** www.vill.zamami.okinawa.jp

퀸자마미 クイーンざまみ

시간표 도마린 항 출발 09:00, 15:00 자마미 섬 출발 10:00(아카 섬 경유), 16:20 **편수** 일 2회 왕복 **소요 시간** 50~70분 **요금** 3,140엔(편도), 5,970엔(왕복), 어린이 반값 **전화** 098-868-4567 **홈페이지** www.vill.zamami.okinawa.jp

게라마 제도의 해변

아하렌 비치 阿波連ビーチ

도가시키 섬의 해변으로, 백색의 활 모양으로 뻗은 800m의 백사장과 산호초가 넓게 펼쳐진 해변이다. 바다의 투명도가 높아 스노클링이나 스쿠버다이빙 등 해양 스포츠의 메카로 알려져 있다. 남국의 낙원을 떠올리게 한다.

지도 p.61

해양 스포츠의 메카, 남국의 낙원!

도가시쿠 비치 渡嘉志久ビーチ

도가시키 섬 중앙에 있는 해변이다. 파도가 잔잔하며 사람이 적기 때문에 여유롭게 해변을 즐기고 싶은 분들에게 추천한다. 스노클링도 가능하며 주변 높은 곳에서 바라보는 바다의 풍경이 절경이다.

지도 p.61

아마 비치 阿真ビーチ

자마미 섬의 해변으로, 얕고 파도가 잔잔하여 해수욕을 즐기기에 좋다. 아이들도 안심하고 수영을 즐길 수 있기 때문에 가족 단위의 관광객들이 많다. 해변가에 청소년 여행 캠프장이 있어 캠핑을 즐기기 위해 찾는 관광객이 많다.

지도 p.61

후루자미미 비치 古座間味ビーチ

자마미 섬의 해변으로, 아름다운 곡선의 길이 1km의 백사장이 펼쳐진다. 산호와 열대어들이 많아 스노클링은 물론 다이빙을 즐기기에 좋은 곳으로, 해양 스포츠를 즐기기 위한 관광객이 많다.

지도 p.61

니시하마 비치 ニシハマビーチ

아카 섬의 해변으로 바다 건너편의 자마미 섬 등 주변의 섬을 바라보며 해수욕을 즐길 수 있다. 여름에는 햇볕이 강하기 때문에 열사병에 주의해야 한다. 스노클링을 즐기며 산호와 물고기들을 가까이에서 관찰할 수 있다.

지도 p.61

Shopping

> 국제 거리

오키나와 분카야 잡화점 OKINAWA 文化屋雑貨店 오키나와 분카야 잣카텐

특별한 오키나와 기념품 전문점

오키나와를 대표하는 다양한 기념품은 물론 다양한 캐릭터 인형들로 꾸며진 실내의 인테리어가 재미있는 곳이다. 건물 지붕에는 일본의 복 고양이 마네키네코招き猫가 손을 흔들고 있고, 가게 앞 벤치에는 만화 〈내일의 죠〉의 허리케인 죠가 앉아서 휴식을 취하고 있다. 이외에도 다양한 캐릭터 인형과 피규어 등이 가게 곳곳에 숨어 있어 이들을 찾아보는 것만으로도 재미있다.

복 고양이 마네키네코

주소 沖縄県那覇市久茂地3-2-24 전화 098-863-3901 시간 09:00~22:30 위치 유이레일 겐쵸마에 역에서 3분 홈페이지 www.koosya.co.jp/store/bunkaya_zakka_kumoji.html 지도 p.82I 맵코드 33 156 209

코스믹 COSMIC

직접 디자인하는 오키나와 티셔츠

오키나와 국제 거리의 티셔츠 전문점으로 국제 거리에만 9개의 점포가 있을 정도로 인기가 많다. 다양한 디자인의 오키나와 기념 티셔츠를 판매하고 있으며 직접 디자인과 글자를 골라 만들 수도 있다.

주소 沖縄県那覇市牧志3-1-2 전화 098-862-4040 시간 09:00~22:00 휴일 불특정 위치 유이레일 마카시, 미마에바시 역에서 5분, 겐쵸마에 역에서 8분 홈페이지 www.cosmic-world.net 지도 p.83 G 맵코드 33 157 414*8

마쓰야 塩屋

전 세계의 소금의 맛을 비교해 보자

오키나와는 물론 전 세계의 소금을 판매하는 소금 전문점이다. '마쓰ま―す'는 소금塩 시오을 뜻하는 오키나와 방언이다. 판매되고 있는 모든 소금을 시식해 볼 수 있으며 소금 관련된 아이디어 상품이 730종 이상 판매되고 있다. 소금에 관한 전문 지식을 가지고 있는 솔트 소믈리에가 상품을 설명해 주고 소금에 관하여 안내해 준다. 오키나와 미야코 섬의 소금이 살짝 들어간 유키시오 소프트 아이스크림雪塩ソフトクリーム도 인기를 모으고 있다.

주소 沖縄県那覇市久茂地3-3-16 전화 098-988-1111 시간 10:00~22:00 요금 유키시오 소프트 아이스크림 350엔 위치 유이레일 겐쵸마에 역에서 3분 홈페이지 www.ma-suya.net 지도 p.82 l 맵코드 33 157 243

스플래시 오키나와 Splash Okinawa

오키나와의 바다를 떠오르게 하는 잡화점

조개껍질, 별모래, 산호, 유리 등을 이용하여 오키나와의 바닷속을 모티브로 디자인하는 아이템 숍이다. 투명감 넘치는 잡화들이 아름답게 진열되어 있다. 오키나와 여행을 기념하여 자기 자신이나 친구에게 줄 선물을 사기에 안성맞춤인 가게다. 의류, 잡화, 생활용품 등 다양한 상품이 모여 있다.

주소 沖縄県那覇市松尾2-5-11 전화 098-867-7237 시간 10:00~22:00 위치 유이레일 겐쵸마에 역에서 6분 지도 p.82 F 맵코드 33 157 245

돈키호테 ドン・キホーテ

뭐든지 있는 일본의 만물 백화점

식품, 잡화, 화장품, 의약품, 명품까지 없는 것이 없는 만물 백화점이다. 일본에서 특정 상품을 찾을 때 이곳에 들르면 웬만하면 그 상품을 발견할 수 있을 것이다. 편의점이나 백화점보다 가격이 저렴하고 24시간 영업을 하기 때문에 편리한 쇼핑을 할 수 있다. 국제 거리의 기념품 가게들보다 저렴하게 팔고 있는 기념품도 많이 있으니 골고루 가격을 비교하며 구매하자. 현금으로 계산할 때 계산대에 있는 1엔짜리 동전은 4엔까지 무료로 사용할 수 있다. 예를 들어 물건 가격이 284엔이 나왔다면 280엔은 본인의 돈으로, 나머지 4엔은 계산대의 1엔 동전으로 지불이 가능하다.

주소 縄県那覇市松尾2-8-19 전화 098-951-2311 시간 24시간 위치 유이레일 마키시·미마에바시 역에서 5분, 겐쵸마에 역에서 8분, 국제 거리(고쿠사이 도오리) 삼거리 주변 홈페이지 www.donki.com 지도 p.83 G 맵코드 33 157 382

잼 마켓 JAM MARKET

오키나와 오리지널 티셔츠 전문점

오키나와의 관광 명소나 특산품 등 오키나와의 이미지를 사용한 프린팅 티셔츠 전문점이다. 화려한 시사, 츄라우미 수족관의 고래상어, 고야 등 재미 있고 독특한 무늬의 디자인이 돋보인다.

주소 沖縄県那覇市松尾2-8-9 전화 050-5861-6710 시간 09:30~22:00 위치 유이레일 마키시·미마에바시 역에서 6분, 겐쵸마에 역에서 8분, 국제 거리(고쿠사이 도오리) 삼거리 주변 홈페이지 www.jam-market.jp 지도 p.83 G 맵코드 33 157 379

점프 스테이션 JUMP STATION

일본 점프 코믹스의 캐릭터들이 한곳에

일본의 인기 소년 만화 잡지 〈점프〉에 나오는 캐릭터 상품을 구입할 수 있는 숍이다. 〈원피스〉, 〈나루토〉, 〈블리치〉, 〈은혼〉, 〈드래곤볼〉, 〈테니스의 왕자〉 등 수많은 만화 속의 주인공들을 만날 수 있다. 오키나와 점프 숍에서는 오키나와 한정인 칭스코ちんすこう, 베니이모紅芋 관련 캐릭터 상품을 찾아볼 수 있다. 입구와 점포 안에는 실제 크기의 원피스 주인공의 모형이 있어 기념사진을 찍기에 좋다.

주소 沖縄県那覇市牧志2-4-18 전화 098-951-1411

시간 11:00~22:00 위치 유이레일 마키시 역에서 4분 홈페이지 www.shonenjump.com/j/jumpstation 지도 p.83 C 맵코드 33 157 509

쿠쿠루 오키나와 KUKURU OKINAWA

오키나와 전통의 가리유시 웨어

가리유시 웨어는 하와이의 알로하 셔츠를 본떠 만든 옷으로, 화려한 꽃무늬가 프린팅된 셔츠이다. 오키나와에서는 이 꽃무늬 옷이 사무복으로 정착되어 많은 사람들이 입는다. 쿠쿠루 오키나와는 오키나와에서 가장 인기 있는 기리유시 웨어 브랜드 중 하나로 옷은 물론 가방, 데누구이てぬぐい(일본 보자기) 등 다양한 가리유시 제품을 찾아볼 수 있다.

주소 沖縄県那覇市牧志2-4-18 전화 098-943-9492 시간 09:00~22:30 위치 유이레일 마키시 역에서 4

분, 미마에바시 역에서 6분 홈페이지 www.kukuru-okinawa.com 지도 p.83 C 맵코드 33 157 509

뉴 파라다이스 거리

튜이트리 Tuitree

귀여운 핸드메이드 잡화의 천국

오키나와에서 활약하는 작가들의 작품과 해외에서 수집한 귀여운 잡화들을 중심으로 판매하는 뉴 파라다이스 거리의 잡화점이다. 류큐 유리琉球ガラス 류큐 가라스, 금세공 잡화 등 전통적인 공예품도 함께 살펴볼 수 있다. 나무를 이용한 독특한 외관의 장식이 발걸음을 멈추게 하는 곳이다.

주소 沖縄県那覇市牧志1-3-21 전화 098-868-5882 시간 12:00~20:00 휴무 수, 목, 12/30~1/5 위치 유이레일 미마에바시 역에서 5분 홈페이지 www.tuktuk.org 지도 p.82 F 맵코드 33 157 497

티투티 오키나완 크래프트 Tituti OKINAWAN CRAFT 티토티 오키나완 쿠라후토

현대적인 오키나와 공예품을 전시

빙가타紅型(오키나와 전통의 염색 방식으로 제작한 천)와 도자기 등 생활에서 쉽게 접할 수 있는 작품을 전시하고 생활 스타일을 제안하는 잡화점이다. 오키나와 공예의 매력을 발산하고 새로운 시도를 통하여 오키나와 공예가 발전할 수 있도록 노력하고 있다.

주소 沖縄県那覇市牧志1-2-6 전화 098-862-8184 시간 11:00~19:00 휴무 수요일 위치 유이레일 겐쵸마에 역에서 8분 홈페이지 www.tituti.net 지도 p.82 F 맵코드 33 157 401

라 쿠치나 소프 부티크 LA CUCINA SOAP BOUTIQUE 라 쿳치나 소프 부티쿠

오키나와의 천연 재료를 이용한 코스메틱 전문점

오키나와의 천연 재료를 이용한 다양한 코스메틱 제품을 제작하고 판매하는 곳이다. 엄선된 천연 소재만을 사용하며 열을 가하지 않는 전통적인 방식으로 제작하는 핸드메이드 비누가 인기를 모으고 있다. 오키나와 소금을 사용한 입욕제인 배스 솔트, 따뜻한 오키나와의 향이 물씬 풍기는 아로마 오일 등을 판매하고 있다.

주소 沖縄県那覇市松尾2-5-3 전화 098-988-8413 시간 13:00~20:00 휴무 수요일 위치 유이레일 겐쵸마에 역에서 10분 홈페이지 lacucina.jp/hpgen/HPB/entries/28.html 지도 p.82 F 맵코드 33 157 282

류큐 피라스 琉球ぴらす

오키나와의 일상 아이템이 가득

오키나와의 일러스트레이터, 화가, 세공 작가 등 다양한 오키나와의 아티스트들이 모여 만든 콜라보 아이템이 가득하다. 티셔츠, 지갑 등 일상에서 가볍게 이용할 수 있는 아이템들이 진열되어 있다. 오키나와를 상징하는 디자인이 프린팅된 의류가 특히 인기를 모으고 있다.

주소 沖縄県那覇市松尾2-2-14 전화 098-863-4050 시간 11:00~21:00 휴무 불특정 위치 유이레일 겐쵸마에 역에서 10분 홈페이지 http://www.ryukyu-piras.com 지도 p.82 F 맵코드 33 157 224*52

> 국제 거리의 시장 골목

가이소우 海想

오키나와의 자연과 문화가 테마인 잡화점

오키나와의 자연과 바다를 테마로 한, 또 그 안에서 만들어가는 문화를 테마로 만들어 내는 디자인 아트 숍이다. 산호를 이용한 액세서리, 바다를 담은 티셔츠 등 다양한 디자인 잡화가 모여 있다. 1992년 오픈한 이래 오키나와 곳곳에 매장을 두고 있다. 헤이와 도오리와 국제 거리(고쿠사이 도오리)에 각각 2군데씩 가게가 있다.

주소 沖縄県那覇市牧志3-1-18 전화 098-866-6058 시간 09:00~21:00 위치 헤이와 도오리 내부 홈페이지 www.kaisou.com 지도 p.83 G 맵코드 33 157 385

> 오키나와 자연과 바다를 닮은 소품들이 가득!

기미도리노토리 인 카이리 きみどりのとり in 海里

작가가 직접 그려 주는 아름다운 일러스트 잡화

'당신에게 그림을 전해 주고 싶어요.'라는 의미로 시작한 가공의 스튜디오다. 기미도리노토리 스타지오 きみどりのとりスタジオ의 작가와 헤이와 도오리에서 카이리라는 잡화점을 운영하는 점장이 만들어 내는 작은 이야기 같은 가게다. 오키나와의 아름다운 이미지들을 일러스트에 담아 일상용품으로 만들어 판매하고 있다.

주소 沖縄県那覇市牧志3-3-1 전화 098-988-9239 시간 09:00~19:30 위치 다이이치 공설 시장 주변 홈페이지 www.hagemiho.com 지도 p.83 G 맵코드 33 157 295

기타

DFS T 갤러리아 DFS T GALLERIA

일본 유일의 DFS 갤러리에서 즐기는 면세 쇼핑

130개가 넘는 해외 일류 브랜드 아이템을 면세 가격으로 구입할 수 있는 쇼핑센터. 인기 상품은 물론 오키나와 DFS 한정 상품들도 많아 쇼핑을 위해 찾는 사람들이 많다. 크게 코스메틱, 브랜드, 럭셔리 구역으로 나뉘며 쇼핑을 즐기기 위한 쾌적한 공간을 제공한다. 면세점 입구에는 렌터카 회사들의 접수처가 모여 있어 렌터카를 빌리기 위해 찾는 사람도 많다.

주소 沖縄県那覇市おもろまち4-1 전화 0120-782-460 시간 매장마다 다름 위치 유이레일 오모로마치 역 1분 홈페이지 www.dfs.com/jp/tgalleria-okinawa 지도 p.81 G 맵코드 33 188 295

아시비나 아웃렛 沖縄アウトレットモールあしびなー 오키나와 아우토렛토 모루 아시비나

나하 공항 근처의 대형 아울렛 쇼핑몰

일본과 해외의 브랜드 상품을 30~80% 저렴한 가격에 구입할 수 있는 아울렛 쇼핑몰이다. ABC-MART, COACH, GUCCI, MARC JACOBS를 비롯 101개의 브랜드 상점이 입점하여 있다. 스타벅스를 비롯한 카페, 레스토랑도 입점해 있어 편리하게 이용할 수 있다. 공항과 가까워 오키나와에서의 마지막 쇼핑을 즐기기에 좋다. 바다와 가까워 근처에서 해수욕을 즐길 수도 있다.

주소 沖縄県豊見城市豊崎1-188 전화 098-891-6000 시간 10:00~20:00 위치 택시 나하 공항에서 택시로 15분 노선버스 95번(나하 공항 4번 승강장에서 10:00~19:00 매시 정각 출발) 이용 – 15분 소요, 250엔 (공항행 버스는 10:00~19:00 매시 30분 출발) / 55, 56, 88, 98번(나하 버스 터미널, 아사히바시 버스 정거장 출발) 이용 – 30분 소요, 410엔 홈페이지 ashibina.com 지도 p.180 E 맵코드 33 544 541

우미카지 테라스 Umikaji Terrace

세나가 섬의 새하얀 쇼핑, 레스토랑 타운

오키나와 공항 인근 세나가 섬의 쇼핑몰로 30여 곳의 상업 시설이 한곳에 모여 있다. 오키나와의 과일, 야채, 특산품을 중심으로 요리를 만드는 레스토랑, 디저트 전문점이 많으며 오키나와의 공예, 액세서리를 판매하는 잡화점이 많다. 새하얀 길과 상점들은 지중해의 섬을 떠올리게 한다.

주소 沖縄県豊見城市瀬長174-6 전화 098-851-7446 시간 10:00~21:00 휴일 연중무휴 위치 나하 공항에서 차로 20분, 유이레일 아카미네 역에서 무료 셔틀 운행 20분(무료 셔틀 www.umikajiterrace.com/accessguide/) shuttlebus 홈페이지 www.umikajiterrace.com 지도 p.180 A 맵코드 33 002 602

Cafe & Restaurant

> 국제 거리

파브로 PABLO

일본 전역으로 뻗어 나가는 생치즈 타르트 전문점

오사카에서 처음 개점하여 큰 인기를 모은 후, 이제는 일본 전국으로 지점을 늘리고 있는 치즈 타르트 전문점이다. 갓 구워낸 촉촉한 치즈 타르트를 맛볼 수 있다. 오키나와의 특산품인 베니모(紅芋)(자색 고구마) 크림이 듬뿍 올려진 베니모 치즈 타르트(紅芋チーズタルト)는 꼭 맛봐야 할 한정 제품이다. 이 외에도 베니모 크림치즈가 들어간 시원한 스무디도 인기가 있다.

주소 沖縄県那覇市松尾2-8-19 **전화** 098-867-8260 **시간** 11:00~22:00 **요금** 베니모 치즈 타르트(紅芋チーズタルト) 1,200엔, 베니모 스무디(紅芋スムージー) 600엔 **위치** 유이레일 마키시・미마에바시 역에서 5분, 겐쵸마에 역에서 8분, 국제 거리(고쿠사이 도오리) 삼거리 주변, 돈키호테 1층 **홈페이지** www.pablo3.com **지도** p.83 G **맵코드** 33 157 413

가루비 플러스 오키나와 Calbee + Okinawa

따끈따끈 바로 튀겨 내는 가루비의 과자

일본의 인기 감자 스틱 과자인 쟈가리코를 비롯하여 다양한 과자를 판매하는 가루비(Calbee)의 이벤트 숍으로, 가루비의 다양한 상품을 만날 수 있다. 특히 이곳에서는 포테리코ポテリコ, 가루비의 감자칩 등 바로 튀겨 낸 감자칩을 맛볼 수 있다. 특히 오키나와의 특산품인 베니모(紅芋)를 이용한 고구마 스틱 스위트 포테리코スイートポテリこ는 이곳에서만 맛볼 수 있는 한정 제품이다.

주소 沖縄県那覇市牧志3-2-2 **시간** 10:00~21:00 **요금** 포테리코(ポテリコ) 300엔~ **위치** 유이레일 마키시 역에서 5분 **홈페이지** www.calbee.co.jp/calbeestore/sp **지도** p.83 G **맵코드** 33 157 447

국제 거리 야타이 무라 国際通り屋台村 고쿠사이 도오리 야타이무라

오키나와 맛집이 한곳에 모인 포장마차 거리

일본의 포장마차 야타이 20곳이 모여 있는 곳으로 국제 거리의 안쪽 골목에 위치하고 있다. 다양한 오키나와의 술과 요리를 맛볼 수 있으며 초밥, 오코노미야키, 라멘 등 일본의 요리와 이탈리안 그리고 퓨전 요리도 맛볼 수 있다. 오키나와를 찾은 관광객, 오키나와 주민들과 즐겁게 한잔 마실 수 있는 곳이다.

주소 沖縄県那覇市牧志3-11-16,17 **시간** 11:00 ~23:00 **휴일** 연중무휴 **위치** 유이레일 마키시 역에서 4분 **홈페이지** www.okinawa-yatai.jp **지도** p.83 H **맵코드** 33 158 452

오하코르테 베이커리 オハコルテベーカリー

언제 찾아도 기분 좋은 빵집

미나토가와 스테이트 거리의 인기 베이커리 오하코르테에서 만든 나하 시내의 베이커리 겸 카페. 요리와 생활을 디자인한다는 콘셉트로 맛있는 빵과 함께 생활 잡화를 판매하고 있다. 일찍 가게를 열어 아침을 먹으러 찾아도 좋다. 인테리어를 감상하며 여유롭게 시간을 보낼 수 있다.

주소 沖縄県那覇市泉崎1-4-10 **전화** 098-869-1830 **시간** 07:30~21:30 **휴일** 연중무휴 **위치** 유이레일 아사히바시 역에서 도보 6분 **요금** 프렌치 토스트(フレンチトースト) 900엔~ **홈페이지** ohacorte-bakery.com **지도** p.80 J **맵코드** 33 126 741

후쿠기야 ふくぎや

오키나와에서 만난 부드러운 바움쿠헨

오키나와의 바움쿠헨 전문점이다. 오키나와의 흑설탕, 소금, 벌꿀, 달걀이 듬뿍 들어간 빵 생지(빵 반죽)로 20겹 이상 정성스럽게 구워 낸 수제 바움쿠헨 가게이다. 바움은 독일어로 나무의 연령을 의미하며, 바움쿠헨은 나뭇결 모양의 케이크를 말한다. 세월이 쌓여 연령이 늘어나는 것과 같이 이곳의 바움쿠헨은 정성스러운 마음으로 360도 이상의 고온으로 시간을 들여 천천히 구워 낸다고 한다. 후쿠키フクギ(플레인), 가쥬마루ガジュマル(오키나와 흑설탕 첨가), 베니노키紅の木(자색 고구마 첨가) 등이 있다.

주소 沖縄県那覇市久茂地3-29-67 **전화** 098-863-8006 **시간** 10:00~22:00 **요금** 후쿠키(フクギ) 1,180엔~, 가쥬마루(ガジュマル) 1,300엔~, 베니노키(紅の木) 1,400엔~ **위치** 유이레일 겐쵸마에 역에서 4분 **홈페이지** www.fukugiya.com/#index **지도** p.82 F **맵코드** 33 157 278

블루 실 국제 거리점 ブルーシール 国際通り店 부루씨루 고쿠사이 도오리텐

오키나와를 대표하는 아이스크림

따뜻한 오키나와의 거리를 걷다 보면 시원한 아이스크림 생각이 난다. 이럴 때 거리에서 쉽게 찾을 수 있는 곳이 바로 오키나와에서 시작된 블루 실 아이스크림이다. 다양한 종류의 아이스크림은 물론 크레페, 타피오카 등 달콤한 음료도 맛볼 수 있다.

주소 沖縄県那覇市牧志1-2-32 **전화** 098-867-1450 **시간** 10:00~22:30 **요금** 싱글 콘 270엔~, 더블 콘 420엔~, 소프트크림 270엔~ **위치** 유이레일 겐쵸마에 역에서 5분 **홈페이지** www.blueseal.co.jp **지도** p.82 F **맵코드** 33 157 342

블루 실 아이스크림 BLUE SEAL ICE CREAM

오키나와에서 시작된 일본의 아이스크림 프렌차이즈로, 베스킨라빈스31과 비슷한 느낌이다. 1948년 오키나와의 미군 기지에 종사하는 종업원들을 대상으로 판매를 시작하여 오키나와 전역으로 가게를 넓혀 나갔다. 이후 규슈를 비롯한 일본 전역으로 퍼져 나갔으며 다양한 종류의 아이스크림을 개발하였다. 오키나와의 고온다습한 기후에 맞는 시원하고 상큼한 샤베트류의 아이스크림이 많으며 사토우키비サトウキビ(사탕수수), 베니이모紅イモ(자색 고구마), 시오칭스코塩ちんすこう(소금 칭스코 ※칭스코 : 오키나와 과자의 한 종류), 시쿠와사シークヮーサー(레몬, 라임류의 과일) 등 오키나와에서만 볼 수 있는 아이스크림이 많이 있다.

타코스야 タコス屋

국제 거리 인기의 타코스 전문점

타코스タコス(옥수수 가루를 반죽하여 얇게 펴서 구워 만든 조각에 채소나 고기를 싼 멕시코 요리)를 전문으로 판매하는 국제 거리(고쿠사이 도오리)의 작은 가게다. 런치는 물론 거리에서 가볍게 맛볼 수 있도록 테이크아웃도 가능하다. 매콤 상콤한 살사 소스가 식욕을 돋군다.

주소 沖縄県那覇市牧志1-1-42 전화 098-862-6080 시간 11:00~22:00 요금 타코스틱(타코스틱) 5개 350엔, 타코스(タコス) 180엔 위치 유이레일 미마에바시 역에서 6분 지도 p.82 F 맵코드 33 157 341

소바마치카도 そば街角

소박한 오키나와의 소바 요리

국제 거리 중간쯤에 위치한 작은 오키나와 소바 전문점이다. 작은 가게여서 잘 살펴보지 않으면 놓치고 지나갈지도 모른다. 오키나와의 번화가에서 50년 넘게 영업을 해 온 가게로, 오키나와 소바에 오키나와의 향토 요리를 곁들여 먹을 수 있다. 화려한 가게는 아니지만 할머니가 손수 만들어 주는 소바는 마음을 따뜻하게 해 준다.

주소 沖縄県那覇市牧志3-1-5 전화 098-863-3845 시간 11:00~22:00 휴무 수요일 요금 오키나와 소바(沖縄そば) 500엔 위치 유이레일 마키시 역에서 6분 지도 p.83 G 맵코드 33 157 445

톡톡 오키나와 이야기

오키나와 소바 沖縄そば

오키나와에서 가장 쉽게 접할 수 있는 오키나와의 면 요리다. 보통 일본에서 소바라고 하면 메밀이 함유된 면이 일반적인데 오키나와에서는 밀가루(소맥분) 100%를 사용한 면을 사용하며 소바의 육수도 일본의 다른 지역과 차이가 있다. 오키나와 소바는 오키나와 방언으로 스바, 우치나스바라고도 한다. 오키나와 소바는 돈코츠(돼지 뼈)와 가츠오(가다랭이)를 고아 육수를 만들고, 밀가루 면과 파, 고기, 가마보코(어묵), 베니쇼가(절인 생강, 취향에 따라 선택)를 위에 얹어 먹는다. 오키나와 소바는 소바의 토핑과 지역에 따라 여러 가지 이름으로 나뉘는데 소키 소바ソーキそば, 슈리 소바首里そば, 류큐 소바琉球そば 등이 있다. 오키나와 소바의 역사는 1902년 시나소바야支那そば屋에서 처음 판매된 기록이 있고 그전부터 먹었을 것이라 추정된다.

수이텐로 首里天楼

공연과 함께 즐기는 오키나와의 술과 요리

오키나와의 향토 요리와 오키나와의 술 아와모리 泡盛를 전문으로 판매하는 요리 주점이다. 다양한 오키나와의 요리를 안주 삼아 가볍게 한잔 즐길 수 있는 곳이다. 3층의 오오히로마大広間에서는 오키나와의 전통 무용인 류큐 무용琉球舞踊 공연이 펼쳐지며, 무용이 끝나면 오키나와의 전통 악기인 사미센三線 연주와 함께 오키나와 민요를 부르는 라이브 공연이 열린다.

주소 沖縄県那覇市牧志1丁目3-60 **전화** 098-863-4091 **시간** 11:00~24:00 류큐 무용 1부 19:00~, 2부 20:30~(약 30분) 사미센 연주 19:40~(약 15분) **요금** 예산 2,000엔 정도(류큐 무용, 사미센 연주 관람료 800엔 추가) **위치** 유이레일 마키시 역에서 7분 **홈페이지** www.suitenrou.com **지도** p.83 G **맵코드** 33 157 409

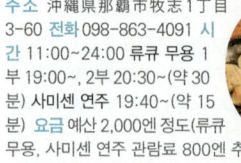

샘즈 아키인 サムズアンカーイン

범선 안에서 즐기는 오키나와 철판 스테이크

오키나와 현청과 가까워 편리하고, 대항해 시대의 범선 모습을 본 뜬 실내가 인상적인 곳이다. 셰프가 눈앞에서 직접 최고급 스테이크와 시푸드 요리를 만들어 주는 철판구이 전문 레스토랑이며, 풀 코스 메뉴도 비교적 저렴한 편이다. 재미있는 모양의 컵에 담겨 나오는 칵테일도 인기가 많다. 국제 거리에는 하와이를 이미지한 자매점 샘즈 마우이도 있다.

주소 沖縄県那覇市久茂地3-3-18 **전화** 098-862-9090 **시간** 17:00~24:00(L.O. 23:00) **요금** 스테이크 2,300엔~, 칵테일 480엔~ **위치** 유이레일 겐쵸마에 역에서 3분 **홈페이지** www.sams-okinawa.jp/ancaor_inn **지도** p.82 E **맵코드** 33 157 242

OKIZONE PASS

군치야 くんち家

이시가키 소고기와 아구 돼지고기 전문점

오키나와의 민가를 재현한 실내 공간에서 오키나와의 브랜드 고기를 즐길 수 있는 야키니쿠 가게이다. 오키나와의 대표적인 브랜드 소고기인 이시가키 소고기石垣牛와 브랜드 돼지고기 아구アグ 고기를 맛볼 수 있다. 런치에는 고기 덮밥 등 간단하게 즐길 수 있는 메뉴도 있다.

주소 沖縄県那覇市安里1-1-59 전화 098-860-7135 시간 11:00~15:00, 17:00~24:00 휴일 연중무휴 위치 유이레일 마키시 역에서 도보 1분 요금 런치 덮밥 종류 1,000엔~ 홈페이지 www.kunchiya.com/index.php 지도 p.83 D 맵코드 33 158 610

OKIZONE PASS

류큐 모던 클래식 요츠타케 RYUKYU MODERN CLASSIS 四つ竹

류큐 왕국의 춤과 요리를 즐길 수 있는 곳

먼 곳에서 온 손님에게 맛있는 음식과 춤으로 대접하던 류큐 문화를 엿볼 수 있는 곳. 오키나와의 전통 공연을 감상하며 오키나와의 전통 요리를 맛볼 수 있다. 공연 후에는 무희들과 기념사진을 찍을 수 있다.

주소 沖縄県那覇市久茂地3-29-70 전화 098-863-4444 시간 11:30~22:00 휴일 연중무휴 위치 유이레일 겐쵸마에 역에서 도보 4분, 미마에바시 역에서 도보 4분 요금 오키나와 전통 요리 코스 히칸자쿠라(緋寒桜) 4,000엔~ 홈페이지 www.yotsutake.co.jp/rmc 지도 p.82 F 맵코드 33 157 277

라멘 단보 ラーメン暖暮

오키나와에서 즐기는 진한 돈코츠 라멘

과거 후쿠오카의 규슈 라멘 총선거 대회에서 1위를 차지했던 경력이 있는 라멘 전문점. 진한 돈코츠 라멘을 맛볼 수 있으며 후쿠오카의 요리인 멘타이코(명란젓), 다카나(갓) 등을 함께 맛볼 수 있다. 라멘의 면을 다 먹고 면만 추가할 수 있는 가에다마替玉도 있다.

주소 沖縄県那覇市牧志2-16-10 전화 098-863-8331 시간 11:00~02:00 휴일 연중무휴 위치 유이레일 미마에바시 역에서 도보 3분, 마키시 역에서 도보 6분 요금 라멘 680엔~ 홈페이지 www.danbo.jp 지도 p.83 C 맵코드 33 157 590

류큐 코히칸 琉球珈琲館

오키나와식 커피 전문점

오키나와의 전통차인 부쿠부쿠차ぶくぶく茶를 본뜬 커피를 판매하는 오키나와식 커피 전문점이다. 직접 로스팅한 커피를 판매하며 오키나와의 전통차도 맛볼 수 있다. 차 이외에도 런치로 제공되는 카레 요리가 유명하며 카레에는 오키나와의 해산물이 듬뿍 들어가 있다.

주소 沖縄県那覇市牧志1-2-26 전화 098-869-6996 시간 11:30~22:30 요금 부쿠부쿠 커피(ぶくぶく珈琲) 540엔, 아마카레(海人カレー) 1,300엔 위치 유이레일 겐초마에 역에서 5분 홈페이지 www.buku.jp 지도 p.82 F 맵코드 33 157 344

A&W 오키나와 A&W 沖縄 에이 안도 더블류 오키나와

일본 최초의 패스트푸드 체인점

A&W는 미국에서 시작한 패스트푸드 체인점으로, 오키나와에 수많은 지점을 가진 인기 햄버거 가게이다. 일본 최초의 패스트푸드 체인점으로도 알려져 있으며 민트향이 강하게 나는 루트 비어(Root beer, 비어라고 해서 맥주 같지만 전혀 다른 음료이니 주의)가 인기이다.

주소 沖縄県那覇市牧志2-1-2 **전화** 098-943-2106 **시간** 09:00~22:00 **위치** 유이레일 마키시 역에서 5분, 미마에바시 역에서 6분 **홈페이지** www.awok.co.jp **지도** p.83 G **맵코드** 33 157 474

무츠미바시 카도야 むつみ橋かどや

오키나와 소바 전통의 맛 그대로

1951년 창업 이후 대를 이어 운영하고 있는 오키나와 소바 전문점이다. 옛부터 이어지고 있는 오키나와 소바 전통의 맛을 그대로 맛볼 수 있다. 지금은 부부가 운영하고 있으며 주문을 하면 바로 소바가 나올 정도로 조리 시간이 짧은 것이 특징이다.

주소 沖縄県那覇市牧志1-3-49 **전화** 098-868-6286 **시간** 11:30~20:00 **휴무** 화요일 **요금** 카케 소바(かけ

そば, 어묵 토핑의 간단한 소바) 300엔, 산마이니쿠 소바(三枚肉そば, 삼겹살 고기가 토핑된 소바) 600엔 **위치** 유이레일 마키시 역에서 6분 **지도** p.83 G **맵코드** 33 157 442

돈테이 どんてい

저렴한 오키나와 요리 체인점

일본에서 저렴한 가격으로 한 끼를 때울 수 있는 식당인 요시노야吉野屋, 마쓰야松屋, 스키야好きや와 같이 규동, 카레, 오키나와 소바 등을 저렴한 가격으로 맛볼 수 있는 오키나와 요리 체인점이다. 체인점이라고 해도 일본 전국에 5곳밖에 없으며 그 중 3곳이 오키나와에 있다. 세트 요리의 양이 푸짐하다.

주소 沖縄県那覇市牧志1-3-49 전화 098-868-6286 시간 11:30~20:00 요금 오키나와 소바 450엔, 유시도후(ゆし豆腐, 오키나와의 두부 국) 100엔, 카레 350엔, 규동 350엔 휴무 화요일 위치 유이레일 미마에바시 역에서 3분, 마키시 역에서 6분 지도 p.83 G 맵코드 33 157 503

미카도 みかど

조금 특별한 오키나와 짬뽕

오키나와의 아주머니들이 모여 24시간 운영하는 오키나와 향토 요리 전문점이다. 일반적인 오키나와의 향토 요리를 비롯해 오키나와 짬뽕을 맛볼 수 있다. 오키나와 짬뽕은 면이 아닌 밥으로 나오며 양배추, 숙주나물, 당근, 양파, 달걀, 부추, 콘비프コンビーフ(소고기를 소금에 절여 통조림에 넣은 것, 스팸과 비슷)를 볶아 밥 위에 얹어 비벼 먹는다.

주소 沖縄県那覇市松山1-3-18 전화 098-868-7082 시간 24시간 영업 요금 오키나와 짬뽕(沖縄ちゃんぽん) 600엔 위치 유이레일 겐쵸마에 역에서 5분 지도 p.82 A 맵코드 33 157 503

● OKIZONE PASS

웨스트 마린 ウエストマリン 웨스토 마린

오키나와의 바다에서 디너 크루즈

오키나와 앞바다의 저녁노을을 바라보면서 맛있는 요리와 라이브 음악을 즐길 수 있다. 1시간 45분간 코스 요리를 즐기며 항해하며 여름에는 바비큐, 겨울에는 뷔페가 준비되어 있다. 석양과 바다를 감상하러 밖으로 나가 있는 동안은 코스 요리 진행을 멈출 수 있다. 배를 타기 일주일 전후로 생일이라면 무료 음료를 제공받을 수 있다.(예약 시 문의)

주소 沖縄県那覇市通堂町2-1 **전화** 098-866-0489 **시간** 17:45~19:30(4~9월), 19:30~18:45(10~3월)/ 08:00~20:30(운영 회사 영업 시간) **휴일** 연중무휴 **위치** 유이레일 아사히바시 역에서 도보 5분 **요금** 디너 크루즈 코스 4,300엔~ **홈페이지** www.westmarine.co.jp **지도** p.80 l **맵코드** 33 125 739

● OKIZONE PASS

시마규 島牛

오키나와 야키니쿠 전문점

나하의 인기 있는 야키니쿠 전문점으로 오키나와산 브랜드 소고기인 와규, 이시가키규와 오키나와산 브랜드 돼지고기인 아구 등 다양한 종류의 고기를 맛볼 수 있다. 달콤한 양념의 야키니쿠가 맛있으며 평일에만 런치 영업을 한다.

주소 沖縄県那覇市松山2-4-15 **전화** 050-5868-3190 **시간** 11:30~14:00(평일), 17:00~00:00 **휴일** 불특정 **위치** 유이레일 미마에바시 역에서 도보 3분 **요금** 오마카세코스 3,500엔(2시간 음료 무제한) **맵코드** 33 157 872*72

오키나와의 철판 스테이크

오키나와의 스테이크는 오키나와가 미군의 통치를 받던 1950년대에 미국 문화가 급격히 퍼지기 시작하며 생겨나기 시작하였다. 일본 본토의 텟판야키鉄板焼き와는 조금 차이가 있는데, 우선 고기의 양이 많은 편이며, 고기를 굽는 요리사들의 퍼포먼스가 화려한 것이 특징이다.

OKIZONE PASS

스테이크 하우스 88 ステーキハウス88

오키나와 스테이크와 향토 요리의 만남

국제 거리(고쿠사이 도오리) 중앙에 위치한 전통의 스테이크 전문점이다. 17가지 아메리칸 스타일의 스테이크를 맛볼 수 있다. 오키나와산 브랜드 와규和牛(일본소)인 이시가키규石垣牛가 항상 준비되어 있으며 오키나와산 와규 티본 스테이크를 맛볼 수 있는 유일한 가게이기도 하다. 이외에도 고야 참프루, 우미부도海ぶどう(바다포도) 등 오키나와의 향토 요리도 같이 맛볼 수 있다.

주소 沖縄県那覇市牧志3-1-6 전화 098-866-3760 시간 11:00~23:00 요금 히레 스테이크(ヒレステーキ) 2,000엔, 티본 스테이크(Tボーンステーキ, 400g) 4,250엔 위치 유이레일 마키시 역에서 6분 지도 p.83 G 맵코드 33 157 445

샘즈 세라인 サムズセーラーイン

유쾌한 오키나와 철판 스테이크 전문점

세일러복(교복이 아닌 실제 선원들이 입는 옷)을 입은 여성 점원들이 안내하는 오키나와 철판 스테이크 전문점. 선박을 본떠 만든 실내에서 요리를 즐긴다. 커다란 무쇠솥에서 끓여 듬뿍 담아 주는 수프, 화려한 퍼포먼스를 선보이며 구워 내는 철판 요리가 즐거움을 더한다. 종종 농담을 좋아하는 사장이 찾아와 흥을 북돋아 주고 디저트 서비스를 주기도 한다. 메뉴로는 최상급 살로인 스테이크サーロインステーキ, 최상급 텐더로인 스테이크テンダーロインステーキ 등이 있다.

주소 沖縄県那覇市牧志3-1-3 전화 098-918-0808 시간 11:30~15:30, 17:00~24:00 요금 코스 요리 최상급 살로인 스테이크(サーロインステーキ) 2,550엔(S), 3,200엔(L) 최상급 텐더로인 스테이크(テンダーロインステーキ) 2,000엔(S) 디너 2,300엔(S), 2,550엔(M), 3,200엔(L) 위치 유이레일 마키시·미마에바시 역에서 5분, 겐쵸마에 역에서 9분, 국제 거리(고쿠사이 도오리) 삼거리 주변 홈페이지 www.sams-okinawa.jp/index.jsp 지도 p.83 G 맵코드 33 157 414

헤키 룸

깔끔하고 조용한 공간에서 즐기는 철판 스테이크 요리

여성 스태프들이 운영하는 오키나와 철판 스테이크 전문점이다. 보통 철판구이 전문점의 요리사는 남성이 대부분인 것과는 다르게 이곳에서는 여성 요리사들이 철판구이 요리를 만든다. 깔끔한 인테리어는 물론 오키나와 전통의 류큐 유리(류큐 가라스), 오키나와 출신 도예가의 도기 등 그릇에도 신경을 쓴 것이 보인다. 스페인산 올리브유, 해양 심층수로 만든 소금 등 요리의 소재 또한 부족함이 없다. 국제 거리에 두 곳의 가게를 운영하고 있다. 메뉴로는 특선 텐더로인 스테이크 特選テンダーロインステーキ, 특상 쿠로모와 규 살로인 스테이크 特上黒毛和牛サーロインステーキ 등이 있다.

주소 沖縄県那覇市牧志3-2-3 **전화** 098-866-2939 **시간** 11:30~23:00 **요금** 특선 텐더로인 스테이크(特選テンダーロインステーキ) 2,800엔, 특상쿠로모와규 살로인 스테이크(特上黒毛和牛サーロインステーキ) 8,800엔 **위치** 유이레일 마키시 역에서 5분 **홈페이지** www.heki.co.jp **지도** p.83 G **맵코드** 33 218 109

자키스 스테키 하우스 JACK'S STEAK HOUSE

오키나와 스테이크의 원조

오키나와에서 가장 오래된 스테이크 하우스다. 오키나와 전쟁 이후 미군 통치 시대에 미군과 지역 주민들을 위해 시작한 가게로, 1953년부터 60년이 넘게 사랑받아 왔다. 오키나와 주민들에게 '재키'를 물어보면 대부분 알 정도로 인기 있는 가게이다. 당시의 인테리어나 요리의 맛을 꾸준하게 이어오고 있는 오키나와를 대표하는 스테이크 전문점이다. 메뉴로는 스테키 산도 ステーキサンド (스테이크 샌드위치), 텐다로이스 스테키 テンダーロインステーキ 등이 있다.

주소 沖縄県那覇市西1-7-3 **전화** 098-868-2408 **시간** 11:00~25:30 **요금** 스테키 산도(ステーキサンド, 스테이크 샌드위치) 850엔, 텐다로이스 스테키(テンダーロインステーキ) 2,300엔(M) **위치** 유이레일 아사히바시(旭橋) 역에서 도보 10분 **홈페이지** www.steak.co.jp **지도** p.80 J **맵코드** 33 155 087

만쥬마이 まんじゅまい

오키나와의 향토 요리 참프루 요리를 맛보자

오키나와의 식재료와 두부를 사용한 볼륨 있는 오키나와 가정 요리 전문점. 40년 넘게 오키나와의 주민들에게 사랑받고 있다. 오키나와 향토 요리인 다양한 참프루チャンプルー(볶음 요리) 요리를 맛볼 수 있다. 달걀과 두부, 고야ゴーヤー(여주)를 볶은 고야 참프루ゴーヤーチャンプルー, 부추, 콘비프, 양배추, 숙주나물, 후麩를 함께 볶아 낸 후 참프루フーチャンプルー를 추천한다.

주소 沖縄県那覇市久茂地3-9-23 **전화** 098-867-2771 **시간** 11:00~21:30 **요금** 고야 참프루 650엔, 후 참프루 650엔 **위치** 유이레일 겐초마에 역에서 3분 **지도** p.82 I **맵코드** 33 156 238

※ 후(麩) 글루텐(gluten, 밀의 배젖에 함유된 단백질)을 주 원료로 만든 가공 식품. 중화 요리를 비롯 일본의 다양한 요리의 재료로 사용된다.

아메이로 식당 あめいろ食堂 아메이로 쇼쿠도

오키나와의 차분한 밥집

오래된 오키나와의 민가를 개조한 작은 식당이다. 이곳의 점장은 오키나와에 여행을 왔다가 오키나와에 반해 이곳에 가게를 열었다고 한다. 이곳의 메뉴는 계절과 그날의 날씨에 따라 바뀐다. 언제 찾아도 편안하고 내 집 같은 공간에서 밥을 먹을 수 있는 곳이다.

주소 沖縄県那覇市樋川1-3-7 **전화** 098-911-4953 **시간** 12:00~15:00, 18:00~22:00, 12:00~22:00(토·일) **휴무** 월·화요일 **위치** 유이레일 겐초마에 역에서 15분, 츠보야 도자기 거리 입구에서 5분 **홈페이지** ameiro.ti-da.net **지도** p.83 O **맵코드** 33 127 742

뉴 파라다이스 거리

원조 다이토 소바 元祖大東そば 간소 다이토 소바

다이토 섬에서 건너온 소바

오키나와에서 360km 떨어져 있는 작은 섬인 미나미다이토 섬南大東島 미나미다이토지마 출신의 점장이 운영하는 소바 전문점이다. 오키나와의 소바와는 조금 다른 다이토 섬의 소바를 맛볼 수 있다. 쫀득한 수제 면과 시원한 가쓰오 국물이 조화를 이룬 소바의 맛이 좋다.

주소 沖縄県那覇市牧志1-4-59 전화 098-867-3889
시간 11:00~21:00 요금 다이토소바(大東そば) 500엔(中) 위치 유이레일 미마에바시 역에서 6분, 겐쵸마에 역에서 10분 지도 p.82 F 맵코드 33 157 496

시나몬 카페 Cinnamon Cafe

뉴 파라다이스 거리의 작은 쉼터

2000년 초반 오키나와에 카페 붐이 일었을 때 생긴 뉴 파라다이스 거리의 작은 카페다. 관광객들로 북적북적한 국제 거리(고쿠사이 도오리)를 피해 한적한 장소를 찾는 사람들이 이 주변으로 모이기 시작하였다. 차와 음료, 아시안 누들, 카레 요리를 맛볼 수 있으며, 저녁에는 칵테일을 판매하여 바와 같은 느낌을 준다.

주소 沖縄県那覇市牧志1-4-59 전화 098-862-2350
시간 12:00~24:00 요금 가지카레(茄子カレー) 700엔

위치 유이레일 미마에바시 역에서 5분, 겐쵸마에 역에서 10분 지도 p.82 F 맵코드 33 157 466

국제 거리 시장 골목

슈가 하우스 シュガーハウス

직접 갈아 마시는 오키나와 사탕수수 주스

직접 운영하는 농장에서 가져온 신선한 사토키비サトウキビ(사탕수수), 망고, 구아바, 고야를 갈은 100% 주스를 판매하는 상점이다. 특히 사탕수수는 그 자리에서 직접 갈아 주스로 만들어 준다. 사탕수수를 먹기 좋게 껍질을 잘 벗겨 스틱으로도 판매하는데 이것을 씹으면 신기하게도 설탕처럼 달콤한 즙이 나온다.

비 스틱 100엔 위치 이치바혼 도오리 내부 지도 p.83 G
맵코드 33 157 384

주소 沖縄県那覇市牧志3-1-1 전화 098-866-5276
시간 12:00~20:00 요금 사토키비 주스 250엔, 사토키

하나가사 식당 花笠食堂 하나가사쇼큐도

할머니들이 만들어 주는 오키나와의 향토 요리

노란 두건을 둘러쓴 할머니들이 안내를 해 주는 오키나와의 향토 요리 전문점이다. 이곳은 물 대신에 아이스티가 제공되며 셀프 서비스로 마음껏 마실 수 있다. 메뉴의 대부분이 정식 메뉴이며 정식을 주문하면 밥은 백미, 현미, 팥밥 중 하나를 선택할 수 있다. 또한 국도 된장국, 오키나와 소바, 소멘지루ソーメン汁(소면 국수), 나카미지루中味汁(돼지 내장국), 이나무루치イナムルチ(돼지고기, 곤약, 어묵, 버섯, 유부, 우엉, 당근이 들어간 된장국) 중 하나를 고를 수 있다.

주소 沖縄県那覇市牧志3-2-48 전화 098-866-6085 시간 11:00~21:00 요금 고야참프루(ゴーヤーチャンプルー) 800엔, 대부분의 정식 800~1,000엔 위치 헤이와 도오리 상점가 내부 지도 p.83 G 맵코드 33 157 296

과자 공방 시마바나나 菓子工房 島バナナ 오카시코보 시마바나나

귀여운 시사 모양의 과자 전문점

오키나와의 섬 바나나島バナナ를 비롯하여 고야, 망고, 코코넛 등 열대 과일과 오키나와의 특산물을 말린 과자를 판매하고 있다. 또한 시사 모양의 닌교 야키人形焼(인형구이)는 귀여운 모양과 다양한 맛으로 인기를 모으고 있다. 시사 야키シーサー焼き는 망고 크림, 팥, 커스터드 크림, 베니이모, 말차 맛 등 다양한 맛이 있다.

주소 沖縄県那覇市牧志3-2-39 시간 10:00~18:00 요금 시사 야키(シーサー焼き) 1개 60엔, 2개 100엔 위치 헤이와 도오리 상점가 내부 지도 p.83 K 맵코드 33 157 237

류큐 오카시테이 류구 琉球菓子処 琉宮

한입에 쏘옥, 오키나와 도넛 사타 안다기

오키나와의 도넛 사타 안다기를 비롯해 오키나와 젠자이沖縄ぜんざい(오키나와 팥죽), 류큐안미츠琉球あんみつ(팥을 이용한 스위트) 등 오키나와의 디저트를 맛볼 수 있는 곳이다. 이곳의 사타 안다기는 먹기 좋게 한입 크기로 만들어 오키나와의 여중고생에게 인기가 높다.

주소 沖縄県那覇市松尾2-9-14 전화 098-862-6401 시간 10:00~19:00 위치 이치바혼 도오리 내부, 코우세츠 이치바 주변 홈페이지 www.ryugu.co.jp 지도 p.83 G 맵코드 33 157 294

야마가 山家

사타 안다기를 파는 작은 가게

오키나와의 도넛인 사타 안다기를 맛볼 수 있는 작은 가게다. 즉석에서 튀겨 내는 따끈따끈한 사타 안다기의 고소한 향이 상점가를 맴돈다. 설탕白糖 하쿠토우, 흑설탕黒糖 쿠로토우, 자색 고구마紅芋 베니이모의 세 가지 맛이 있다.

주소 沖縄県那覇市牧志3-2-56 전화 090-2585-4464 시간 10:00~20:00 요금 사타 안다기 70엔 위치 헤이와 도오리 상점가 내부 지도 p.83 G 맵코드 33 157 386

사타 안다기 サーターアンダーギー

사타 안다기(サーターアンダーギー, 사-타-안다-기)는 오키나와의 전통 과자 중 하나로 도넛과 비슷하다. 오키나와 사투리인 사타(설탕)와 안다(기름), 아기(튀김, 튀기다)가 합쳐져 만들어진 단어로, 밀가루, 달걀, 설탕과 베이킹파우더를 섞어 반죽을 해서 기름에 튀겨 낸다.

챠탄 커피 카페 스트리트 CHATAN COFFEE Cafe Street

시장 골목에서 만난 작은 카페

마키시 공설 시장 입구 앞의 골목에서 만날 수 있는 작은 카페다. 저렴한 가격에 따뜻한 커피를 즐길 수 있다. 시장을 둘러보고 잠시 쉬었다 가기에 좋다.

주소 沖縄県那覇市松尾2-9-7 전화 098-861-0468 시간 09:00~20:00 요금 아이스커피 250엔, 티 200엔 위치 이치바혼 도오리 내부, 코우세츠 이치바 주변 지도 p.83 G 맵코드 33 157 293

마호우 커피 MAHOU COFFEE

커피 한잔이 만드는 마법 같은 이야기

주인 없이 방치된 외국인 주택에 색을 입혀 컬러풀한 커피숍으로 변신시켰다. 파랑, 노랑, 분홍의 알록달록한 색으로 채색된 벽과 아기자기한 소품들, 진하게 볶은 커피 원두를 핸드 드립으로 한 방울 한 방울 내려, 고소하고 항긋한 커피 향이 가게 전체에 은은하게 퍼진다.

주소 沖縄県那覇市壺屋1-6-5 전화 098-863-6866 시간 10:00~18:00 휴무 수요일 요금 마호우 브랜드(MAHOU BLEND) 500엔 위치 유이레일 마키시 역에서 7분 홈페이지 www.mahoucoffee.com 지도 p.83 K 맵코드 33 157 119

슈리 성

슈리 호리카와 首里 ほりかわ 🍴

카페 공간에서 즐기는 따뜻한 오키나와 소바

슈리 성 주변의 주택가에 살짝 숨어 있는 오키나와 소바 전문점이다. 카페와 같은 세련된 공간에서 맛있는 오키나와 소바를 즐길 수 있다. 직접 빚은 수제 생면을 이용하여 일반 오키나와 소바와는 다른 면발의 맛을 느껴 볼 수 있다.

주소 沖縄県那覇市首里真和志町1-27 **전화** 098-886-3032 **시간** 11:00~18:00 **휴무** 목요일 **요금** 오키나와 소바(沖縄そば) 620엔 **위치** 유이레일 슈리 역에서 10분, 슈리 성에서 2분 **지도** p.95 **맵코드** 33 161 785

슈리 소바 首里そば 🍴

오키나와 소바 면발은 이곳이 최고!

뛰어난 맛과 저렴한 가격에 언제나 긴 줄을 서야 하는 인기 있는 오키나와 소바 전문점이다. 수타 면을 5시간 이상 숙성시켜 쫄깃쫄깃하며, 가츠오부시와 돼지고기, 오키나와 소금을 이용하여 우려낸 국물은 시원하고 깔끔한 맛이 일품이다. 오키나와의 전통 술 아와모리를 이용해 숙성시킨 돼지고기 수육이 토핑으로 함께 나온다.

주소 沖縄県那覇市首里赤田町1-7 **전화** 098-884-0556 **시간** 11:30~14:00 **휴무** 일요일 **요금** 슈리 소바(首里そば) 500엔 **위치** 유이레일 슈리 역에서 4분 **홈페이지** shurisoba.shop-pro.jp **지도** p.95 **맵코드** 33 161 598

이시타다미 차야 마다마 石畳茶屋 真珠

따뜻한 오키나와의 저녁 노을과 함께 차 한잔

슈리킨죠우쵸우 돌다다미길 중간쯤에 위치한 테라스 카페이다. 나하 시내의 전망을 감상하며 오키나와의 차와 디저트를 즐길 수 있다. 석양이 아름답게 물드는 곳으로, 데이트를 즐기기에도 안성맞춤이다. 고쿠토우 푸링黒糖プリン, 특선 고쿠토우 진자 사이다 特製黒糖ジンジャーサイダー 등 오키나와의 흑설탕을 이용한 음료와 디저트가 인기이다.

주소 沖縄県那覇市首里金城町1-23 **전화** 098-884-6591 **시간** 10:00~17:00 **요금** 고쿠토우 푸링(黒糖プリン) 300엔, 특선 고쿠토우 진자 사이다(特製黒糖ジンジャーサイダー) 500엔 **위치** 유이레일 기보 역에서 10분 **홈페이지** www.madama.jp **지도** p.95 **맵코드** 33 161 513

중부
沖縄中部

아메리칸 빌리지와 아름다운 드라이브 코스가 있는 지역

대규모의 미군 기지가 모여 있는 중부 지역은 미군 기지를 중심으로 경제가 발달하였고 미국 문화의 영향을 많이 받은 지역이다. 서쪽 해안에는 미국의 서해안 분위기로 꾸며진 아메리칸 빌리지를 중심으로 리조트가 발달해 있으며 오키나와의 쇼핑, 데이트 코스로 인기가 높다. 또한 미군들의 거주지였던 미나토카와 스테이츠 사이드 타운과 함께 도심이 발달해 있어 세련된 카페, 아기자기한 잡화점, 오키나와 특산품을 이용한 레스토랑 등이 많이 모여 있다. 동쪽 해안은 오키나와 본토와 주변 섬을 연결하는 약 5km의 다리인 해중 도로가 놓여 있어 드라이브를 즐기기에 좋고 해변 풍경도 아름답다.

중부 BEST 3

1. 아메리칸 빌리지에서 쇼핑 & 선셋 비치에서 일몰 감상하기
2. 미나토카와 스테이츠 사이드 타운 둘러보기
3. 만자모와 그 주변의 해변 산책

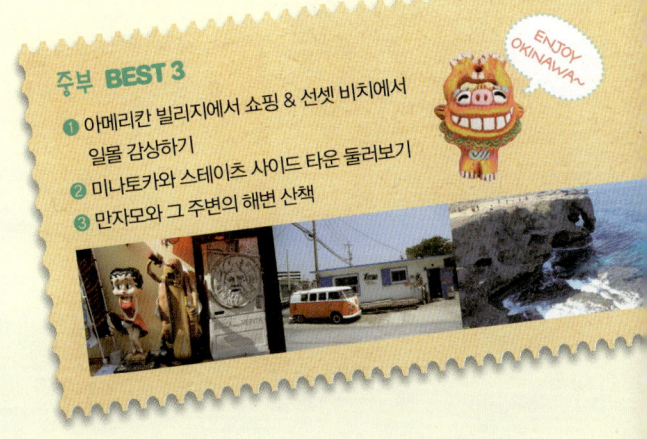

아메리칸 빌리지

우마이모노 시장 구루메관
うまいもの市場 グルメ館

스테이크 하우스 시키
ステーキハウス四季

시사이드 카페 하는
アメリカンデポ

드래곤 팰리스
ドラゴンパレス

데포 아일랜드
デポアイランド

이치겐야
いちげん屋

스카이맥스 60 SKYMAX 60

카니발 파크 미하마
カーニバルパーク・ミハマ

기지무나아
きじむなぁ

디포즈 가든
Depot's Garden

아메리칸 데포
アメリカンデポ

구루메 회전 초밥 시장
グルメ回転・寿司市場

블루 실 아이스크림
BLUE SEAL ICE CREAM

차탄 관광협회

홋카이도 사카바 유메야
北海酒場 ゆめ家

한스
HAN'S

오키나와 라이브하우스 무즈
OKINAWA LIVE HOUSE MOD'S

이온 차탄점
イオン北谷店

라멘 가도
ラーメン我道

선셋 비치
サンセットビーチ

간타코 크루아상 타이야키
銀だこクロワッサンたい焼き

더 비치 타워 오키나와
THE BEACH TOWER OKINAWA

서쪽 해안

테르메 빌라 츄라 유
Terme VILLA Chula-u
テルメヴィラ ちゅらーゆ

(財)北谷町公共施設管理公社

차탄 공원
Chatan Park

Kuwae Jr High School

차탄 공원 육상 경기장
北谷公園陸上競技場

잔파 곶
残波岬

잔파미사키 공원
Zanpamisaki Park

마에다미사키 다
真栄田岬ダ
バーズハウ

잔파 골프 클럽
Zanpa Golf Club

류큐무
琉球ム

Choritsu Mihama Nursery

차탄 공원 테니스장
北谷公園庭球場

우가치 공민관
宇加地公民館

차탄 공원 실내 운동장
北谷公園屋内運動場

자키미 성
座喜味城

SEATERRACETK

Drug Store Mori Chatan Shop

무라사키무라
むら咲き村

이시가키지마 키친 빈
Ishigakijima Kitchen Bin

Yomitan Village Office

지로쵸 스시
次郎長寿司

함비 리조트
Hamby Resort

후루겐 쥬
Furugen Jun
High School

바쿠바쿠테이
ばくばく亭

아라하 비치
アラハビーチ

Kaneku Seaside Park

가데나 타운 오피스
Kadena Town Office

한비 프리마켓
ハンビーフリーマーケット

공군

Sunabebaba Park

나가가미
中頭郡

화부
ふあぶ

이온몰 오키나
イオンモール沖縄

미나토카와 스테이츠 사이드 타운
港川ステイツサイドタウン

아메리칸 빌리지 KAR

트로피컬 비치
トロピカルビーチ

플로우만즈 런치 베이커리
PLOUGHMAN'S LUNCH BAKERY

테이안다 Teianada

라구나 가든 호텔
ラグナガーデン ホテル

오하코르테 oHacorte

기노완
宜野湾

이페 코페 Ippe Coppe

오키나와 세라도 커피 Okinawa Cerrado Coffee

와카페 노도카 和カフェ 和花

모프
Mofg

포트리버 마켓 Portriver Market

무니카타도
宗像堂

중부

교통

오키나와 중부 관광은 아메리칸 빌리지를 비롯한 번화가와 휴양 리조트가 밀집한 서쪽 해안과 해중 도로가 있는 동쪽 해안으로 나뉜다. 서쪽 해안은 교통이 잘 정비되어 있어 대중교통을 이용해도 무리 없이 관광이 가능하지만 동쪽 해안은 렌터카를 이용하는 것을 추천한다. 카페나 잡화점이 많이 모여 있는 기노완 시宜野湾市의 내륙 지역은 언덕이 많고 도로가 복잡하니 주의하도록 한다.

📍 아메리칸 빌리지

버스
나하 공항 120번 버스(약 50분)
나하 시내 나하 버스 터미널, 국제 거리에서 20, 28, 29번 버스(약 40분)를 타고 군 병원 앞(軍病院前, 군뵤우인마에)에서 하차, 도보 7분
요금 나하 시내에서 약 700엔

렌터카
나하 공항이나 나하 시내에서 58번 국도를 타고 약 40분, 오키나와미나미(沖縄南) IC에서 약 15분
전화 098-926-5678(챠탄 관광협회)

베스트 코스

오키나와 중부 추천 코스 1 렌터카를 이용한 서부 해안 하루 코스

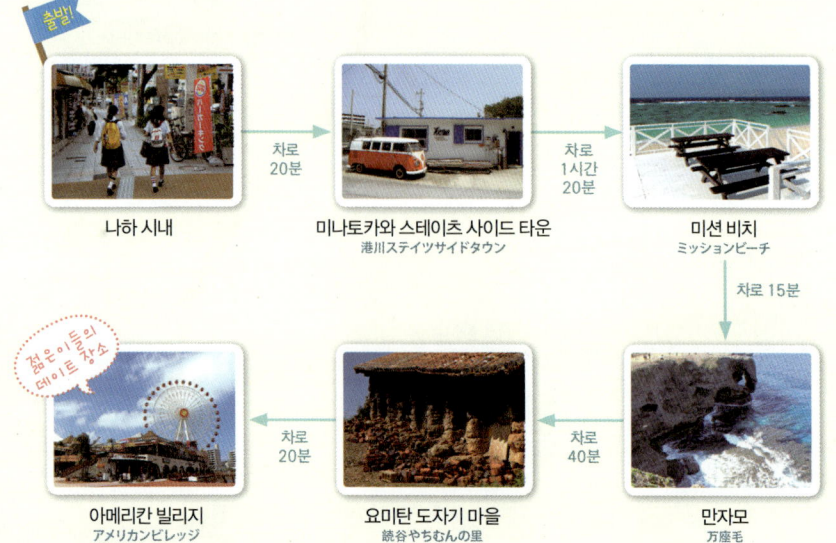

선셋 감상

오후에 아메리칸 빌리지에 도착해 점심을 먹고 주변을 둘러본 다음 선셋을 감상하면 좋다. 아라하 비치, 선셋 비치 모두 일몰이 아름다운 곳으로, 둘 중 한 곳을 일몰을 감상하는 장소로 정하자.

아메리칸 빌리지 アメリカンビレッジ

1981년에 반환받은 미군 비행장을 부지를 공원과 레스토랑, 쇼핑 시설 등으로 꾸민 문화 공간이다. 정식 명칭은 미하마타운 리조트 아메리칸 빌리지美浜タウンリゾート・アメリカンビレッジ로, 미국 샌디에이고의 시포트 빌리지를 모델로 하였다. 오키나와 젊은이들이 즐겨 찾는 데이트 코스로, 선셋 비치, 아라하 비치 등 아름다운 해변과 인접하여 있으며 해변 공원에는 아름다운 카페, 레스토랑들이 늘어서 있다. 저녁 노을과 야경이 아름다우며 다양한 문화 행사가 열려 오키나와의 데이트 코스로 사랑받고 있다. 오키나와 마라톤이 열리는 종합운동장, 야구장 등 스포츠 시설도 완비되어 있어 다양한 이벤트가 열린다.

홈페이지 www.okinawa-americanvillage.com 맵코드 33 526 450

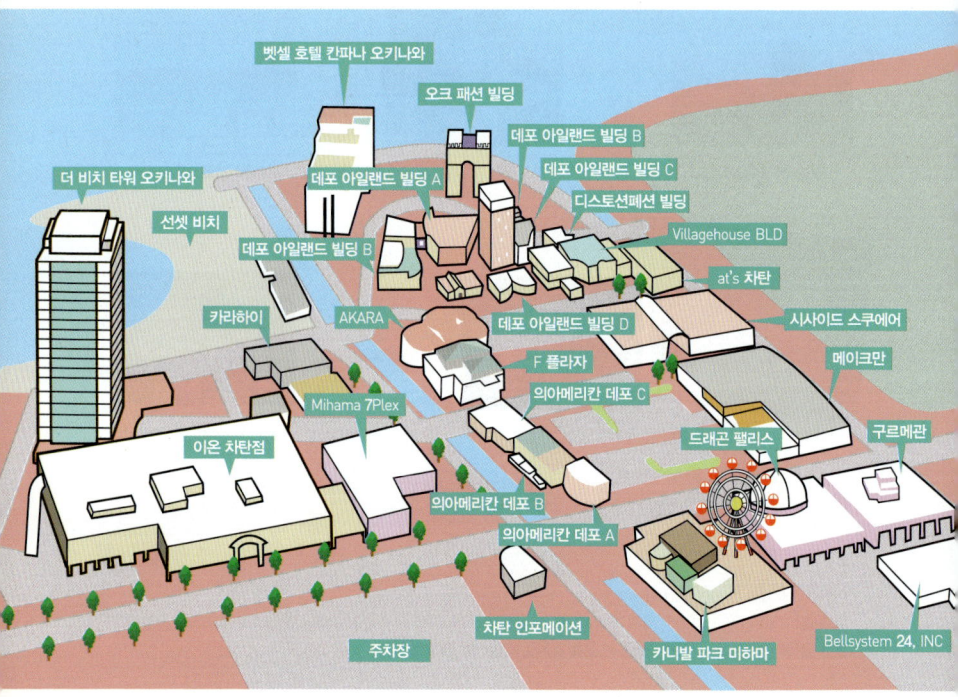

챠탄 관광협회

자전거를 빌릴 수 있는 곳

자전거를 타고 아름다운 아메리칸 빌리지와 주변의 해변을 산책하자. 아메리칸 빌리지는 대부분이 평지이고 해변 도로가 잘 꾸며져 있어 자전거를 타기에 좋다. 자전거는 챠탄 관광협회에서 빌릴 수 있으며 오후 6시까지 반납을 해야 한다.

주소 沖縄県中頭郡北谷町字美浜16番地2 **전화** 098-926-5678 **시간** 10:00~19:00 **요금** 4시간 500엔 **위치** 아메리칸 빌리지 미하마 스테이션 2층(스타벅스 위) **홈페이지** www.chatan.or.jp **지도** p.132 A **맵코드** 33 526 364

스카이맥스 60 SKYMAX 60

아메리칸 빌리지의 대형 관람차

챠탄 아메리칸 빌리지의 심벌이라고 할 수 있는 높이 약 60m의 대관람차. 복합 문화 공간이자 쇼핑몰인 카니발 파크 미하마 カーニバルパーク・ミハマ 카니바루 파쿠 미하마에 있다. 관람차를 타고 정상에 도착하면 아메리칸 빌리지의 거리 풍경과 오키나와의 바다 풍경이 파노라마처럼 한눈에 펼쳐진다. 밤이 되면 관람차 전체에 아름답게 조명이 들어와 로맨틱한 분위기가 조성되어 데이트 장소로도 큰 인기를 모으고 있다.

주소 沖縄県中頭郡北谷町美浜15-69 **전화** 098-982-7735 **시간** 11:00~22:00 **휴무** 날씨에 따라 운행을 하지 않을 때가 있음 **요금** 500엔, 300엔(고등학생 이하) **위치** 카니발 파크 미하마 3층 **지도** p.132 A **맵코드** 33 526 515

드래곤 팰리스 ドラゴンパレス 도라곤 파레스

아이부터 어른까지 즐길 수 있는 복합 어뮤즈먼트

아메리칸 빌리지의 어뮤즈먼트 시설로, 다양한 오락 시설이 모여 있는 곳이다. 오키나와 관광 관련 콘텐츠나 오키나와를 배경으로 한 영화·드라마 작품을 감상할 수 있는 미니 극장이 있으며 다양한 종류의 게임을 즐길 수 있는 게임센터, 식당, 쇼핑 시설이 완비되어 있다. 1층에는 다양한 상품이 진열되어 있는 100엔 숍인 세리아(Seria)가 있다.

주소 沖縄県中頭郡北谷町美浜15-68 **전화** 098-926-2100 **시간** 10:00~24:00 **위치** 아메리칸 빌리지 내부 **홈페이지** www.dragon-palace.com **지도** p.132 A **맵코드** 33 526 542

오키나와 라이브하우스 무즈 OKINAWA LIVE HOUSE MOD'S

아메리칸 빌리지의 신나는 라이브 하우스

아메리칸 빌리지의 작은 라이브 하우스로, 오키나와의 아티스트를 중심으로 공연이 열리고 있다. 매일 공연하는 아티스트, 공연 시간, 관람 요금이 달라지기 때문에 사전에 홈페이지에서 아티스트를 확인하고 찾는 것이 좋다. 재즈, 힙합, 포크, 팝, 록에서부터 오키나와 전통 음악까지 다양한 장르의 공연이 열린다.

주소 沖縄県中頭郡北谷町美浜9-1 **전화** 098-936-5708
시간 공연에 따라 다름 **위치** 데포 아일랜드 내부 **홈페이지** livehousemods.com **지도** p.132 A **맵코드** 33 525 355

선셋 비치 サンセットビーチ 산 셋토 비치

선셋이 아름다운 해변

아메리칸 빌리지와 연결되어 있는 해수욕장으로 저녁 노을이 아름다워 이름대로 선셋의 명소로 인기를 모으고 있다. 인공으로 조성된 해변으로, 수심이 얕고 파도가 적어 해수욕을 즐기기에 좋다. 뮤직비디오 <버블팝(현아)>, 영화 <눈물이 주룩주룩> 등 다양한 영화, 드라마, 뮤직 비디오의 배경으로 자주 등장하고 있다.

주소 沖縄県中頭郡北谷町美浜2 **전화** 098-936-8273
요금 파라솔 2,000엔, 코인 로커 200엔, 샤워 100엔(3분) **위치** 아메리칸 빌리지에서 도보 5분 **홈페이지** www.uminikansya.com **지도** p.132 E **맵코드** 33 525 205

아라하 비치 | アラハビーチ

오키나와의 여유를 느낄 수 있는 아름다운 해변

아메리칸 빌리지 남쪽에 길게 펼쳐져 있는 해변으로, 해변 주변에는 농구 코트, 산책로, 바비큐 시설 등이 있다. 미군 부대와 인접해 있어 미군들의 가족들이 많이 찾아와 서양의 해변에 온 것 같은 착각에 빠지게 된다. 1840년 영국의 선박 인디언 오크호가 좌초되었던 곳으로, 공원 한 편에 인디언 오크호의 모형이 있다. 해변가 산책로를 따라 카페가 모여 있으며 선셋 비치와 함께 일몰의 명소로 사랑받고 있다.

주소 沖縄県中頭郡北谷町美浜 전화 098-936-9842 시간 09:00~17:30(해수욕 시간) 휴무 11월~4월 초 위치 아메리칸 빌리지에서 도보 7분 지도 p.132 I 맵코드 33 496 157

테르메 빌라 츄라 유 Terme VILLA Chula-u テルメヴィラ ちゅら-ゆ 테루메 뷔라 츄라 유

오키나와에서 즐기는 천연 온천

아메리칸 빌리지의 특급 호텔인 더 비치 타워 오키나와의 부대시설이다. 지하 1,400m에서 솟아 나오는 천연 온천수를 이용한 풀장, 노천 온천, 자쿠지, 사우나 등 다양한 시설이 완비되어 있다. 오키나와의 푸른 바다를 바라보며 즐기는 따뜻한 온천에서 색다른 경험을 할 수 있을 것이다.

주소 沖縄県中頭郡北谷町字美浜2 전화 098-926-2611 시간 07:00~23:00 요금 1,300엔, 1,600엔(토,일, 공휴일), 700엔(12세 미만) 위치 아메리칸 빌리지에서 도보 5분, 더 비치 타워 오키나와 호텔과 연결 홈페이지 www.hotespa.net/spa/chula-u 지도 p.132 E 맵코드 33 525 117

동쪽 해안

드넓은 태평양과 맞닿아 있는 오키나와 동쪽 해안 지역은 골프장을 비롯 대형 리조트 시설이 많이 모여 있다. 서쪽 해안에 비해 교통은 조금 불편한 편이지만 렌터카를 이용한다면 문제가 없다. 세계 문화유산인 가츠렌 성, 오키나와의 푸른 바다 위를 달리는 해중 도로 등 반나절 정도 시간을 내어 둘러보기에 좋다. 중부 동쪽 끝의 섬인 이케이 섬의 해변은 오키나와에서도 최고의 투명도를 자랑하는 인기 해수욕장이다.

★ 세계 문화유산

가츠렌 성 勝連城跡 가츠렌 구스쿠

세계 문화유산으로 지정된 전망이 아름다운 성터

오키나와를 지배했던 류큐 왕국에 끝까지 저항하였던 아마와리阿麻和利의 성으로 알려져 있으며 13~14세기경 가츠렌 반도 남쪽 구릉에 축성하였다. 류큐 왕국의 다른 성들과 함께 2,000년에 유네스코 세계 문화유산에 등록되었다. 성 위에 오르면 오키나와 남부 바다(나카구스쿠만中城湾, 긴만金武湾)와 시내 풍경이 파노라마처럼 펼쳐진다. 요금을 받지 않으니 날씨가 좋을 때 둘러보면 좋다.

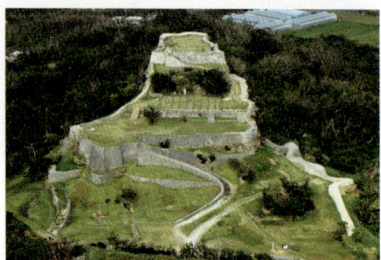

주소 沖縄県うるま市勝連南風原 **전화** 098-948-2073 (가츠렌 성 휴게소) **시간** 09:00~18:00 (가츠렌 성 휴게소) **휴무** 월요일 **위치** 나하 공항에서 차로 1시간 **지도** p.133 K **맵코드** 499 570 171

나카구스쿠 성 中城城 나카구스쿠죠

잘 보존된 오키나와 류큐 왕국의 성

오키나와 중부의 나카구스쿠손中城村과 키타나카구스쿠손北中城村(손村-마을)을 연결하는 해발 150~170m의 언덕 위에 지어진 석회암 성이다. 류큐 석회암을 사용하여 축조한 성곽은 자연 암석과 지형의 특성을 정교하게 살린 아름다운 곡선 형태를 보인다. 류큐 왕국의 장군 고사마루護佐丸가 살았던 성으로, 류큐 왕국의 손꼽히는 축성가로도 알려진 그가 성벽을 증축하였다. 오키나와 전투 당시 비교적 피해가 적은 편이라 시대에 따라 변화한 석축 기술을 관찰하기에 좋다.

주소 沖縄県中頭郡北中城村字大城503 **전화** 098-935-5719 **시간** 08:30~17:00, 08:30~18:00(5~9월) **요금** 400엔, 300엔(중, 고등학생), 200엔(초등학생) **위치** 나하 공항에서 차로 40분 / 나하 버스 터미널에서 30번 버스 이용(50분 소요)하여 나카구스쿠 쇼각코마에(中城小学校前) 하차 2km, 택시 5분, 도보 30분(오르막길) **홈페이지** www.nakagusuku-jo.jp **지도** p.133 O **맵코드** 33 411 551

오키나와 코도모노쿠니 沖縄こどもの国

오키나와 로컬 테마파크 & 동물원

아이들을 위한 체험 박물관과 동물원이 함께 있는 테마파크다. 오키나와에서 처음으로 세워진 동물원에는 200여 종의 동물이 있으며 다양한 꽃과 식물도 관찰할 수 있다. 체험 박물관인 원더 뮤지엄ワンダーミュージアム은 '이해와 창조는 놀라움에서 시작된다'라는 콘셉트로 아이들이 자유롭게 만지고 느끼며 체험할 수 있는 시설들이 준비되어 있다.

주소 沖縄県沖縄市胡屋5-7-1 **전화** 098-933-4190 **시간** 09:30~17:30, 09:30~18:00(4~9월) **휴무** 화요일 **요금** 동물원 입장료 500엔, 200엔(중, 고등학생), 100엔(4세 이상, 초등학생) 원더 뮤지엄 200엔, 100엔(고등학생 이하) **위치** 나하 공항에서 차로 50분 / 나하 버스 터미널에서 22번 버스 이용(1시간 소요)하여 오키나와 코도모노쿠니(沖縄こどもの国) 하차 **홈페이지** www.kodomo.city.okinawa.okinawa.jp **지도** p.133 K **맵코드** 33 561 798

OKIZONE PASS

동남 식물 낙원 東南植物楽園 토우난쇼쿠부츠라쿠엔

1,300종 이상의 식물을 관찰할 수 있는 열대 정원

전 세계 1,300여 종의 식물을 관찰할 수 있는 12만 평 규모의 열대 정원이다. 낙원 내부에는 세 곳의 연못과 산책로가 조성되어 있으며 7월에 연못의 연꽃이 만개하며 이곳에서 낚시도 즐길 수 있다. 특히 다양한 종류의 야자수가 있는 야자나무 숲의 풍경이 아름답다. 아이들을 위한 다양한 체험 시설과 전망 좋은 레스토랑도 준비되어 있다.

주소 沖縄県沖縄市字知花2146 **전화** 098-939-2555 **시간** 09:00~18:00(일~목), 09:00~22:00 (금~토, 공휴일) **요금** 1,500엔, 1,000엔(고등학생), 500엔(초, 중학생), 6세 미만·96세 이상 무료 **위치** 나하 공항에서 차로 50분 / 나하 버스 터미널에서 90번 버스 이용(1시간 소요)하여 노우민켄슈센타마에(農民研修センター前) 하차. 도보 20분 **홈페이지** www.southeast-botanical.jp **지도** p.133 K **맵코드** 33 742 540

해중 도로 海中道路 카이츄도우로

오키나와의 푸른 바다를 달리다

오키나와 동부의 요카츠与勝 반도와 헨자平安座 섬을 연결하는 길이 4.75km의 도로이다. 다리와 제방으로 연결된 도로는 오키나와의 푸른 바다를 가로지른다. 동양 최대급의 규모를 자랑하며 도로 중간에 쉬어 갈 수 있는 공간이 있어 풍경을 감상하기에도 좋다. 도로 중앙의 해변에서는 해수욕과 해양 스포츠를 즐기기 위해 찾아오는 사람이 많다. 도중 휴게소인 아야하시칸あやはし館에는 오키나와 특산물 판매소와 식당이 있으며 요카츠 반도의 역사, 민속 자료를 수집한 바다의 문화 자료관이 있다.

주소 沖縄県うるま市字屋平 **전화** 0989-78-8830 **위치** 나하 공항에서 차로 1시간 10분 **지도** p.133 L **맵코드** 499 575 355

이케이 비치 伊計ビーチ

해중 도로를 지나 만나는 맑고 투명한 바다

해중 도로를 달리다 마지막에 도착하게 되는 이케이 섬의 해변이다. 주변 경관이 아름다우며 바다의 투명도가 높아 해수욕을 즐기기 위해 찾는 사람이 많다. 섬 전체가 '해양 스포츠의 천국'이라 불릴 만큼 다양한 해양 스포츠를 즐길 수 있다.

주소 沖縄県うるま市与那城伊計405　**전화** 098-977-8464　**요금** 400엔, 300엔(어린이)　**위치** 나하 공항에서 차로 1시간 40분　**홈페이지** www.ikei-beach.com　**지도** p.133 L　**맵코드** 499 794 094

★ OKIZONE PASS

누치마스 소금 공장 ぬちまーす観光製塩ファクトリー 누치마스 세이엔 간코우 파쿠토리

오키나와의 명물 누치마스 소금 공장

오키나와 동부의 섬 미야기지마의 소금 공장. 오키나와를 대표하는 소금인 누치마스ぬちまーす를 생산하는 곳으로 공장 체험 서비스와 함께 카페, 상점을 운영하고 있다. 해수를 상온에서 그대로 결빙화시키는 '상온 순간 공중 결빙 제염법'을 사용하여 깨끗하고 미네랄 성분이 많은 소금을 만들어 내고 있다. 공장으로 가는 길은 해중 도로를 지나는 드라이브 코스이며 공장 주변의 해변과 절벽(果報バンタ, 가부반타)이 아름답다.

주소 沖縄県うるま市与那城宮城2768　**전화** 098-983-1140　**시간** 09:00~17:30　**휴일** 연중무휴　**위치** 나하 공항에서 차로 1시간 40분　**홈페이지** nutima-su.jp　**지도** 133 L　**맵코드** 499 674 664

서쪽 해안

오키나와 58번 국도를 따라 펼쳐지는 아름다운 해안 지역이다. 오키나와의 인기 드라이브 코스 중 하나로 곳곳에 유명 관광지가 있어 지루하지 않게 둘러볼 수 있다. 해안에는 수많은 비치가 펼쳐져 있으며 오키나와를 대표하는 리조트와 호텔들이 들어서 있다. 아메리카 빌리지를 중심으로 쇼핑, 상업 시설이 형성되어 있으며 오키나와 젊은이들의 데이트 코스로도 인기가 높다. 58번 국도를 따라 계속 올라가면 오키나와 북부의 나고 시와 연결된다. 차로 3~4시간 정도면 왕복할 거리이지만 볼거리가 많아 하루 이상은 잡아야 모두 둘러볼 수 있다.

🌸 OKIZONE PASS

비오스의 언덕 ビオスの丘 비오스노 오카

자연의 신비 습지 호수

오키나와 중부의 고지대인 비오스 언덕 위에는 7만 5천 평에 이르는 습지가 있다. 이 습지에는 다양한 식물이 자라고 있으며 유람선을 타고 호수를 둘러볼 수 있다. 호수 주변은 공원으로 조성되어 물소차, 카누 등을 즐길 수 있으며, 아이들을 위한 체험 시설이 많이 준비되어 있다. 정원에는 닭, 염소, 돼지 들이 자유롭게 돌아다니며 여유롭게 둘러볼 수 있는 자연 산책로도 준비되어 있다.

주소 沖縄県うるま市石川嘉手苅961-30 **전화** 098-965-3400 **시간** 09:00~18:00(가츠렌 성 휴게소) **요금** 900엔, 500엔(4세~초등학생) **위치** 나하 공항에서 차로 1시간 / 나하 공항·나하 버스 터미널에서 노선 버스 20번, 120번 이용하여 나카도(仲泊) 버스 정거장 하차. 택시 이용 7분 **홈페이지** www.bios-hill.co.jp **지도** p.135 K **맵코드** 206 006 213

호수 관람선 湖水観賞舟

배를 타고 호수를 둘러보다

배를 타고 25분 동안 습지 호수인 우후타치구무이 大龍池를 둘러본다. 비오스의 언덕 입구에서 3분 거리에 있는 아야후니바綾舟場 선착장에서 탑승한다. 매시 정각 그리고 30분에 배가 출발한다.

시간 09:30~17:00 요금 800엔, 500엔(4세~초등학생)

카누 カヌー

카누로 호수를 가르다

카누를 타고 자유롭게 습지 호수를 둘러본다. 2인까지 탑승이 가능하다. 비오스의 언덕 입구에서 3분 거리의 아야후니바綾舟場 선착장에서 탑승한다. 30분간 이용할 수 있다.

시간 09:30~17:15 요금 1,500엔, 800엔(4세~초등학생)

물소차 水牛車

물소차를 타고 색다른 경험

오키나와의 커다란 물소를 타고 비오스의 언덕 정원 주변을 둘러본다. 비오스의 언덕 입구에서 3분 거리의 오모로차엔おもろ茶屋에서 타며 20분간 물소차를 탄다. 매시 15분, 45분에 출발한다.

시간 09:45~17:15 요금 900엔, 600엔(4세~초등학생)

중부

류큐무라 琉球村

과거의 오키나와로 타임 슬립

오키나와의 옛 풍경을 재현해 놓은 곳에서 전통 공예 등 오키나와 전통 문화를 체험할 수 있는 테마파크이다. 시설 내부에는 오키나와의 독특한 붉은색 기와 지붕의 민가가 많이 건축되어 있어 독특한 경관을 자아낸다. 각 민가에서는 사타 안다기サーターアンダーギー(오키나와식 도너츠, 100엔)를 맛보거나 전통 의상을 입고 기념 촬영을 할 수 있다. 또 입구 옆에 있는 오키나와의 역沖縄の駅에는 오키나와 소바 전문점, 관광 정보 코너, 매점 등이 있으며 무대에서는 민요나 무용 등 민속 예술 공연도 펼쳐진다.

주소 沖縄県国頭郡恩納村山田1130 **전화** 098-965-1234 **시간** 08:30~17:30, 09:00~18:00(7~9월) **요금** 1,200엔, 600엔(6~15세) **위치** 나하 공항에서 차로 1시간 / 나하 공항·나하 버스 터미널에서 노선 버스 20번, 120번 이용하여 류큐무라마에(琉球村前) 하차. 도보 2분 **홈페이지** www.ryukyumura.co.jp **지도** p.135 G **맵코드** 206 033 096

요미탄 도자기 마을 読谷やちむんの里 요미탄 야치문노 사토

오키나와 도자기를 굽는 도자기 마을

오키나와의 전통 도자기 야치문やちむん 공방이 모여 있는 도자기 마을이다. 개성 있는 공방과 갤러리들이 모여 있다. 도자기를 구워 내는 노보리 가마登り窯가 4곳에 설치되어 있어 운이 좋으면 도자기를 구워 내는 모습을 직접 감상할 수 있다. 이곳의 가마는 지붕에 빨간 기와를 사용하여 독특한 모습을 하고 있으며 요미탄야마 가마読谷山窯라고도 불린다. 이곳의 카페에서는 재미있는 모양의 도자기에 담겨 나오는 음료를 맛볼 수 있다.

주소 沖縄県中頭郡読谷村座喜味2653-1 **전화** 098-958-4468 **시간** 09:30~17:30 **휴무** 추석, 12/31~1/3 **위치** 나하 공항에서 차로 1시간 / 나하 공항·나하 버스 터미널에서 노선 버스 20번, 120번 이용하여 치카시이리구치(親志入口) 하차. 도보 10분 **지도** p.134 J **맵코드** 33 855 500

★ 세계 문화유산

자키미 성 座喜味城 자키미 구스쿠

부드러운 곡선미를 자랑하는 아름다운 성

전쟁이 계속되던 삼산三山 시대에 활약하고, 류큐 왕국 통일 이후 국가의 안정을 위해 힘쓴 장군 고사마루護佐丸에 의해 세워진 성이다. 류큐 왕국에 대항하는 세력을 감시하는 목적으로 세워졌으며 1420년 경에 완성되었다. 규모는 작지만, 성벽과 성문의 석축의 정교함과 아름다움은 오키나와의 성 중에서 가장 뛰어나다고 한다. 이곳의 아치형 성문은 오키나와에서 가장 오래되었으며 당시 오키나와의 석조 건축 기술을 엿볼 수 있다.

공항에서 차로 1시간 5분 / 나하 버스 터미널에서 29번 버스 이용(1시간 소요)하여 자키미쿠스쿠아토(座喜味城跡) 하차. 도보 10분 **지도** p.134 J **맵코드** 33 854 486

주소 沖縄県中頭郡読谷村座喜味708-6 **전화** 098-958-3141 **요금** 입장료 무료, 자료관·미술관 200엔 **위치** 나하

무라사키무라 むら咲き村

과거의 류큐 마을을 체험해 볼 수 있는 테마파크

오키나와 류큐 왕조의 최전성기인 14~16세기의 류큐 마을을 재현한 테마파크. 성과 성하 마을로 꾸며진 테마파크 안에는 32개의 공방이 있으며 유리 공예, 염색, 유리 구슬 만들기, 도예, 흑설탕 만들기 등 101개의 체험 프로그램이 준비되어 있다. 또한 고래상어와 수영하기, 스노쿨링, 다이빙 등 해양 스포츠도 함께 즐길 수 있다. 시설 안에 호텔이 있어 숙박도 가능(예약해야 함)하다.

주소 沖縄県読谷村高志保1020-1 전화 098-958-1111 시간 09:00~18:00 요금 600엔, 500엔(중, 고등학생), 400엔(초등학생) 위치 나하 공항에서 차로 1시간 10분 / 나하 버스 터미널에서 28번 버스 이용(1시간 20분)하여 요미탄손 우후도(読谷村 大씁) 하차. 도보 10분 홈페이지 murasakimura.com 지도 p.134 I 맵코드 33 851 374

잔파 곶 残波岬 잔파 미사키

하얀 등대와 절벽이 만들어 내는 인상적인 풍경

오키나와 본섬 최서단에 위치한 곶岬 미사키으로 오키나와에서 가장 마지막에 해가 지는 곳으로 유명하다. 높이 30m의 단애 절벽이 약 2km 정도 계속되며 바위 위에 세워진 하얀 등대와 함께 절경을 이룬다. 류큐 최초의 사신으로 명나라에 건너간 타이키 泰期의 조각이 한쪽에 세워져 있으며 일본에서 가장 큰 시사 조각이 공원 입구에 세워져 있다.

주소 沖縄県中頭郡読谷村字宇座 전화 098-982-9216 위치 나하 공항에서 차로 1시간 10분, 나하 버스 터미널에서 28번 버스 이용(1시간 30분), 잔파 미사키 공원(残波岬公園) 하차. 도보 5분 지도 p.134 E 맵코드 1005 685 318

잔파 비치 残波ビーチ

하얀 백사장과 파란 바다가 눈부신 리조트 비치

새하얀 백사장과 코발트블루빛 바다의 대비가 인상적인 리조트 해변이다. 여름이 되면 해변에 컬러풀한 비치 파라솔이 세워진다. 수상 스키, 웨이크보드, 카누 등 해양 스포츠도 즐길 수 있다. 해변의 끝에는 잔파 곶이 있다.

주소 沖縄県中頭郡読谷村宇座1922 전화 098-958-3833 위치 나하 공항에서 차로 1시간 10분, 나하 버스 터미널에서 28번 버스 이용(1시간 20분)하여 요미탄 버스 터미널(読谷バスターミナル) 하차. 도보 30분 지도 p.134 E 맵코드 1005 656 723

마에다 곶 真栄田岬 마에다 미사키

계단을 따라 파란 바다로 한 걸음 더

사탕수수 밭을 지나면 바다가 드넓게 펼쳐지는 곳이다. 다이빙의 명소로도 알려져 있다. 해안까지는 계단으로 연결되어 있으며 방파제처럼 커다란 바위가 둘러싸고 있어 파도가 잔잔해 다이빙과 스노클링을 즐기기에 좋다. 입구에는 중부 서쪽 해안의 풍경을 감상할 수 있는 전망대도 설치되어 있다.

주소 沖縄県国頭郡恩納村真栄田469-1 전화 098-982-5339 시간 08:00~18:30 위치 나하 공항에서 차로 1시간 5분 홈페이지 www.maedamisaki.jp 지도 p.134 B 맵코드 206 092 024

만자모 万座毛

코끼리 코 모양의 바위가 인상적인 해안 절벽

오키나와 중부 서해안에 위치한 국립 자연 공원이다. 18세기 초 류큐의 왕이 이곳에 들렀을 때 만 명도 앉을 수 있는 초원이라고 말한 것이 이름의 유래가 되었다고 한다. 이름 그대로 천연 잔디가 넓게 깔려 있으며 이 지역의 식물 군락은 오키나와의 천연기념물로 지정되어 있다. 또한 융기 산호초가 만들어 낸 단애 절벽(깎아지른 듯한 절벽)의 바위 모양이 코끼리의 얼굴과 닮아 재미있는 풍경을 만들어 낸다. 맞은편 만자 해변의 풍경은 오키나와의 절경 중 하나이며 <괜찮아 사랑이야> 등 다양한 영화와 드라마의 배경으로 등장한다.

주소 沖縄県国頭郡恩納村字恩納2870-1 전화 098-966-8258 위치 나하 공항에서 차로 1시간 / 나하 공항·나하 버스 터미널에서 노선 버스 20번, 120번 이용하여 온나손시야쿠소마에(恩納村役場前) 하차. 도보 10분 지도 p.133 C 맵코드 206 312 097

부세나 해중 공원 ブセナ海中公園 부세나 카이츄 코우엔

오키나와 최고의 해양 리조트 공원

2000년에 개최된 규슈 오키나와 서밋이 열린 만국진량관万国津梁館이 있는 국제적인 해양 리조트 지역이다. 부세나 곶部瀬名岬 부세나 미사키 안쪽으로 해변과 리조트 호텔이 늘어서 있다. 해변의 끝에는 해중 전망탑이 세워져 있으며 나선형 계단을 따라 걸어 내려가면 360도로 오키나와의 바닷속을 감상할 수 있다. 유리 너머에는 나비고기와 니모(클라운피시, Clownfish) 등 열대어들이 헤엄치는 산호초 바다가 보인다. 배를 타고 바닷속을 들여다볼 수 있는 글라스 보트도 이곳에서 출발하며 클래식한 셔틀버스가 각 지역을 연결해 준다.

주소 沖縄県国頭郡恩納村真栄田469-1 전화 0980-52-

3379 시간 08:00~18:30 위치 나하 공항에서 차로 1시간 30분, 나하 공항·나하 버스 터미널에서 노선 버스 20번, 120번 이용 부세나리조트마에(ブセナリゾート前) 하차 홈페이지 www.busena-marinepark.com 지도 p.133 D 맵코드 206 442 076

셔틀버스

무료로 즐기는 공원 유람

부세나 해중 공원 입구와 리조트의 끝인 해중 전망탑까지를 연결하는 셔틀버스다. 빨간색의 클래식한 디자인이 재미있다.

시간 매시 00, 20, 40분(25명 정원, 선착순) 요금 무료

해중 전망탑

360도 바닷속 구경

오키나와의 아름다운 바닷속을 엿볼 수 있는 해중 전망 시설이다. 24면의 창을 통해 360도 파노라마로 바닷속 전망을 감상할 수 있다. 니모(클라운피시)를 비롯해 아열대 지역의 색색의 열대어를 감상할 수 있다.

시간 09:00~18:00, 09:00~17:30(11~3월) 요금 1,030엔, 820엔(고등학생, 대학생), 520엔(4세 이상~중학생)

글라스 보트

배에 앉아서 보는 바닷속 풍경

보트의 가운데 바닥면이 유리로 되어 있는 보트로, 배 안에 앉아 편안하게 바닷속을 들여다볼 수 있다. 오키나와의 아름다운 바닷속과 물고기들을 감상할 수 있다.

시간 09:10~17:30, 09:10~17:00(11~3월), 매시 10, 30, 50분 출발 요금 1,540엔, 1,230엔(고등학생, 대학생), 770엔(4세 이상~중학생)

트로피컬 비치 トロピカルビーチ

도심에서 가까운 리조트 분위기의 해변가

나하 시내, 중부 도심부와 가까워 오키나와의 젊은 이들이 즐겨 찾는 인기의 해변이다. 해변과 잔디 공원이 연결되어 있어 모래사장에서 비치 발리볼을 즐기거나 잔디 위에서 피크닉을 즐기거나 무엇을 해도 좋다. 저녁이 되면 해변가에서 바비큐를 즐기는 사람들로 가득하며 곳곳에서 파티가 열리곤 한다. 주변에는 야구장, 체육관, 그라운드 시설이 있어 스포츠를 즐기기 위해 찾는 사람도 많다.

주소 沖縄県宜野湾市真志喜4-2-1 전화 098-897-2751 시간 수영 09:00~19:00, 비치 이용 09:00~21:30 휴무 11월~4월 중순 위치 나하 공항에서 차로 40분 / 나하 버스 터미널에서 28번, 32번, 52번, 55번, 61번, 88번, 99번, 112번, 288번 버스 이용(30분 소요)하여 컨벤션센터 마에(コンベンションセンター前) 하차. 도보 5분 홈페이지 www.ginowankaihinkouen.jp/information 지도 p.132 N 맵코드 33 403 300

미션 비치 ミミッションビーチ 밋숀 비치

작고 아담한 교회의 해변

명상의 집이라는 이름의 가톨릭 교회가 소유하고 관리하고 있는 해변이다. 가톨릭 교회의 주일 학교 여름 캠프장이지만 일반인도 누구나 이용할 수 있다. 바위와 산으로 둘러싸여 있으며 주변에는 나무 숲과 잔디밭도 있다. 새하얀 테라스 공간이 있어 외국 영화에 등장할 것 같은 풍경을 지니고 있다.

주소 沖縄県国頭郡恩納村安富祖2005-1 전화 098-967-8802 위치 나하 공항에서 차로 1시간 / 나하 공항·나하 버스 터미널에서 노선 버스 20번, 120번 이용하여 쿠우소노이에 이리구치(黙想の家入口) 버스 정거장에서 하차, 도보 5분 홈페이지 tryclub-okinawa.com 지도 p.133 D 맵코드 206 349 693

후챠쿠 비치 富着ビーチ

별 모래 가득한 아름다운 해변가

문 비치 바로 옆에 있는 무료 해수욕장이다. 지역 주민들이 즐겨 찾는 해변으로, 여름 저녁에는 비치 파티가 종종 열리곤 한다. 문 비치와 함께 선셋의 명소로도 알려져 있다. 해변에 가득 깔려 있는 산호 껍질 중에서 나만의 예쁜 산호 껍질을 찾아보도록 하자. 주변에 특별한 시설이 없기 때문에 수영보다는 살짝 둘러볼 생각으로 들르면 좋다.

주소 沖縄県国頭郡恩納村冨着2451 **전화** 098-966-1280 **위치** 나하 공항에서 차로 55분 / 나하 공항·나하 버스 터미널에서 노선 버스 20번, 120번 이용 후챠쿠(冨着) 하차. 도보 5분 **지도** p.135 D **맵코드** 206 127 156

문 비치 ムーンビーチ

나만의 공간 같은 아담한 백사장

호텔 문 비치의 프라이빗 해변이지만 숙박객 이외에도 이용이 가능하다. 산호껍질과 하얀 모래가 눈부신 백사장을 이루며 파도도 적어 해수욕을 즐기기에 좋다. 호텔에서 출발하는 피크닉 크루즈도 인기가 높다. 선셋의 명소이기도 하며 날씨가 좋다면 밤하늘의 아름다운 별을 관찰할 수 있을 것이다.

주소 沖縄県国頭郡恩納村字前兼久1203 **전화** 098-965-1020 **시간** 09:00~19:00(수영 가능 시간) **요금** 500엔(숙박객은 무료) **위치** 나하 공항에서 차로 50분 / 나하 공항, 나하 버스 터미널에서 노선 버스 20번, 120번 이용 문비치 마에(ムーンビーチ前) 하차. 도보 5분 **홈페이지** www.moonbeach.co.jp **지도** p.135 C **맵코드** 206 096 554

미나토카와 스테이츠 사이드 타운 港川ステイツサイドタウン

미군 거주 주택의 변신, 62개의 개성 있는 건물들

과거 오키나와에 주둔하던 미군과 그들의 가족이 살던 마을이다. 모든 건물이 1층 단독 주택으로 되어 있는 것이 특징이며 62세대가 모여 있다. 지금은 미군 부대의 이전으로 미군들은 다른 곳으로 이사하고 그들이 살고 있는 주택을 오키나와의 주민들이 새롭게 단장하여 오키나와의 관광 명소로 인기를 모으고 있다. 각 골목의 명칭이 플로리다 등 미국의 주 이름으로 되어 있는 것이 재미있다.

주소 沖繩県浦添市港川2-15-3 **전화** 098-861-4177 **시간** 가게별로 다름 **휴무** 가게별로 다름 **위치** 나하 공항에서 차로 25분, 나하 버스 터미널·국제 거리에서 차로 20분 / 나하 공항에서 120번, 나하 버스 터미널에서 20, 23, 26, 28, 29, 31, 32, 52, 63, 77, 80, 110, 120, 223, 227, 228번 버스 이용하여 미나토카와(港川) 하차. 도보 5분 **홈페이지** okisho.com/foreigner-house **지도** p.132 N **맵코드** 33 341 093

GEORGIA
3. 니혼소바 마츠헤이 日本蕎麦 松平

TEXAS
※ 가게나 식당이 아닌 곳은 일반 가정집입니다.

INDIANA
11. 카페 39 Cafe 39
14. 결혼반지 브레슬링 結婚指輪ブレスリング空室

FLORIDA
18. 오하코르테 オハコルテ
19. 에스테 살롱 엔젤 Este Salon Angel
20. 프루츠 Proots
21. 카페 바 밤부 루가 Cafe bar Vambo Luga
22. 아메리칸 웨이브 American Wave.

NEVADA

25. 가마가제도우카 / 류켄 神風動画/琉研
26. 이페 코페 Ippe Coppe 沖縄セラードコーヒー
27. 오키나와 세라드 커피 沖縄セラードコーヒー
28. 후지이 의료점 藤井衣料店
30. 포트리버 마켓 PORTRIVER MARKET

VIRGINIA
31. 카페 라 비타 Cafe La·Vita
32. 아사카 기옴상회 八坂機工商会
33. 제겐판니 ゼーゲンカンパニー
34. 카페 유레루 Cafe Yureru
35. 네일 & 헤어 081 Nail&Hair081
36. 미나토카와 지구 학동 클럽 港川地域学童クラブ

KANSAS
13. 유우 설계 공방 ゆう設計工房
39. 브리리안트 ブリリアント
40. 이시구루 いしぐふー
42. 피제리아 온다 PIZZERIA ONDA
43. 요루 카페 夜カフェ Rat&Sheep

MICHIGAN
44. 타투 스튜디오 TATTOO STUDIO
46. 카사 마칠다 Casa Machilda
47. 미나토카와 보육원 港川保育園
49. 신잔 쇼쿠도 新山食堂
50. 스타일 트랜스 Stile Trans
   카페 & 다이닝 리치 Cafe&Dining Rich epi
51. 스타지오 미스터 묵 ｽﾀｼﾞｵ Mr.MOOK

ARIZONA

52. 호치포치 ホチホチ
53. 티 라칼파니 ティーラカンパニー
54. 미나토카와 학동 클럽 港川学童クラブ
55. 류큐 아트리에 빙가타 琉球アトリエ紅琉
56. 카페 수이 Cafe 水 sui
57. 살롱 히마와리도 鍼灸サロンひだまり堂

OREGON

58. 테이안다 Teianada
62. 다이빙 GUM ダイビング GUM

Shopping

아메리칸 빌리지

카니발 파크 미하마 Canival Park Mihama カーニバルパーク・ミハマ 카니바루 파쿠 미하마

관람차가 있는 대형 쇼핑몰

아메리카 빌리지의 상징인 대관람차가 있는 복합 문화 공간이다. 1층의 이벤트 공간에서는 다양한 아티스트들의 공연이 펼쳐진다(에이사, 퍼포먼스 등) 인디 밴드의 성지로 알려져 있으며 HY, 오렌지 렌지 등 일본을 대표하는 밴드들도 이곳에서 활동을 시작하였다고 한다. 다양한 상점과 식당들이 모여 있으며 1층에는 100엔 숍과 드러그 스토어가 있다.

주소 沖縄県中頭郡北谷町美浜15-69 **전화** 098-926-4116 **시간** 11:00~23:00 **위치** 아메리칸 빌리지 내부 **홈페이지** www.carnivalpark.jp **부대 시설** 스카이맥스60, 이치겐야 **지도** p.132 A **맵코드** 33 526 484

한비 프리마켓 ハンピーフリーマーケット 한비 후리 마켓토

주말에 열리는 벼룩시장

매주 금, 토, 일요일에 열리는 벼룩시장이다. 청바지 전문점, 티셔츠 가게, 골동품 가게, 오키나와 소바와 요리를 파는 포장마차 등 다양한 가게들이 들어선다. 약 10년 전 미군 비행장터에서 생기기 시작하여 지금은 이 지역의 명물이 되었다. 평일이나 낮에도 영업하는 가게가 있지만 주말 밤에는 상품이 더욱 다양해져 진품이나 골동품을 사러 온 사람들로 북적거려 마치 축제와 같은 분위기를 연출한다.

주소 沖縄県中頭郡北谷町北谷2-17-6 전화 098-936-8997 시간 17:00~23:00(금, 토, 일) 위치 아메리칸 빌리지에서 도보 10분, 아라하 비치 공원 주변 지도 p.132 l 맵코드 33 496 012

이온 챠탄점 イオン北谷店

다양한 상품이 진열되어 있는 복합 쇼핑몰

일본의 대형 마트 체인점인 이온의 아메리칸 빌리지 지점이다. 40여 개의 상점들이 모여p 있고 1층에는 대형 마트와 드러그 스토어가 있어 쇼핑을 즐기기에 안성맞춤이다. 오키나와의 주민들이 이용하는 마트이기 때문에 가격도 저렴하고 상품의 종류도 다양하다.

주소 沖縄県中頭郡北谷町字美浜8-3 전화 098-982-7575 시간 10:00~24:00 위치 아메리칸 빌리지 주차장 맞은편 지도 p.132 A 맵코드 33 526 212

긴타코 크루아상 타이야키 銀たこクロワッサンたい焼き

독특하고 맛도 좋은 크로와상 붕어빵

일본의 타코야키 전문 체인인 긴타코에서 판매하는 크루아상 타이야키를 파는 곳이다. 타이야키는 우리나라의 붕어빵과 같은 모양과 맛이다. 크루아상을 이용하여 만든 붕어빵이 인기를 모으고 있다. 바삭한 식감과 달콤한 팥이 듬뿍 들어 있어 가볍게 간식으로 즐기기에 좋다.

주소 沖縄県中頭郡北谷町字美浜8-3 전화 098-982-7226 시간 10:00~22:00 요금 크루아상 타이야키(クロワッサンたい焼き) 210엔 위치 이온 챠탄점 1층 홈페이지 www.croissant-taiyaki.com 지도 p.132 A

데포 아일랜드 デポアイランド 데포 아이란도

영화 속 아름다운 한 장면과 같은 쇼핑몰

미국 샌디에이고의 시포트 빌리지를 모델로 꾸며 놓은 테마 쇼핑몰이다. 옷, 잡화, 레스토랑 등 다양한 시설이 모여 있다. A부터 E까지 다섯 개의 건물이 모여 있으며 건물 사이 사이 통로에는 다양한 상품들이 진열되어 있다. 건물 어디에서 사진을 찍어도 예쁘게 나올 정도로 잘 꾸며져 있으며 이국적인 풍경을 만들어 낸다.

주소 沖縄県中頭郡北谷町字美浜9-1 전화 098-926-3322 시간 가게마다 다름 위치 아메리칸 빌리지 내부에 위치 홈페이지 www.depot-island.co.jp 내부 시설 기지무나 아(きじむなぁ), 블루 실 아이스크림(BLUE SEAL ICE CREAM), 디포츠 가든(Depot's Garden) 지도 p.132 A 맵코드 33 525 382

이온몰 오키나와 라이카무 イオンモール沖縄ライカム

오키나와 최대 규모의 이온 쇼핑몰

아메리카 빌리지 인근 오키나와 중부 언덕의 이온몰이다. 오키나와 현에서 가장 큰 규모의 쇼핑몰로 5층의 건물 안에는 100여 곳의 상점들이 모여 있다. 1층에는 츄라우미 수족관에서 만든 대형 아쿠아리움이 있어 열대어를 볼 수 있다. 오키나와에 처음으로 입점하는 일본 본토의 상점들이 많으며 이곳의 식당들은 대부분 규모가 크다.

주소 沖縄県中頭郡北中城村アワセ土地区画整理事業区域内4街区 전화 098-930-0425 시간 10:00~22:00, 10:00~23:00(레스토랑) 휴일 연중무휴 위치 나하 공항에서 차로 40분, 아메리칸 빌리지에서 차로 15분, 나하 공항에서 25, 152번 버스 이용 40~60분, 챠탄(아메리칸 빌리지)에서 96번 버스로 20분 홈페이지 okinawarycom-aeonmall.com 지도 p.133 O 맵코드 33 530 406

서쪽 해안

그레이스 Grace

독특한 건물이 인상적인 액세서리 전문점

오키나와의 이미지를 형상화한 디자인으로 유명한 액세서리 전문 브랜드이다. 액세서리뿐만 아니라, 심플하지만 독특한 구조의 건물 또한 눈길을 끄는 곳이기도 하다. 오키나와에 거주하는 세공의 장인이 하나하나 수작업으로 만들어 내는 반지, 펜던트, 이어링들이 예쁘게 진열되어 있다.

주소 沖縄県国頭郡恩納村前兼久124 **전화** 098-964-3422 **시간** 10:00~19:30 **휴무** 셋째 주 수요일 **위치** 나하 공항에서 차로 50분, 나하 공항·나하 버스 터미널에서 노선 버스 20번, 120번 이용하여 문 비치 마에(ムーンビーチ前)하차. 도보 5분 **홈페이지** www.grace-shop.jp **지도** p.135 C **맵코드** 206 096 231

미나토가와 스테이츠 사이드 타운

포트리버 마켓 Portriver Market

오키나와의 아기자기한 소품이 가득한 컬렉트 숍

포트리버 마켓은 지역 이름인 미나토카와를 영어로 표기한 것으로, '미나토카와의 시장'이라는 뜻이다. 가게의 주인 아주머니는 도쿄에서 오키나와로 이주하여 가게를 열었다. 의식주에 관련된 물건을 팔고 있으며 다양한 잡화와 주변 가게인 오키나와 세라도 커피의 커피, 이페 코페의 식빵을 사용한 샌드위치 등 간식거리도 판매하고 있다.

주소 沖縄県浦添市港川2-15-8 **전화** 098-911-8931 **시간** 11:30~18:00 **휴무** 일, 월요일 **위치** 미나토카와 스테이츠 사이드 타운 **홈페이지** www.facebook.com/PORTRIVERMARKET **지도** p.132 N, 155 **맵코드** 33 341 033

Cafe & Restaurant

> 아메리칸 빌리지

이치겐야 いちげん屋

야구 마니아의 오코노미야키 전문점

카니발 파크 미하마カーニバルパーク・ミハマ 카니바루 파쿠 미하마에 있는 오코노미야키 전문점이다. 야구를 좋아하는 오사카 출신 점장이 운영하는 오사카풍 오코노미야키와 철판구이 전문점이다. 가게 입구에는 점장의 야구 컬렉션인 한신 타이거즈 선수의 야구 장비들이 진열되어 있다. 가게 안에는 스포츠 라디오 중계가 흘러나오며 돈페이야키, 야키소바 등 오사카식 철판구이 요리를 맛볼 수 있다.

주소 沖縄県中頭郡北谷町美浜15-69 전화 098-936-6333 시간 11:00~22:00 요금 돈페이야키(とん平焼) 680엔, 야키소바(焼きそば) 680엔 위치 카니발 파크 미하마 2층 지도 p.132 A 맵코드 33 526 483

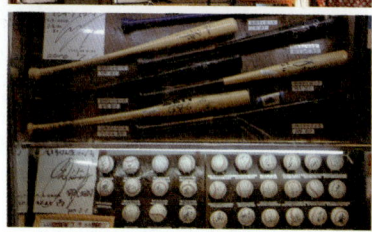

우마이모노 시장 구루메관 うまいもの市場 グルメ館 우마이모노 이치바 구루메칸

아메리칸 빌리지의 맛집이 한곳에

드래곤 팰리스 옆에 위치한 식당가다. 오키나와의 요리와 오키나와 소바를 맛볼 수 있는 소바 전문점 치루과そば家 鶴小, 회전 초밥 전문점 이치방테이回転寿司一番亭, 철판 스테이크 전문점 캡틴 즈인キャプテンズイン, 이자카야 뷔페 쟌쟌バイキング居酒屋じゃんじゃん 등 다양한 식당과 요리를 찾을 수 있다.

주소 沖縄県中頭郡北谷町美浜15-67 전화 098-926-3054 (이치방테이) 시간 11:00~23:00 요금 가게마다 다름, 기본 1,000엔 정도 위치 아메리칸 빌리지 드래곤 팰리스 옆 지도 p.132 A 맵코드 33 526 602

기지무나아 きじむなぁ

오믈렛과 타코라이스의 만남, 오무타코 카페

오키나와의 소울 푸드인 타코라이스タコライス 전문점이다. 2003년 온나손恩納村의 해변가에서 시작한 작은 가게가 큰 인기를 모아 아메리칸 빌리지에도 지점을 두었다. 타코라이스 위에 폭신폭신 부드러운 오믈렛을 올린 오무타코オムタコ가 이곳의 오리지널 메뉴이다. 기본 메뉴에 베이컨, 치즈, 아보카도, 고야 등 다양한 토핑이 가능하다.

주소 沖縄県中頭郡北谷町美浜9-1 전화 050-5796-3906 시간 11:30~22:00 요금 타코라이스(타코라이스) 680엔~, 오무타코(オムタコ) 780엔~, 토핑 50~180엔 위치 데포 아일랜드 내부 홈페이지 www.omutaco.com 지도 p.132 A 맵코드 33 525 382

블루 실 아이스크림 BLUE SEAL ICE CREAM

전망 좋은 아메리카 빌리지의 블루 실 아이스크림

오키나와를 대표하는 아이스크림인 블루 실 아이스크림의 아메리칸 빌리지 지점이다. 데포 아일랜드 D 건물 2층에 있다. 아메리카 빌리지의 풍경을 감상하며 시간을 보낼 수 있는 테라스석이 있어 잠시 쉬어가기 좋다. 오키나와의 여학생들에게 인기가 높으며 이곳 아메리칸 빌리지 지점에는 주변의 미군 주택가의 주민들과 관광객들이 많이 찾아온다. 아이스크림과 소프트크림을 동시에 맛볼 수 있는 블루 실 선데(BLUE SEAL SUNDAE, 아이스크림 소프트크림 각각 1개씩 선택 가능)를 추천한다.

주소 沖縄県中頭郡北谷町美浜9-1 전화 098-989-5133 시간 10:00~22:00(월~목), 10:00~23:00(금~일) 요금 블루 실 선데 520엔 위치 데포 아일랜드 D 건물 2층 홈페이지 www.blueseal.co.jp/index.html 지도 p.132 A 맵코드 33 525 414

디포츠 가든 Depot's Garden

오키나와 요리와 이탈리안 요리의 만남

오키나와의 식재료를 이용한 유니크한 런치와 볼륨 만점인 디너를 맛볼 수 있는 곳이다. 이탈리안과 오키나와의 퓨전 요리 메뉴가 준비되어 있다. 나무로 만든 창고와 같은 인테리어는 카페로 이용해도 좋다. 카페 타임(15:00~17:30)에는 미하마의 프로마주 케이크美浜のフロマージュ, 미하마 밀크 푸딩(MIHAMA Milk Pudding) 등 다양한 케이크와 디저트를 맛볼 수 있다.

주소 沖縄県中頭郡北谷町美浜9-12 전화 098-982-7790 시간 11:30~22:30 요금 미하마의 프로마주 케이크 320엔, 미하마 밀크 푸딩 250엔 위치 데포 아일랜드 내부 홈페이지 www.depots-garden.jp 지도 p.132 A 맵코드 33 525 419

구루메 회전 초밥 시장 グルメ回転・寿司市場 구루메 가이텐 스시 이치바

아메리칸 빌리지에서 즐기는 맛있는 회전 초밥

오키나와의 저렴하고 맛있는 회전 초밥 체인점이다. 95엔부터 시작하는 낮은 가격에 다양한 종류의 초밥을 맛볼 수 있다. 일반적인 초밥 이외에도 햄버그 초밥, 소고기 초밥, 김치 초밥 등 독특한 초밥이 있으며 우미부도海ぶどう 초밥 등 오키나와의 특산물을 이용한 초밥도 맛볼 수 있다. 귀여운 키티 모양의 유부 초밥도 아이들에게 인기이다.

주소 沖縄県中頭郡北谷町美浜2-4-5 전화 098-926-3222 시간 11:00~23:00 요금 초밥 95엔~ 위치 아메리칸 빌리지 입구 홈페이지 gurumekaiten.com 지도 p.132 A 맵코드 33 526 489

OKIZONE PASS

한스 HAN'S

저렴한 가격에 즐기는 오키나와 스테이크

오키나와 스테이크 전문점 중 비교적 저렴하게 스테이크를 즐길 수 있는 곳이다. 아메리칸 빌리지를 비롯해 오키나와에 10여 곳의 지점이 있다. 런치 스테이크를 먹으면 샐러드 뷔페를 이용할 수 있다. 1kg 스테이크 등 다양한 메뉴의 스테이크를 즐길 수 있다.

주소 沖繩県北谷町字美浜9-1 **전화** 098-926-2888 **시간** 11:00~15:00, 15:00~22:30 **휴일** 연중무휴 **위치** 데포 아일랜드 A관 2층 **요금** 런치 스페셜 1,300엔 **홈페이지** hans-steak.com **지도** p.132 A **맵코드** 33 525 383

바쿠바쿠테이 ばくばく亭

볼륨 만점 함박 스테이크 전문점

일본 나가노長野 마츠모토松本에서 큰 인기를 모으던 가게가 오키나와 아라하 비치에 오픈하였다. 전설의 메뉴라고 불리는 치즈 오븐 야키 함바그카레를 비롯하여 함박스테이크를 이용한 다양한 메뉴가 준비되어 있다. 테이크아웃이 가능한 햄버거도 인기를 모으고 있다.

주소 沖繩県中頭郡北谷町北谷1-12-13 **전화** 098-926-6888 **시간** 12:00~21:00 **휴무** 월, 1·3·5번째 화요일 **요금** 치즈 오븐 야키 함바그 카레 1800엔, 테이크아웃 햄버거 780엔~ **위치** 아라하 비치 입구 **홈페이지** www.rakuten.co.jp/bakubakutei **지도** p.132 I **맵코드** 33 496 344

이시가키지마 키친 빈 Ishigakijima Kitchen Bin

이시가키 섬의 소고기로 만든 맛있는 수제 햄버거

오키나와 남서쪽의 작은 섬 이시가키 섬石垣島 이시가키지마의 브랜드 소고기인 이시가키규石垣牛를 사용한 수제 햄버거 전문점이다. 15cm의 큼직한 수제 햄버거가 인기이다. 런치에는 아보카도 버거, 프렌치 치즈 크림 버거 등 6종류의 버거 중 하나와 감자튀김, 샐러드, 드링크를 저렴한 가격(720엔)에 맛볼 수 있다. 햄버거 이외에도 로코모코, 롤케이크 등 다양한 메뉴가 준비되어 있다.

주소 沖繩県中頭郡北谷町北谷1-11-21 **전화** 098-936-7587 **시간** 11:00~22:00 **요금** 런치 세트 720엔~ **위치** 아라하 비치 입구 **홈페이지** kitchenbin.ti-da.net **지도** p.132 J **맵코드** 33 496 438

홋카이도 사카바 유메야 北海酒場 ゆめ家

오키나와에서 홋카이도 요리를?

홋카이도의 요리와 술을 즐길 수 있는 이자카야. 홋케(이면수), 호타테(가리비) 등 홋카이도에서 직송해 온 재료로 만든 요리를 맛볼 수 있다. 초밥, 미소라멘 등 런치나 식사를 즐기기에도 좋고 요금이 저렴한 편이라 부담이 없다. 여성 한정 술 무제한 코스 등 저렴하고 다양한 코스 메뉴가 인기이다.

주소 沖縄県中頭郡北谷町美浜2-4-10 전화 098-926-0810 시간 11:45~02:00 휴일 월요일 요금 홋카이도 요리 코스 3,000엔 (2시간 음료 무제한) 위치 아메리칸 빌리지 입구 홈페이지 www.facebook.com/santeokinawa 지도 p.132 A 맵코드 33 526 400*15

라멘 가도 ラーメン我道

돌솥에 담겨 나오는 화산 라멘

아메리칸 빌리지 입구에 있는 라멘 전문점으로 간장, 소금, 된장, 돈코츠 등 거의 모든 종류의 일본 라멘을 맛볼 수 있다. 돌솥에 담겨 나오는 비빔면 이시야키마제멘石焼まぜ麺, 국물과 면이 따로 나와 찍어 먹는 츠케멘つけ麺, 된장과 토마토로 만든 빨간 스프에 야채가 듬뿍 들어간 화산 라멘火山ラーメン카잔 라멘 등의 독특한 라멘을 맛볼 수 있다.

주소 沖縄県中頭郡北谷町美浜2-2-11 전화 098-936-2113 시간 11:00~22:00 휴일 연중무휴 위치 아메리칸 빌리지 입구 요금 화산 라멘 (火山ラーメン) 950엔 지도 p.132 A 맵코드 33 526 281

지로쵸 스시 次郎長寿司

오키나와에서 즐기는 정통 초밥 전문점

오키나와에서는 드물게 캐주얼하지 않은 전통 느낌의 초밥 전문점이다. 간판이 잘 보이지 않아 하얀 건물 입구에 세워진 말 동상을 보고 찾아가면 된다. 저녁에만 영업을 하며 이자카야처럼 해산물과 함께 술을 마시기에 좋다. 어떤 초밥을 먹을지 고민이 된다면 주인이 추천해 주는 오마카세おまかせ, 스시 다이칸 모리大皿盛를 주문하면 된다.

주소 沖縄県中頭郡北谷町北谷 1-12-8 **전화** 098-936-6266 **시간** 17:30~24:00 **휴무** 화요일 **요금** 오마카세 3,150엔, 스시 다이칸 모리(3인분) 5,250엔 **위치** 아라하 비치 입구 **지도** p.132 I **맵코드** 33 496 375

스테이크 하우스 시키 ステーキハウス四季

현란한 퍼포먼스와 함께 즐기는 오키나와 철판 요리

아메리칸 빌리지를 비롯해 오키나와에는 4군데에 지점이 있는 오키나와 철판 요리 전문점이다. 철판요리를 하면서 선보이는 퍼포먼스가 즐겁다. 요리의 양이 많고 특히 런치의 가격도 비교적 저렴한 편이라 지역 주민들이 많이 찾는다.

주소 沖縄県中頭郡北谷町美浜2-5-2 **전화** 098-926-1329 **시간** 11:00~15:00, 15:00~23:00 **요금** 소고기 란프 런치 스테이크(牛ランプランチステーキ) 1,200엔~, 립 아이 스테이크(リブアイステーキ) 1,400엔~ **위치** 아메리칸 빌리지 입구 **홈페이지** www.the4seasons.jp **지도** p.132 A **맵코드** 33 526 550

화부 ふぁぶ

전망 좋은 피자 뷔페 전문점

아메리칸 빌리지 북부의 미야기 해변의 카페. 저렴한 요금에 다양한 카레를 마음껏 맛볼 수 있다. 미야기 해변은 서핑, 다이빙 스폿으로 해양 스포츠를 즐기기 위해 찾는 사람이 많다. 미야기 해안의 전망을 감상하며 카페를 즐길 수 있다.

주소 沖縄県中頭郡北谷町字宮城1-655 **전화** 098-936-5964 **시간** 11:00~16:30 **휴일** 연중무휴 **위치** 아메리칸 빌리지에서 차로 5분, 도보 15분 **요금** 카레 뷔페 890엔 **홈페이지** fab.on.omisenomikata.jp **지도** p.132 J **맵코드** 33 554 710

시사이드 카페 하논 シーサイドカフェハノン

해변을 바라보며 즐기는 팬케이크

아메리칸 빌리지 가장 안쪽인 오크 패션 빌딩의 카페로, 해변이 보이는 테라스 자리가 인기인데, 이 자리는 멋진 풍경과 함께 시간을 보낼 수 있기 때문이다. 다양한 카페 메뉴가 있으며 그 중 제법 저렴한 펜케이크 메뉴가 인기이다. 차와 커피, 오키나와의 주스와 칵테일도 맛볼 수 있다.

주소 沖縄県中頭郡北谷町字美浜9-39 **전화** 098-989-0653 **시간** 11:00~19:00 **휴무** 월요일 **요금** 미하마 펜케이크 400엔~ (2pcs) **위치** 아메리칸 빌리지 오크 패션 빌딩 3층 **홈페이지** cafe-hanon.com **지도** p.132 A **맵코드** 33 525 441*64

동쪽 해안

샘즈 바이자시 サムズバイザシー

바다를 바라보며 즐기는 오키나와 철판 스테이크

바다에 둘러싸여 있어 이국적이고 로맨틱한 풍경 속에서 식사를 즐길 수 있는 곳이다. 다양한 종류의 스테이크와 해산물 요리를 맛볼 수 있으며, 식사 후에는 산뜻한 트로피컬 음료와 함께 여유를 즐길 수 있다.

주소 沖縄市泡瀬1-41-15 **전화** 098-937-3421 **시간** 17:00~24:00(L.O. 23:00) **요금** 디너 1,500엔~ **위치** 나하 공항에서 차로 50분 **홈페이지** www.sams-okinawa.jp/by_the_sea **지도** p.133 O **맵코드** 33 536 873

테이라부이 てぃーらぶい

오키나와 민가에서 즐기는 정통 오키나와 요리

지어진 지 80년이 넘는 오키나와 전통 고ㅎ 민가에서 오키나와 요리와 음료를 즐길 수 있다. 테이라부이는 오키나와 방언으로 '따뜻한 햇볕이 들어오는 곳(히나타보코 日向ぼっこ)'이라는 뜻이다. 이곳의 요리는 오키나와 섬 요리 콘테스트에서 입상한 요리가 다수다. 인기 있는 테이라부이 테이쇼쿠 てぃーらぶい定食(1,100엔)는 각각 2종류의 국, 밥, 반찬 중에 하나씩을 선택하여 맛볼 수 있다.

주소 沖縄県うるま市勝連浜56 **전화** 098-977-7688 **시간** 11:00~16:00 **휴무** 화요일, 추석, 구정 **요금** 테이라부이 테이쇼쿠 1,100엔 **위치** 나하 공항에서 차로 1시간 20분 **홈페이지** teirabui.ti-da.net **지도** p.133 L **맵코드** 499 549 587

미나토카와 스테이츠 사이드 타운

오하코르테 oHacorte

보기만 해도 달콤한 타르트가 가득

각각 계절에 가장 어울리는 과일을 사용하여 만드는 타르트 전문점. 정성스럽게 구워 낸 타르트 과자는 바삭바삭 식감이 좋다. 타르트 샌드, 새 모양의 사브레, 레몬 케이크 등도 인기가 높으며 각각 귀여운 포장의 선물용으로 판매되고 있다.

주소 沖縄県浦添市港川2-17-1 **전화** 098-875-2129 **시간** 11:30~19:00 **위치** 미나토카와 스테이츠 사이드 타운 내 **홈페이지** www.ohacorte.com/index.php **지도** p.132 N, 155 **맵코드** 33 341 002

오키나와 세라도 커피 Okinawa Cerrado Coffee

오키나와 오리지널 커피

1986년에 창업한 오키나와의 브랜드 커피다. 외국인 주택 거리의 한 공간에서 매일 같이 커피를 볶아 내고 있다. 매일 볶아 낸 커피는 오키나와 전 지역의 카페로 배송되고 있으며 오키나와의 주민들에게 사랑받고 있다. 다양한 종류의 원두를 판매하고 있으며 아쉽게도 커피는 이곳에서 맛볼 수 없고 근처의 카페나 포트리버 마켓에서 맛볼 수 있다.

주소 沖縄県浦添市港川2-15-3 **전화** 098-875-0123 **시간** 08:30~17:00, 12:00~18:00(금, 토요일) **휴무일**, 공휴일 **위치** 미나토카와 스테이츠 사이드 타운 내 **홈페이지** okinawa-cerrado.com **지도** p.132 N, 155 **맵코드** 33 341 062

테이안다 Teianada

미나토가와 스테이츠 사이드 타운 입구의 예쁜 레스토랑

외국인 거주 주택을 개조하여 만든 카페 겸 레스토랑. 깔끔하고 예쁜 공간에서 오키나와의 다양한 요리를 맛볼 수 있다. 오키나와의 식재료가 듬뿍 들어간 오키나와식 라멘, 카레, 샐러드 등의 요리와 요구르트 라씨, 레몬그라스 진저엘, 커피, 주스 등의 음료를 즐길 수 있다.

주소 沖縄県浦添市港川2-8-10 전화 098-876-5628 시간 11:00~판매 완료시 종료 휴일 월요일 위치 미나토가와 스테이츠 사이드 타운 내 요금 카레 800엔~, 라멘 800엔~ 홈페이지 www.teianda.com/minatogawa 지도 p.132 N, 155 맵코드 33 341 155

이페 코페 Ippe Coppe

오키나와의 고소한 식빵과 스콘

일본 전 지역을 여행하며 카페와 빵집을 찾아다닌 주인이 차린 식빵 전문점이다. 홋카이도 산 브랜드 밀가루와 오키나와 구메지마 섬의 천연 소금, 오키나와 오기미손 지역 지하 천연 수로를 사용한 천연 효모를 이용하여 20시간 발효시켜 구워 낸 빵은 예약 손님이 많아 좀처럼 구입하기 힘들다. 같은 재료에 가고시마 다네가시마 섬의 사탕수수로 만든 설탕이 들어간 스콘도 인기다. 여름에는 가게 옆의 정원인 니와토리 공간에서 제철 과일을 이용한 빙수 또한 인기가 높다.

주소 沖縄県浦添市港川2-16-1 전화 098-877-6189 시간 12:30~18:30 휴무 화, 수요일, 세 번째 월요일 위치 미나토카와 스테이츠 사이드 타운 내 홈페이지 www.ippe-coppe.com 지도 p.132 N, 155 맵코드 33 341 033

▶ OKIZONE PASS

와카페 노도카 和カフェ 和花

정갈한 일본식 요리와 디저트를 맛볼 수 있는 곳

2017년에 새로 오픈한 미나토카와 스테이츠 사이드 타운의 와和(일식) 카페로 다다미 좌석에서 간단한 일본 요리와 디저트를 맛볼 수 있다. 일본 전통 디저트와 오키나와의 식재료가 만난 퓨전 요리, 음료도 맛볼 수 있으며 이쁘고 아기자기한 디저트들이 인기이다.

주소 沖縄県浦添市港川2-10-9 전화 098-975-5323 시간 11:00~22:00 휴무 월요일 요금 이치고치도라 이치고치―どら 480엔 위치 미나토카와 스테이츠 사이드 타운 내 홈페이지 nodokaokinawa.ti-da.net 맵코드 33 341 155*44

서쪽 해안

시마부타야 しまぶた屋

오키나와의 돼지고기로 만든 돈까스와 샤브샤브

오키나와의 돈까스 전문점이다. 직접 만든 천연 효모 빵가루와 아구アグー(돼지고기)를 라도ラード(lard, 돼지 기름)로 튀겨 낸 돈까스가 인기다. 오키나와 북부 얀바루やんばる 지역의 섬돼지를 사용하며 샤브샤브도 인기가 높다.

주소 沖縄県国頭郡恩納村字前兼久96-1 전화 098-923-1518 시간 17:00~24:00 휴무 수요일 요금 얀바루 시마부타 아구 히레, 로스 가츠(やんばる島豚あぐー) 1,800엔 위치 나하 공항에서 차로 50분 / 나하 공항·나하 버스 터미널에서 노선 버스 20번, 120번 이용하여 문 비치 마에(ムーンビーチ前) 하차. 도보 3분 지도 p.135 C 맵코드 206 096 441

아구 アグー

Travel Tip

오키나와의 류큐 토종 돼지로, 털이 검정색이며 일반 돼지에 비해 무게가 절반 정도 밖에 되지 않는다. 오키나와를 대표하는 브랜드 품종으로 섬돼지(島豚, 시마부타)라고도 불린다. 육질이 좋으며 맛이 뛰어나다.

🍴 OKIZONE PASS

스테이크 하우스 나카마 ステーキハウスなかま

1파운드의 두툼한 스테이크

오키나와 중부 서쪽 해안 도로의 철판 요리 전문점. 섹시한 점원들이 안내하는 캐주얼한 실내에서 오키나와 브랜드 소고기 스테이크와 철판 요리를 맛볼 수 있다. 길 건너에는 같은 곳에서 운영하는 야키니쿠 레스토랑인 류큐 야키니쿠 야카마가게가 있다.

주소 沖縄県国頭郡恩納村字名嘉真2247-1 **전화** 098-967-7022 **시간** 17:00~24:00 **휴일** 연중무휴 **위치** 나하 공항에서 차로 1시간 30분(메리어트 호텔, 부세나 리조트 인근) **요금** 1파운드 스테이크 3,880엔 **홈페이지** www.steak-nakama.com **지도** p.133 D **맵코드** 206 381 546

지지 카페 Jiji Cafe

독특한 공간의 잡화점 겸 카페

오키나와 중부 나카구스쿠 언덕 위에 위치한 아담한 카페. 카페 공간을 가득 채운 잡화들이 인상적이다. 오키나와의 재료를 이용한 세계의 퓨전 요리를 맛볼 수 있다. 오키나와의 외국인 주택을 개조하여 카페를 운영하고 있고 인테리어와 잡화를 전시 판매하고 있다.

주소 沖縄県中頭郡北中城村字島袋1422-3 **전화** 098-987-7515 **시간** 11:30~24:00 **휴일** 목요일 **위치** 나하 공항에서 차로 약 1시간 **요금** 런치 오늘의 파스타 1,000엔~ **홈페이지** ja-jp.facebook.com/JijiCafe **지도** p.133 O **맵코드** 33 531 621

무나카타도 宗像堂

빵 굽는 향이 솔솔 풍겨 오는 나무 정원

외국인 주택을 개조한 수풀 속 새하얀 건물의 베이커리. 천연 효모를 사용하여 만든 빵을 고집하며 직접 제작한 돌가마에서는 매일 고소한 향기가 솟아 나온다. 건물 뒷편에는 커다란 대만고목나무 가지에 나무 그네가 달려 있는 정원이 있으며 이곳에서 빵을 먹고 가도 좋다. 가게 안에는 다양한 종류의 빵들이 진열되어 있고 주로 식빵과 겉이 딱딱한 빵들이 인기가 높다.

주소 沖縄県宜野湾市嘉数1-20-2 **전화** 098-898-1529 **시간** 10:00~18:00 **휴무** 수요일 **요금** 흑설탕 식빵(黒糖食パン), 쿠로사토쇼쿠빵) 480엔, 무화과&호두빵(イチジク&くるみ, 이치주쿠 안도 쿠루미) 340엔 **위치** 나하 공항에서 차로 25분, 나하 버스 터미널·국제 거리에서 차로 20분 **홈페이지** munakatado.com **지도** p.132 N **맵코드** 33 313 681

모프모나 & 모프모나 노 자카 Mofgmona & mofgmona no zakka

카페 레스토랑과 주말에만 문을 여는 잡화 가게

도쿄 출신 친구 3명이 모여 시작한 카페 공간이다. 그들의 여유로운 생각이 반영된 카페로, 10년 넘게 이곳에서 손님을 맞이하고 있다. 3층에는 오키나와의 작가들이 만든 잡화를 판매하는 모프모나 노 자카(mofgmona no zakka)가 있으며 카페에서 사용하고 있는 식기류는 대부분 이곳에서도 판매하고 있다.

주소 沖縄県宜野湾市宜野湾2-1-29 전화 098-893-7303 시간 레스토랑 월~금 11:30~15:30, 월·수·목·금 17:00~24:00, 토 15:00~24:00, 일 15:00~22:30 잡화 14:00~20:00 휴무 화요일(레스토랑), 월~목요일(잡화) 요금 모프모나 케이크 세트(モフモナケーキセット) 780엔 위치 나하 공항에서 차로 30분, 나하 버스 터미널·국제 거리에서 차로 25분 홈페이지 mofgmona.com 지도 p.132 N 맵코드 33 346 043

카르마 오가닉스 KARMA ORGANICS

건강을 생각한 로푸드와 식재료 전문점

백설탕, 유제품, 달걀, 밀가루 등을 사용하지 않고 제철 채소와 과일을 사용하여 만드는 로푸드(Raw food) 전문점이다. 유기농 요리와 이와 관련된 식재료, 가공품 등을 판매하고 있다. 오가닉 시리얼, 그린 스무디 등이 인기이다.

주소 沖縄県国頭郡恩納村仲泊1656-9 전화 098-989-4861 시간 11:00~17:00 휴무 목, 금, 토요일 요금 주스 종류 800엔~ 위치 나하 공항에서 차로 50분, 나하 버스 터미널·국제 거리에서 차로 40분 홈페이지 karmaorganics.jp 지도 p.133 O 맵코드 33 469 260

온나노에키의 사타 안다기 가게

오키나와의 도너츠 사타 안다기

온나노에키 |おんなの駅

오키나와의 여성들이 모여서 운영하는 작은 쉼터

오키나와 중부 서쪽의 해안 도로를 달리다 보면 만나게 되는 미치노에키道の駅는 일본어로 휴게소를 의미한다. 오키나와 특산품, 먹거리를 판매하며 가게의 점원들이 전부 여자인 것이 특징이다. 온나노에키おんなの駅(여자의 역)이라는 이름처럼 오키나와 여성들이 운영하고 있다.

주소 沖縄県国頭郡恩納村仲泊1656-9 **전화** 098-965-6093 **시간** 10:00~19:00 **휴무** 1/1~1/2 **요금** 가게마다 다름, 500~1,000엔 사이 **위치** 나하 공항에서 차로 45분, 나하 공항·나하 버스 터미널에서 20번, 120번 버스를 이용하여 나카도(仲泊)에서 하차. 도보 5분 **홈페이지** onnanoeki.com **지도** p.135 G **맵코드** 206 035 798

오키나와 소바 가게

온나노에키에 있는 복권의 명당

온나노에키의 점원들은 전부 여성들

가격도 저렴한 어묵 가게

류큐노우시 琉球の牛

부위별로 엄선된 고기를 맛볼 수 있는 곳

오키나와 중부에 있는 야키니쿠 전문점이다. 오키나와 현의 와규는 물론 브랜드 돼지고기인 아구 갈비도 맛볼 수 있다. 부위별로 엄선된 다양한 종류의 고기를 숯불에 구워 먹는다. 특별한 브랜드가 아닌 가게에서 직접 고른 오키나와의 소고기 무메이규無名牛도 인기가 많다.

주소 沖縄県国頭郡恩納村前兼久909-2 전화 098-965-2233 시간 17:00~23:30(L.O. 23:00) 요금 갈비 1인분 1,180엔~ 위치 나하 공항에서 차로 50분, 나하 공항·나하 버스 터미널에서 노선 버스 20번, 120번 이용하여 문 비치 마에(ムーンビーチ前) 하차. 도보 3분 홈페이지 www.u-shi.net 지도 p.135 C 맵코드 206 096 656

키펜 케아르 キーペンケアル

독일인이 직접 만드는 독일 빵

오키나와 서쪽 해변 마에다곶 인근의 작은 베이커리로, 드문드문 집이 있는 온나손의 작은 마을, 빵 가게가 있을 것 같지 않은 곳에 위치해 있다. 오키나와가 좋아서 이곳에 살게 된 독일인이 직접 만든 빵을 판매하고 있으며, 호밀로 만든 독일 식빵이 대부분이다. 빵을 고르면 하나하나 자세하게 설명을 해 준다.

주소 沖縄県国頭郡恩納村字真栄田2379-1 전화 098-965-4090 시간 (화~금) 12:00~18:00, (토) 10:00~15:00 휴무 일, 월, 공휴일 요금 뮤즈리팡 ミューズリーパン 550엔 위치 나하 공항에서 차로 1시간, 마에다곶 인근 지도 p.134 F 맵코드 206 030 147*61

> 기타구스쿠

플라우만즈 런치 베이커리 PLOUGHMAN'S LUNCH BAKERY

바다가 보이는 언덕 위의 맛있는 베이커리

기타나카구스쿠손 언덕 위의 오래된 외국인 주택을 개조하여 만든 베이커리 전문 레스토랑이다. 오래된 목재와 앤티크 가구로 꾸민 인테리어는 따뜻하고 포근한 분위기를 자아낸다. 채소 듬뿍 런치로 제공되는 프라우만즈 란치 프레토 プラウマンズランチプレート(플라우만즈 런치 플레이트)에는 수프와 커피가 제공되며 가게의 빵을 무한 리필로 맛볼 수 있다.

주소 沖縄県中頭郡北中城村安谷屋927-2 전화 098-979-9097 시간 08:00~16:00 휴무 수요일 요금 프라우만즈 란치 프레토 1,200엔 위치 나하 공항에서 차로 35분, 나하 버스 터미널·국제 거리에서 차로 30분 홈페이지 ploughmans.net 지도 p.133 O 맵코드 33 440 756

쿠루미샤 クルミ舎

기타구스쿠 주택가의 작은 런치 카페

분위기 있는 카페와 예쁜 상점들이 많이 모여 있는 오키나와 중부 기타구스쿠의 작은 카페. 오키나와의 야채, 특산물을 이용한 카페 런치 메뉴가 매력적이다. 빛이 가득 들어오는 넓은 창 주변으로 카페 공간이 마련되어 있으며, 여백미가 느껴지는 인테리어가 아름답다.

주소 沖縄県中頭郡北中城村字渡口1871-1 전화 098-935-5400 시간 11:00~16:00 휴일 일, 월, 공휴일 위치 나하 공항에서 차로 50분 요금 카레 1,200엔~ 홈페이지 kurumisha.ti-da.net 지도 p.133 O 맵코드 33 471 779

호사나 ほさな

할머니의 작은 과자 전문점

기타구스쿠 언덕 위에 숨어 있는 작은 과자점으로 귀여운 할머니들이 손수 구워 낸 스콘과 파이, 시폰 케이크 등을 판매하고 있다. 아기자기한 공간에서 커피와 함께 케이크를 즐겨도, 테이크아웃하여 바깥에서 가볍게 즐겨도 좋다. 가격이 저렴하며 할머니들의 손맛을 느낄 수 있다.

주소 沖縄県中頭郡北中城村安谷屋970 **전화** 090-3410-5563 **시간** 11:30~19:00 **휴일** 월, 일요일 **위치** 나하 공항에서 차로 35분, 나하 버스 터미널, 국제거리에서 차로 30분 **요금** 스콘 120엔~ **지도** p.133 O **맵코드** 33 440 615

산 스시 SANS SOUCI

오키나와에서 즐기는 교토 우동

오키나와와 교토가 만나 만들어 내는 요리와 디저트가 있는 곳으로 오키나와의 식재료로 만든 교토풍 우동이 인기가 높다. 식사를 마치고 오키나와의 흑설탕을 사용한 교토의 디저트 말차, 안미츠(팥죽), 말차 롤케이크 등을 맛봐도 좋다. 인기가 많아 점심 시간에는 30분 이상 기다려야 할 수도 있다.

주소 沖縄県中頭郡北中城村字萩道150-3 **전화** 098-935-1012 **시간** 11:00~21:00 **휴일** 불특정 **위치** 나하 공항에서 차로 35분, 나하 버스 터미널, 국제 거리에서 차로 30분 **요금** 우동 700엔~ **홈페이지** sanssouci-kitanaka.com **지도** p.133 O **맵코드** 33 440 524

남부

沖縄南部

코발트블루의 바다와 류큐 문화의 흔적이 남아 있는 지역

오키나와 남부 지역은 코발트블루의 태평양이 펼쳐지며 오키나와의 여유롭고 한적한 마을 풍경이 가득하다. 오션뷰의 아름다운 풍경을 감상할 수 있는 카페가 많이 모여 있다. 세이화 우타키 등 류큐 왕국의 성지에서는 류큐 문화의 흔적도 살펴볼 수 있으며, 오키나와 월드에서는 오키나와의 민속 공연인 에이사를 감상할 수 있다. 또한 오키나와 전쟁의 종결지로, 가슴 아픈 전쟁의 상처와 흔적을 보며 평화에 대해서 생각해 볼 수 있는 곳이다. 오키나와 남부는 다른 지역에 비해 차량 통행량이 적고 아름다운 해변 도로가 많이 있어 드라이브를 즐기기에 적합하다.

남부 BEST 3
1. 해변가의 카페에서 여유 부리기
2. 세계 문화유산 세이화 우타키 둘러보기
3. 니라이 카나이바시 드라이브

 **교통**

오키나와 남부는 관광 명소들이 한곳에 모여 있지 않고 띄엄띄엄 떨어져 있기 때문에 대중교통보다는 렌터카를 이용하는 것이 편리하다. 남부를 다니는 버스도 있으나 편수가 많지 않고 일찍 끊기기 때문에 주의가 필요하다. 또는 오키나와 정기 관광버스를 이용하여 한나절 동안 오키나와 남부의 주요 관광 명소를 둘러보는 여행도 추천한다.

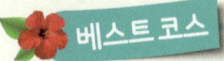 **베스트 코스**

오키나와 남부 추천 코스 렌터카를 이용한 반나절 코스

출발!

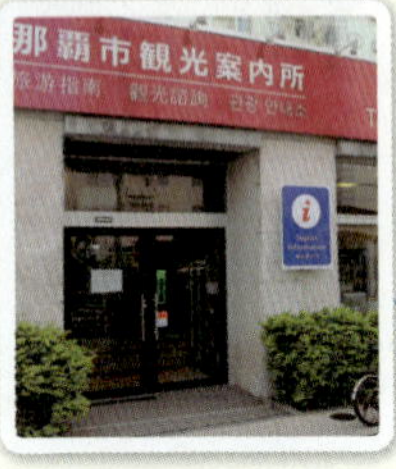

나하 시내 출발

차로 35분 →

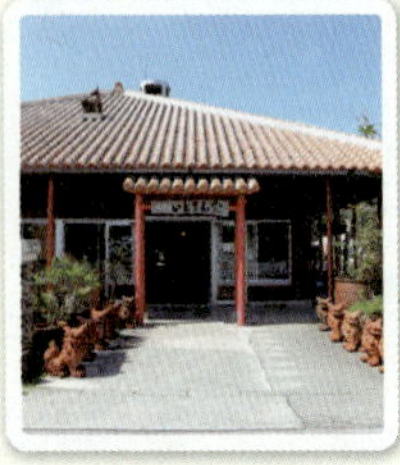

류큐 유리 마을
琉球ガラス村

차로 15분 →

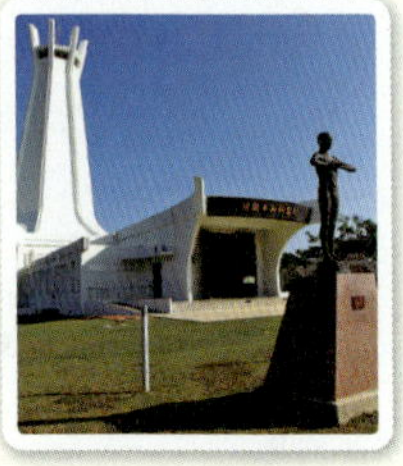

평화 기념 공원
平和紀念公園

↓ 차로 15분

오키나와 최대의 테마파크

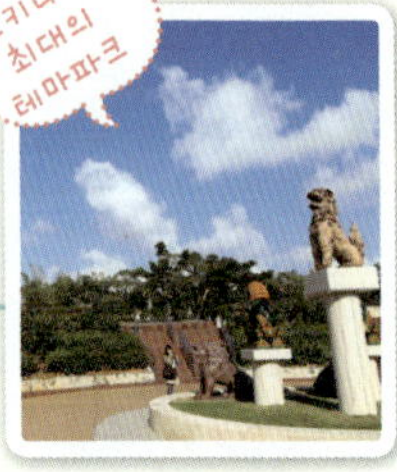

오키나와 월드
沖縄ワールド

← 차로 10분

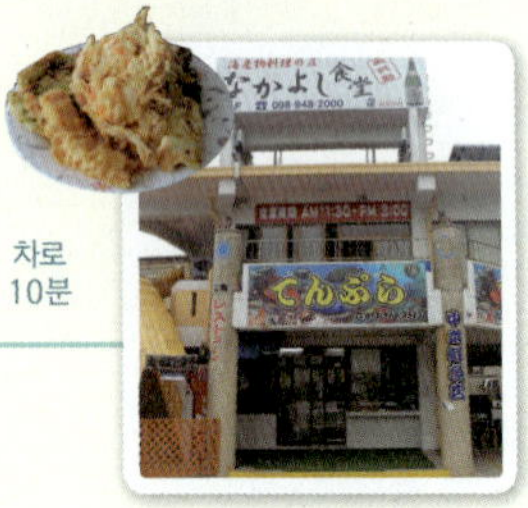

나카모토 센교텐
中本鮮魚店

← 차로 10분

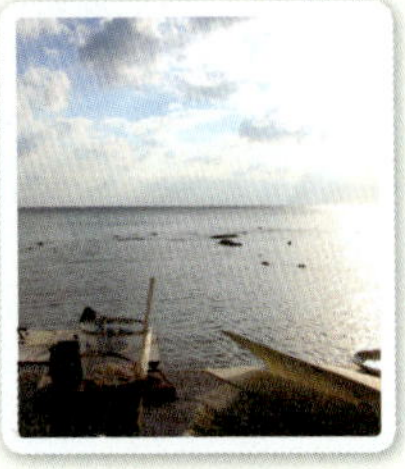

하마베노 챠야
浜辺の茶屋

↓ 차로 20분

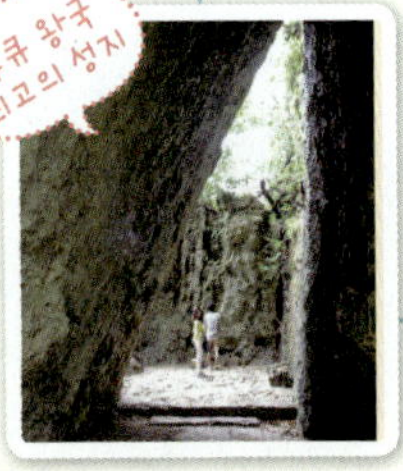

류큐 왕국 최고의 성지

세이화 우타키
斎場御嶽

차로 60분 →

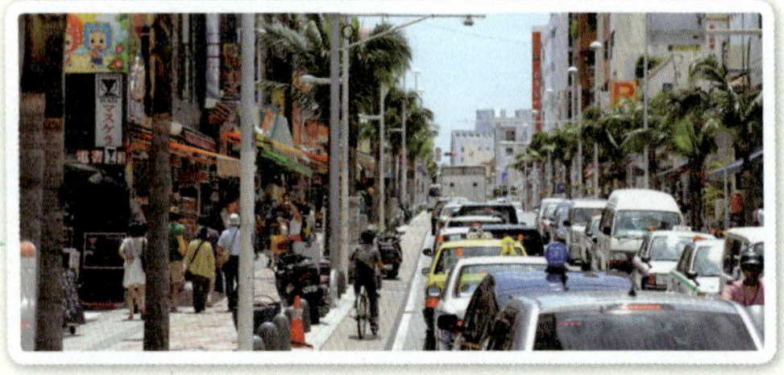

나하 시내

류큐 유리 마을 琉球ガラス村 류큐 가라스 무라

오키나와 최대 규모의 유리 공예 공방

오키나와 최대 규모의 유리 공예 공방이다. 오키나와의 유리 공예인 류큐 유리(류큐가라스) 작품을 제작 및 판매, 전시한다. 공방에서는 류큐 유리를 제작하는 모습을 직접 관찰할 수 있으며 직접 만들어 보는 유리 공예 체험도 해 볼 수 있다. 시설은 공방과 갤러리, 아웃렛으로 나뉘며 아웃렛에서는 저렴한 가격에 류큐 유리 제품을 구입할 수 있다.

주소 沖縄県糸満市字福地169番地 **전화** 098-997-4784 **시간** 09:00~18:00 **위치** 나하 공항에서 25분, 나하 시내에서 35분 / 나하 버스 터미널에서 89번 버스를 타고 이토만 버스 터미널(糸満バスターミナル)로 이동, 82번 혹은 108번으로 갈아타고 나미노히라 이리구치(波平入り口)에서 하차하여 도보 1분 **홈페이지** www.ryukyu-glass.co.jp **지도** p.180 M **맵코드** 232 336 224

류큐 유리 琉球ガラス

류큐 유리는 오키나와의 유리 공예로 태평양 전쟁 후 자원난에 시달리던 오키나와 주민들이 미군 기지에서 버린 콜라나 맥주 병을 녹여 컵이나 그릇으로 만들어 사용한 것이 시작이라고 한다. 다양하고 화려한 색상이 특징인 류큐 유리는 주로 오키나와의 술인 아와모리(泡盛)를 마실 때 사용하는 술잔으로 많이 제작되었으며 지금은 다양한 작품을 통한 공예로 발전되었다.

구 해군사령부 방공호 旧海軍司令部壕 규카이군시레이부고

평화로운 오키나와에 숨겨진 전쟁의 상처

태평양 전쟁 당시 일본 해군에 의해 만들어진 지하 기지다. 전쟁 막바지에 사령관을 포함한 4,000여 명의 군인들이 이곳에서 전원 자결을 하였다고 한다. 총 길이는 450m로 현재 약 300m 정도가 일반인들에게 공개되고 있으며 지휘실, 작전실 등 당시의 모습 그대로가 남아 있다. 전쟁의 참혹함과 평화의 소중함을 생각하게 되는 곳이다.

주소 沖縄県豊見城市字豊見城236番地 **전화** 098-850-4055 **시간** 08:30~17:00, 08:30~17:30(7~9월) **위치** 나하 공항에서 30분, 나하 시내에서 40분 / 나하 버스 터미널에서 33, 46, 101번 버스를 타고 도미구스쿠죠우시코엔(豊見城城址公園) 정거장 하차하여 도보 10분 / 아사히바시(旭橋) 역에서 55, 58, 98번 버스 이용하여 우에바루단치마에(宇栄原団地前) 정거장 하차하여 도보 5분 **홈페이지** kaigungou.ocvb.or.jp/top.html **지도** p.180 A **맵코드** 33 036 792

평화 기념 공원 平和記念公園 헤이와키넨 코우엔

태평양 전쟁 희생자들을 추모하기 위해 조성된 공원

태평양 전쟁 당시 미군과 일본군의 최후의 격전지로 알려진 이토만시 마부니 언덕 糸満市摩文仁の丘에 조성된 국립 공원이다. 당시 오키나와의 귀중한 유적들이 대부분 파괴되고 섬의 모양이 바뀔 정도로 치열한 전쟁을 치뤘다고 한다. 당시 희생된 사람은 민간인 포함 약 20만 명으로 이들을 위로하고 전쟁을 잊지 않기 위해 위령탑과 자료관을 건설하였다.

주소 沖縄県糸満市字摩文仁444番地 **전화** 098-997-2765 **시간** 09:00~17:00 **휴무** 평화 기념 자료관 월요일 휴무 **요금** 오키나와 현 평화 기념 자료관 300엔, 150엔(어린이) 오키나와 평화 기념당 450엔, 350엔(어린이) **위치** 나하 공항에서 40분, 나하 시내에서 50분 / 나하 버스 터미널에서 89, 33, 46번 버스를 타고 이토만 버스 터미널(糸満バスターミナル)로 이동, 82번으로 갈아타고 평화 기념 공원에서 하차 **홈페이지** kouen.heiwa-irei-okinawa.jp **지도** p.180 N **맵코드** 232 342 061

오키나와 현 평화 기념 자료관 沖縄県平和祈念資料館 오키나와켄 헤이와 키넨 시료칸

태평양 전쟁을 돌아보는 자료관

전쟁에서 희생된 영혼들을 기리고, 태평양 전쟁의 역사적 교훈을 다음 세대에 전하기 위해 세워진 곳이다. 2층의 상설 전시장에는 '오키나와 주민의 시점에서 바라본 태평양 전쟁'을 주제로 전시가 이루어지고 있다.

지도 p.180 N 맵코드 232 342 099

오키나와 평화 기념당 沖縄平和祈念堂 오키나와 헤이와 키넨도

평화 기원과 희생자 추모를 위한 기념당

오키나와 주민들을 비롯하여 전 세계의 평화를 기원하며 태평양 전쟁의 희생자를 추모하기 위해 건설되었다. 오키나와 예술가의 평화 기념 불상이 안치되어 있으며, 평화를 기원하는 작품들이 전시되고 있다.

지도 p.180 N 맵코드 232 312 841

평화의 초석 平和の礎 헤이와노 이시지

태평양 전쟁 종결 50주년 기념 비석

태평양 전쟁 종결 50주년을 기념하여 1995년에 세워진 초석들로, 전쟁 때 사망한 23만 8000여 명의 명단이 새겨져 있다. 광장의 중앙에는 평화의 불 平和の火 헤이와노히이 타오르고 있으며 이 불은 같은 전쟁에서 원자 폭탄을 맞은 나가사키의 평화의 탑 平和の灯 의 서약의 불 誓いの火 치카이노히에서 옮겨 온 것이다.

지도 p.180 N

한국인 위령탑

태평양 전쟁 때 희생당한 한국인을 추모하는 탑

태평양 전쟁 때 우리나라에서 오키나와로 강제로 끌려가 희생당한 1만여 명의 한국인을 추모하기 위해 세워진 탑으로, 우리나라 전국 각지에서 수집한 돌을 쌓아 만들었다. 이은상 시인의 〈영령들께 바치는 노래〉가 비문에 세워져 있으며 바닥에 박혀 있는 화살표 모양의 대리석은 우리나라 방향을 가리킨다.

지도 p.180 N

오키나와 월드 沖縄ワールド 오키나와 와루도

OKIZONE PASS

오키나와의 즐거움을 한 곳에 모으다

류큐 문화를 체험할 수 있는 오키나와 최대의 테마파크다. 류큐 왕조 시대의 거리 풍경을 재현한 류큐 왕국 성하 마을에서는 류큐 유리, 도예, 베 짜기, 빙가타(염색천)와 같은 오키나와 전통 공예를 접할 수 있다. 오키나와 현 최대의 종유 동굴인 교쿠센도玉泉洞에서는 신비스런 분위기를 체험할 수 있다. 이밖에 열대 과일 농원 등도 있어 오키나와의 자연과 문화를 동시에 즐길 수 있다.

주소 沖縄県南城市玉城前川1336 전화 098-949-7421 시간 09:00~18:00 요금 프리패스 1,650엔, 830엔(어린이) 교쿠센도(玉泉洞)+오우코쿠무라(王国村) 1,240엔, 620엔(어린이) 오우코쿠무라(王国村) 620엔, 310엔(어린이) 하브 박물 공원(ハブ博物公園, 하브 하쿠부츠코엔) 620엔, 310엔(어린이) 위치 나하 공항에서 30분, 나하 버스 터미널에서 54, 83번 버스를 타고 교쿠센도마에(玉泉洞)에서 하차 홈페이지 www.gyokusendo.co.jp/okinawaworld/kr 지도 p.181 G 맵코드 232 495 278

스파 에이사 スーパーエイサー

업그레이드된 에이사

에이사エイサー는 오키나와의 민속 무용으로, 오키나와 월드에서는 한 단계 업그레이드된 퍼포먼스의 에이사 공연을 볼 수 있다. 에이사 이외에도 사자춤 獅子舞 시시마이, 안가마アンガマ(탈춤) 공연이 함께 펼쳐진다.

시간 10:30, 12:30, 14:30, 16:00

남부

에이사 エイサー

에이사는 오키나와의 전통 무용으로 주로 추석 하루 전날에 열리는 집단 가무의 한 종류이다. 선조의 영혼을 환영하기 위해 오키나와의 젊은이들이 노래와 반주에 맞춰 춤을 추며 거리를 지나간다. 매년 8~9월에 오키나와에서 에이사 축제가 열리며, 최근에는 오키나와 이외의 지역(오사카 에이사 마츠리, 신주쿠 에이사)에서도 하나의 축제처럼 열리고 있는 곳이 많다.

오키나와의 에이사 축제
- 젠시마 에이사 마츠리 全島エイサー祭り 오키나와의 추석이 있는 주의 토·일요일 / 나하 시내
- 청년 후루사토 에이사 축제 青年ふるさとエイサー祭り 8~9월 / 차탄쵸
- 1만 인 에이사 무용단 一万人のエイサー踊り隊 8월 / 국제 거리(고쿠사이 도오리)

★ 세계 문화유산

세이화 우타키 斎場御嶽

류큐 왕국 최고의 성지

우타키御嶽는 오키나와 남서부에 넓게 분포하고 있는 류큐 왕국의 성지를 총칭하는 단어로, 오키나와 선조들의 영혼이 머물고 있는 곳이다. 세이화 우타키는 류큐 왕국 최고의 성지로, 류큐의 국왕들이 찾아와 경배를 하던 곳이다. 거대한 삼각형 모양의 암석의 틈을 지나면 오키나와 신앙의 발생지인 구다카 섬久高島 구다카지마이 보인다.

주소 南城市知念字久手堅539 **전화** 098-949-1899 **시간** 09:00~18:00 **휴무** 음력 5/1~5/3, 음력 10/1~10/3 **요금** 300엔, 150엔(어린이) **위치** 나하 공항에서 1시간 / 나하 버스 터미널에서 38번 버스를 타고 세이화 우타키 버스 정거장에서 하차 **홈페이지** okinawa-nanjo.jp/sefa **지도** p.181 D **맵코드** 33 024 282

치넨 미사키 공원 知念岬公園 치넨 미사키 코우엔

하늘과 바다가 만들어 내는 시원한 파노라마 풍경

아름다운 일출을 감상할 수 있는 오키나와 남부 해안 끝에 위치한 공원이다. 삼면이 바다로 둘러싸인 이곳에서는 태평양 한가운데 서 있는 듯한 착각에 빠지게 된다. 날씨가 좋은 날에는 구다카 섬久高島 구다카지마을 비롯한 주변의 섬들이 보여 아름다운 풍경을 만들어 낸다. 산책로가 잘 정비되어 있어 걷기만 해도 즐거운 곳이다.

주소 沖縄県南城市知念字久手堅 **전화** 098-946-8817 **시간** 09:00~22:00 **위치** 나하 공항에서 1시간 / 나하 버스 터미널에서 38번 버스를 타고 세이화 우티키 정거장에서 하차 후 도보 10분  **지도** p.181 H **맵코드** 232 594 531

니라이 카나이바시 ニライカナイ橋

다리와 바다가 만들어 내는 절경

약 80m 차이가 나는 언덕을 연결하는 길이 660m의 고가 다리, 부드럽게 꺾어지는 커브는 태평양과 함께 멋진 풍경을 만들어 낸다. 드라이브 코스로 인기를 모으고 있으며 다리의 전경을 내려다볼 수 있는 전망소가 설치되어 있어 잠깐 들러 보기에 좋다.

위치 나하 공항에서 차로 50분 **지도** p.181 D **맵코드** 232 593 541

세나가 비치 瀬長ビーチ

도심과 가까운 아름다운 해변가

나하 공항과 가까운 세나가 섬瀬長島 세나가지마 주변의 해변으로, 선셋과 야경이 아름다워 오키나와 젊은이들의 데이트 장소로 인기가 높다. 나하 공항에 이착륙하는 항공기를 가까운 거리에서 해변과 함께 볼 수 있다. 얕고 투명한 바다는 해수욕을 즐기기에도 안성맞춤이다.

주소 沖縄県豊見城市瀬長173 전화 098-850-0096 위치 나하 공항에서 차로 10분 지도 p.180 A 맵코드 33 002 695

도요사키 츄산 비치 豊崎 美らSUNビーチ

오키나와의 바다를 다시 한 번

오키나와 아시바나 아웃렛과 인접하여 있는 해변으로, 약 700m의 모래사장이 펼쳐져 있다. 해수욕과 해양 스포츠를 위한 편의 시설이 잘 갖추어 있으며 공항과도 가까워 오키나와를 떠나기 전 마지막으로 바다에 들르기에 좋은 곳이다.

주소 沖縄県豊見城市豊崎5-1 전화 098-850-1139 시간 06:00~22:00 해수욕 09:00~18:00(4~6월, 9~10월), 09:00~19:00(7~8월) 위치 나하 공항에서 12분 / 나하 버스 터미널에서 55, 56, 88, 98번 버스를 타고 미치노에키 도요사키(道の駅豊崎) 정거장에서 하차 후 도보 8분 지도 p.180 E 맵코드 232 542 269

고양이 섬 오우지마 奧武島

여유로운 고양이들을 볼 수 있는 섬

오키나와 남부의 다리로 연결된 인구 950명의 작은 섬으로, 걸어서 30분이면 섬 한 바퀴를 둘러볼 정도로 크기가 작다. 섬 입구에는 작은 해수욕장이 있으며 섬 주변 해안 풍경이 아름답다. 섬 곳곳에 있는 덴뿌라(튀김) 가게는 이곳의 명물. 상점과 해변 주변에는 고양이들이 많이 모여 있으며 고양이들의 여유로운 모습을 관찰할 수 있다.

주소 沖縄県南城市玉城字奥武 **위치** 나하 공항에서 차로 40분 **지도** p.181 K **맵코드** 232 468 120

미바루 비치 新原ビーチ

여유로운 오키나와의 해변

넓게 펼쳐진 천연의 해수욕장이다. 2km가 넘는 백사장 위에 오키나와의 푸른 바다가 펼쳐진다. 해변을 일주하는 글라스 보트グラスポート가 인기이다. 글라스 보트는 배 밑바닥이 유리로 되어 있어 배에 탄 채로 바닷속을 들여다볼 수 있으며 산호와 열대어들을 관찰하기에 좋다. 이외에도 다양한 해양 스포츠를 즐길 수 있다.

주소 沖縄県南城市玉城字百名1599-6 **전화** 098-948-1103 **시간** 4~9월 **위치** 나하 공항에서 차로 40분 / 나하 버스 터미널에서 39번 버스를 타고 종점 미바루 비치 정거장에서 하차 **홈페이지** www.mi-baru.com **지도** p.180 H, L **맵코드** 232 469 507

비비비치 이토만 美々ビーチいとまん

오키나와에서 무인도 탐험

해변 바로 앞에 방파제가 있어 파도가 잔잔하여 안심하고 해수욕을 즐길 수 있다. 바비큐(BBQ) 시설도 잘 갖추고 있어 가족끼리 찾는 사람들이 많다. 스노클링, 시 카약 등 다양한 해양 스포츠를 즐길 수 있으며 무인도 탐험 투어도 준비되어 있다.

주소 沖縄県糸満市西崎町1-6-15 전화 098-840-3451 시간 08:30~20:30 (4~10월) 위치 나하 공항에서 차로 15분 / 나하 버스 터미널에서 89번 버스를 타고 이토만이리구치(糸満入口) 정거장에서 하차 후 택시 5분, 도보 40분 홈페이지 bibibeach.com 지도 p.180 I 맵코드 232 453 073

구다카 섬 久高島 구다카지마

옛 오키나와의 풍경이 지금도 남아 있는 신의 섬

류큐 왕국의 신 아마미키요가 강림한 곳으로, 신의 섬으로 불리며 오키나와의 성지로 알려져 있다. 자전거를 타고 2시간 정도면 섬을 일주할 수 있으며 자전거는 항구 주변에서 렌트할 수 있다(2시간 300엔). 사탕수수밭이 있는 소소한 섬의 풍경과 주변 바다의 아름다운 풍경이 녹아드는 조용한 섬이다.

전화 098-835-8919 요금 페리 뉴 구다카 3호(ニューくだか III) 편도 760엔, 왕복 1,460엔 페리 구다카(くだか) 편도 670엔, 왕복 1,280엔 위치 나하 공항에서 차로 50분 / 나하 버스 터미널에서 38번 버스를 타고 아자미 산산 비치(あざまサンサンビーチ) 정거장 하차 후 도보 5분, 치넨아자마(知念安座真) 항구에서 페리 이용 20분 홈페이지 구다카지마 홈페이지 www.kudakajima.jp/index.html 여객선 사이트 kudakakaiun.web.fc2.com/schedule.html 지도 p.181 L 맵코드 1076 272 075

Cafe & Restaurant

하마베노 챠야 浜辺の茶屋

바다가 바로 보이는 해변의 카페

가게를 오픈하였을 때부터 손님이 끊이지 않는 오키나와 남부의 인기 카페다. 남쪽으로 열려 있는 커다란 창으로 펼쳐지는 바다의 풍경이 아름답다. 간만의 차이가 커서 카페에서 여유를 부리다 보면 창밖에서 벌어지는 바다의 변화에 깜짝 놀라게 된다. 석양이 아름다우며 언제 찾아가도 좋은 곳이다. 오후 1시까지 제공되는 브런치 세트 ブランチセット가 인기다.

주소 沖縄県南城市玉城字玉城2-1 **전화** 098-948-2073 **시간** 10:00~20:00(월요일 14:00 오픈) **요금** 브런치 세트 1,000엔 **위치** 나하 공항에서 차로 40분 / 나하 버스 터미널에서 39번 버스를 타고 미바루 비치 하차 후 도보 10분 **홈페이지** www.hamabenochaya.com **지도** p.181 K **맵코드** 232 469 490

카페 후우쥬 カフェ 風樹

아름다운 전망과 녹색 숲의 만남

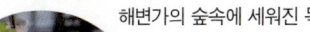

해변가의 숲속에 세워진 목조 건물 카페다. 눈앞에 펼쳐지는 해변의 풍경이 아름다우며 숲속에서 살랑살랑 불어오는 바람이 시원하다. 타코라이스ㅋ라이스를 비롯해 가볍게 식사를 즐기기에도 좋다. 바다가 보이는 테라스석은 인기가 높아 자리 싸움이 치열하다.

주소 沖縄県南城市玉城字垣花8-1 전화 098-948-1800 시간 11:30~15:00, 15:00~18:00 휴무 화요일, 수요일 요금 타코라이스 800엔 위치 나하 공항에서 차로 40분 / 나하 버스 터미널에서 39번 버스를 타고 미바루 비치 하차 후 도보 15분 홈페이지 cafefuju.com/index.html 지도 p.181 H 맵코드 232 530 224

카페 야부사치 Cafe やぶさち

절경 속의 모던한 카페 공간

오키나와 남부 작은 언덕 위의 카페다. 자연과 문화, 건강을 카페의 콘셉트로 잡고 있다. 야부사치는 오키나와 방언으로, 오키나와의 7개의 우타키 중 하나인 야부사츠薮薩의 이름을 빌려 온 것이다. 학과 벼 이삭이 들어간 카페의 로고가 귀엽다. 눈앞에 펼쳐지는 태평양을 바라보며 프렌치, 이탈리안 요리를 즐겨 보자.

주소 沖縄県南城市玉城字百名646-1 전화 098-949-1410 시간 11:00~일몰 때까지 휴무 수요일 요금 오므라이스(オムライス) 1,200엔 위치 나하 공항에서 차로 50분 홈페이지 www.yabusachi.com 지도 p.181 H 맵코드 232 500 499

챠리 레스토랑 チャーリーレストラン

오키나와의 맛있는 수제 애플파이

과거 미군 기지가 있던 곳에 세워진 레스토랑으로, 미군 기지에서 일하던 주방장이 운영하고 있다. 과일이 듬뿍 들어간 파이를 전문으로 판매하며 전통 미국식 애플파이를 맛볼 수 있다. 파이는 애플파이, 블루베리 파이, 체리 애플 파이 세 종류가 있다. 오므라이스를 비롯한 간단한 런치도 준비되어 있다.

주소 沖縄県南城市玉城字親慶原 28 전화 098-948-1617 시간 09:00~23:00 휴무 추석, 1월 1일 요금 애플파이(アップルパイ, 아푸루파이) 1조각 250엔 위치 나하 공항에서 차로 50분 지도 p.181 G 맵코드 232 559 097

이지안 하브 레스토랑 카페 쿠루쿠마 アジアンハーブ・レストラン カフェくるくま

아름다운 풍경과 함께 즐기는 본격 아시안 요리

표고 130m의 언덕 위에 위치한 카페로 파란 하늘과 바다가 눈앞에 펼쳐지는 파노라마 풍경이 멋진 곳이다. 태국의 셰프가 만들어 내는 태국 요리를 중심으로 동남아시아, 인도의 다양한 요리를 맛볼 수 있다. 오리지널 인도 카레, 본격 태국 카레 등 카레의 종류가 많고 인기가 높다.

주소 沖縄県南城市知念字知念1190 전화 098-949-1189 시간 10:00~21:00, 화요일 10:00~18:00 요금 그린 카레(グリーンカレー) 1,140엔, 난쿠루 카레(なんくるカレー) 1,250엔 위치 나하 공항에서 55분 홈페이지 www.nakazen.co.jp/cafe 지도 p.181 H 맵코드 232 562 861

남부

챠도코로 마카베치나

챠도코로 마카베치나 茶処 真壁ちなー 🍴

오키나와 전통의 빨간 기와집에서 보내는 여유로운 시간

1891년에 지어진 류큐 전통 양식의 민가를 리모델링한 카페다. 오키나와 전통의 목조 건물과 빨간 기와가 인상적이다. 오키나와 소바를 비롯해 오키나와 전통의 요리를 맛볼 수 있으며 다양한 차와 디저트가 준비되어 있다. 타임슬립하는 기분으로 여유를 느껴 보자.

주소 沖縄県糸満市真壁223 **전화** 098-997-3207 **시간** 11:00~16:00 **휴무** 수요일, 월 1회 불특정 휴일 **요금** 오키나와 소바 560엔 **위치** 나하 공항에서 차로 45분 **홈페이지** makabechina.ti-da.net **지도** p.180 J **맵코드** 232 368 155

나카모토 센교텐 中本鮮魚店 🍴

오키나와 남부의 명물, 튀김 전문점

오키나와 남부의 작은 섬인 오우섬奧武島오우지마에 있는 튀김 전문점이다. 이 가게에서 튀김을 먹기 위해 섬까지 찾아 올 정도로 인기 있는 가게다. 오키나와의 특산품인 모즈쿠もずく(톳), 우미부도海ぶどう로 만든 튀김과 인근 바다에서 잡히는 생선, 오징어튀김이 인기가 높다. 튀김의 크기가 크고 가격도 저렴하여 좋다.

주소 沖縄県南城市玉城字奧武9 **전화** 098-948-3583 **시간** 10:00~18:00, 10:00~19:00(4~9월) **요금** 튀김(てんぷら, 덴푸라) 65엔~ **위치** 나하 공항에서 차로 40분 **홈페이지** nakamotosengyoten.com **지도** p.181 K **맵코드** 232 467 296

북부
沖縄北部

청정 자연이 잘 보존된 오키나와 북부

오키나와 북부는 오키나와의 자연이 잘 보존되어 있는 얀바루山原와 세계적으로 유명한 츄라우미 수족관이 있는 모토부 반도로 나뉜다. 북부 관광 명소들은 대부분 모토부 반도에 모여 있으며 테마파크와 오키나와 소바의 맛집들이 많다. 오키나와 북부는 오키나와 공항과 시내에서 최소 2시간 이상 걸릴 정도로 거리가 있고 지역이 넓어 하루 안에 둘러보기는 힘들다. 특히 얀바루 지역은 오키나와의 아마존이라고 불릴 정도로 아직 개발이 되어 있지 않기 때문에 쉽게 접근하기 힘들다. 오키나와에서 가장 긴 다리인 고우리 대교로 연결된 고우리 섬과 북동부의 해변 도로는 멋진 드라이브 코스다.

북부 BEST 3

1. 츄라우미 수족관에서 고래상어가 있는 수족관을 배경으로 기념사진 촬영
2. 북부 소바 로드에서 오키나와 소바 맛보기
3. 오키나와에서 가장 긴 다리 고우리 대교로 드라이브

교통

오키나와 북부의 교통은 나하에서 고속버스를 이용하여 나고 버스 터미널로 이동한 후 나고 버스 터미널에서 각 관광지로 이동하는 것이 편리하다. 혹은 얀바루 급행 버스를 이용하면 츄라우미 수족관을 비롯한 북부의 관광 명소를 환승 없이 이용 가능하다. 얀바루와 동부, 내륙 지역은 교통이 불편하여 렌터카가 없으면 관광이 힘들고, 이 지역 대부분의 도로에 가로등이 설치되어 있지 않기 때문에 운전에 주의를 요한다. 운전이 힘들다면 고우리 섬, 츄라우미 수족관 등 북부의 관광 명소만을 둘러보는 정기 관광버스를 이용하는 것도 좋다.

나고 버스 터미널 名護バスターミナル
오키나와 북부의 중심 도시 나고名護 시의 버스 터미널. 공항과 국제 거리가 있는 나하 시를 연결하는 고속버스가 다닌다. 해양박 공원 등 오키나와 북부의 관광 명소를 대중교통으로 둘러볼 때 이 터미널을 이용한다.

류큐 버스琉球バス 나고 출장소
주소 沖縄県名護市字宮里444-1 전화 0980-52-2504

오키나와 버스沖縄バス 나고 출장소
주소 沖縄県名護市字宮里444-2 전화 0980-52-2618

베스트 코스

오키나와 북부 추천 코스 1 렌터카를 이용한 서부 해안 하루 코스

출발!

나하 시내 → (차로 1시간 40분 / 고우리 대교로 연결되는 아름다운 섬) → 고우리 섬 古宇利島 → (차로 30분) → 나키진 성터 今帰仁城跡

나고 파인애플 파크 ナゴパイナップルパーク ← (차로 50분) ← 해양박 공원 海洋博公園 ← (차로 30분) ←

오키나와 북부 추천 코스 2

나하(那覇) 시내 → (차로 1시간 45분) → 세소코 섬(瀬底島) → (차로 15분) → 키시모토 식당(きしもと食堂) → (차로 25분) → 야치문 킷사 시사엔(やちむん喫茶シーサー園) → (차로 40분) → 해양박 공원(海洋博公園) → 츄라우미 수족관(16시 이후)

Travel Tip

모토부 반도

오키나와 북부 서쪽에 위치한 반도로, 해양박 공원(츄라우미 수족관), 세소코 섬 등 오키나와의 관광 명소들이 모여 있다. 해안 지역과 산악 지역으로 나뉘며, 해안 지역에는 아름다운 해변과 리조트, 산악 지역에는 숲속의 카페, 레스토랑이 모여 있다. 이 지역에서 가장 높은 산은 야에다케八重岳(453.3m)로, 산세가 험하며 온도 차가 심해 최저 4℃까지 내려가는 경우도 있으니 주의하자. 모토부 반도 가장 서쪽에 위치한 이에 섬은 독특한 자연 환경과 풍경을 가지고 있어 많은 관광객이 찾는다.

해양박 공원 海洋博公園 카이요쿠하쿠 코우엔

오키나와 국제 해양 박람회가 열렸던 국영 공원

1957년 오키나와 국제 해양 박람회가 열렸던 곳으로, '국영 오키나와 해양 박람 기념 공원国営沖縄海洋博覧会記念公園'이 정식 명칭이다. 우리에게는 고래상어가 헤엄치는 커다란 수조가 있는 츄라우미 수족관美ら海水族館으로 알려져 있다. 이에 섬伊江島이 보이는 에메랄드 비치, 오키나와 전통 가옥을 들여다볼 수 있는 오키나와 향토촌 등 테마 공원으로 잘 꾸며져 있다. 공원에는 전기로 운행하는 셔틀버스(1회 100엔, 1일 200엔)가 있어 각 시설을 이동할 때 이용하면 편리하다.

주소 沖縄県国頭郡本部町字石川424番地 전화 0980-48-2741 시간 08:00~20:30, 08:00~19:00(10~2월) 휴무 12월 첫 번째 수요일과 그 다음 날 요금 무료 위치 렌터카 나하 공항에서 2시간(고속도로 이용 시), 2시간 50분(국도 이용 시) 고속버스 나하 버스 터미널那覇バスターミナル에서 111번 고속버스 이용하여 나고 버스 터미널(名護バスターミナル)에 하차(2,130엔, 1시간 45분 소요) 후 나고 버스 터미널에서 65, 66, 70번 버스를 타고 해양박 공원 하차(860엔, 1시간 소요). 고속버스 이용 시 3시간, 일반 버스 이용 시 3시간 30분 소요 얀바루 급행 버스(1일 8회 운행-08:58, 11:03, 12:48, 14:15, 16:45, 19:05, 21:03, 22:10, www.ok-connection.net) 나하 공항에서 얀바루 급행 버스(やんばる急行バス) 이용하여 기념공원 마에(記念公園前) 하차(2000엔, 2시간 20분 소요) 홈페이지 oki-park.jp/kaiyohaku 지도 p.198 I, 200 A 맵코드 553 075 405

츄라우미 수족관 美ら海水族館 츄라우미 스이조쿠칸

오키나와 바닷속 풍경을 한눈에

2002년에 세계에서 두 번째로 큰 수족관으로 개장하였다. 고래상어의 유영을 볼 수 있는 곳으로 인기가 높다. 1층은 '심해의 여행', 2층은 '쿠로시오(쿠로시오 해류)의 여행', 3층은 '산호초의 여행', 4층은 '대해로의 초대'라는 각기 다른 테마로 꾸며져 있다. 2층에 있는 가로 22.5m, 세로 8.2m, 두께 60cm의 대형 수조는 세계 최대 규모로 기네스북에 올라 있다. 길이 8.5m의 고래상어와 사람 성인 크기의 쥐가오리 등 오키나와 바닷속 생물들이 유유히 헤엄치고 있다. 수조 천장에서 쏟아져 내려오는 햇볕이 수조에 녹아들어 신비로운 장면을 연출하며 이곳에서 촬영한 영상들은 유튜브 등에서 화제가 되어 많은 여행객들의 버킷리스트 중 하나로 자리 잡았다. 하루 두 번(15:00, 17:00)의 설명과 함께 고래상어에게 먹이를 주는데 이때 고래상어가 세로로 서 있는 재미있는 모습을 관찰할 수도 있다. 16시 이후에 입장하면 할인 혜택이 있기 때문에 해양박 공원의 다른 곳을 둘러본 뒤 이곳을 찾아도 좋다.

주소 沖縄県国頭郡本部町字石川424番地 전화 0980-48-3743 시간 08:30~20:00, 08:30~18:30(10~2월) 휴무 12월 첫 번째 수요일과 그 다음 날 요금 성인 1,850엔, 1,290엔(16시 이후) 고등학생 1,230엔, 860엔(16시 이후) 초·중학생 610엔, 430엔(16시 이후) 위치 해양박 공원 내부에 위치 홈페이지 oki-churaumi.jp/index.html 지도 p.198 I, 200 A 맵코드 553 075 796

오키짱 게키죠 オキチャン劇場

츄라우미 수족관의 신나는 돌고래 쇼

파란 바다를 배경으로 펼쳐지는 돌고래 쇼다. 이곳의 돌고래인 오키짱オキちゃん은 해양박 공원의 명물로 사랑받고 있다. 츄라우미 수족관 출구에서 나와 바다 쪽으로 걸어가면 찾을 수 있다.

돌고래 쇼(20분) 11:00, 13:00, 14:30, 16:00, 17:30(4~9월 한정) 다이버 쇼(15분) 11:50, 13:50, 15:30

에메랄드 비치 エメラルドビーチ

일본의 쾌적한 해수욕장 100선

공원 북쪽의 Y자 모양으로 펼쳐진 코랄샌드コーラルサンド(산호모래) 해변이다. '일본 해수욕장 88선', '일본의 쾌적한 해수욕장 100선'에 선정되는 등 코발트블루의 아름다운 바다가 눈앞에 펼쳐진다.

시간 4월 1일~9월 30일 08:30~19:00, 10월 1일~10월 31일 08:30~17:30 지도 p.200 A 맵코드 553 105 377

열대 드림센터 熱帯ドリームセンター 레츠다이 도리무센타

열대 지역의 화사한 꽃이 가득한 테마 공원

태양과 꽃과 바다를 테마로 조성된 온실 식물원. 열대 지역의 화사한 꽃과 식물들을 감상할 수 있다. 난초과의 식물을 중심으로 2,000종 이상의 꽃과 식물들을 감상할 수 있다. 무료 휴게소와 열대 과일을 맛볼 수 있는 트로피컬 프루트 카페 등의 부대시설도 있다.

전화 0980-48-3624 시간 08:00~19:00, 08:00~17:30(10~2월) 휴무 12월 첫 번째 수요일과 그 다음 날 위치 해양박 공원 내부 요금 690엔, 350엔(초·중학생) 홈페이지 oki-churaumi.jp/index.html 지도 p.200 A

오키나와 향토촌 오모로 식물원 おきなわ郷土村 おもろ植物園 오키나와 교우도무라 오모로 쇼쿠부츠엔

오키나와의 전통 가옥을 살짝 엿볼 수 있는 곳

오키나와 향토촌은 오키나와 류큐 왕국 시대의 전통 가옥을 중심으로 당시의 생활 문화를 알아볼 수 있도록 조성한 곳이다. 자유롭게 입장이 가능하여 해양박 공원을 다니다가 살짝 둘러보면 좋다.

전화 0980-48-2741 시간 08:00~19:00, 08:00~17:30(10~2월) 휴무 12월 첫 번째 수요일과 그 다음 날 요금 무료 위치 해양박 공원 내부 홈페이지 oki-churaumi.jp/index.html 지도 p.200 A

🌟 OKIZONE PASS

류큐죠쵸쵸엔 琉宮城蝶々園

하얀 나비가 날아다니는 식물원

해양박 공원 서쪽 끝에 위치한 성 모양의 식물원. 가볍게 산책하며 오키나와의 정원을 둘러볼 수 있다. 식물원 온실에는 새하얀 나비들이 날아다니며 나비와 함께 멋진 기념사진을 남길 수 있다. 레스토랑 기념품 숍도 함께 있어 쇼핑과 식사도 가능하다.

주소 沖縄県国頭郡本部町字山川 390-1 전화 0980-48-3456 시간 09:00~17:00 휴일 연중무휴 위치 해양박 공원(츄라우미 수족관)에서 도보 10분, 차로 3분 요금 500엔, 250엔(3~16세) 지도 p.200 A 홈페이지 ryugujo.okinawa

비세 후쿠기 가로수 길 備瀬のフクギ並木 비세노후쿠기나미키

1,000그루가 넘는 후쿠기 가로수 길

해양박 공원과 가까운 비세 지역은 약 250채의 주택이 바둑판처럼 모여 있다. 마을은 2만 그루가 넘는 후쿠기 나무(일본 망고스틴 나무)에 둘러싸여 있으며 이는 태풍의 피해를 막아 준다고 한다. 후쿠기는 오키나와에서 예부터 방풍림으로 많이 심었으며 이곳의 나무들은 대부분 300년 이상의 수령을 가진다.

주소 沖縄県国頭郡本部町備瀬 **전화** 0980-48-2371 **위치** 나하 공항에서 차로 2시간(고속도로), 2시간 50분(일반도로) / 나고 버스 터미널(名護バスターミナル)에서 65, 66, 70번 버스 이용하여 비세이리구치(備瀬入口)에 하차, 가로수 길까지 도보 5분 **지도** p.198 l, 200 A **맵코드** 553 105 655

★ 세계 문화유산

나키진 성터 今帰仁城跡 나키진죠 아토

류큐 왕국의 역사의 흔적

해발 90~100m 언덕 위에 세워진 류큐 왕국이 통일되기 이전의 성이다. 북산北山 보쿠잔, 중산中山 츄잔, 남산南山 난잔으로 나뉘어 세력 다툼을 하던 삼산 시대三山時代의 북산(보쿠잔) 왕이 살던 성이다. 성의 북쪽과 동쪽에는 70~80m의 계곡이 있으며 석회암을 쌓아 올려 만든 성벽의 높이는 3~8m, 길이는 1.5km에 달한다. 성의 북쪽 가장 높은 곳이 우치바루御内原에 오르면 오키나와 북부의 푸른 바다가 눈 앞에 펼쳐진다. 일본에서 가장 먼저 벚꽃이 피는 곳으로, 1월 하순~2월 상순 사이에 이곳을 찾으면 분홍색의 벚꽃을 볼 수 있다.

주소 沖縄県国頭郡今帰仁村字今泊5101 **전화** 0980-56-4414 **시간** 08:00~18:00 **요금** 성인 400엔, 중·고등학생 300엔 **위치** 나하 공항에서 차로 1시간 50분(고속도로), 2시간 30분(일반 도로) / 나고 버스 터미널(名護バスターミナル)에서 65, 66번 버스 이용하여 나키진죠아토 정거장에서 하차 후 도보 15분 **홈페이지** nakijinjo.jp **지도** p.198 l, 200 B **맵코드** 553 081 414

고우리 섬 古宇利島 고우리지마

오키나와에서 가장 긴 다리로 연결되는 아름다운 섬

고우리 대교古宇利大橋로 야가지 섬屋我地島 야가지지마과 연결되는 오키나와 북부의 섬이다. 둘레가 8km 정도 되는 작은 섬으로, 섬 주변에는 카페와 민박집들이 많이 있다. 섬 주변의 바다는 오키나와에서도 손꼽힐 정도로 투명함을 자랑하며 해수욕과 스노클링을 즐길 수 있다.

주소 国頭郡今帰仁村古宇利 전화 080-2055-4000 위치 나하 공항에서 차로 1시간 40분(고속도로 이용), 2시간 20분(국도 이용), 나고 시내에서 30분, 해양박 공원에서 30분 홈페이지 kourijima.info 지도 p.201 D 맵코드 485 692 131

고우리 대교 古宇利大橋 고우리오오하시

오키나와에서 가장 긴 다리, 환상의 드라이브 코스

고우리 섬古宇利島과 야가지 섬屋我地島을 연결하는 약 2km의 다리로, 오키나와에서 가장 긴 다리이다. 창밖으로 에메랄드그린의 바다가 펼쳐져, 바다 위를 달리는 듯한 착각에 빠지게 만든다. 입구 왼쪽에는 주차장과 휴게소가 있어 그곳에서 일자로 길게 뻗은 다리의 모습을 찍기에 좋다.

지도 p.201 D 맵코드 485 632 666

시마노에키 島の駅

고우리 섬의 작은 먹거리 장터

고우리 섬에 들어서면 왼쪽에 있는 휴게소다. 휴게소에서 조금만 걸어 내려가면 다리 아래에 하얀 백사장이 나온다. 휴게소에는 식당과 기념품 가게가 있으며 오키나와 브랜드 돼지고기인 아구와 우미부도海ぶどう가 같이 나오는 고우리지마동古宇利島丼(고우리지마 덮밥, 1,000엔)과 다양한 해산물 덮밥 요리를 즐길 수 있다.

주소 沖縄県国頭郡今帰仁村古宇利2739-1 **전화** 0980-56-1243 **시간** 가게마다 다름 **위치** 나하 공항에서 차로 1시간 40분(고속도로 이용), 2시간 20분(국도 이용), 나고 시내에서 30분, 해양박 공원에서 30분 **홈페이지** shimanoeki.com **지도** p.201 D **맵코드** 485 692 055

고우리 오션 타워 古宇利オーシャンタワー

고우리지마의 절경을 바라보다

고우리지마의 전망을 360도 파노라마로 감상할 수 있는 전망 타워. 카트를 타고 입구까지 이동을 하며 타워 입구에는 전망 좋은 레스토랑이 위치해 있다. 1층의 쉘 뮤지엄에는 전 세계에서 수집한 1만여 개의 조개껍질이 전시되어 있다. 최상층에는 연인의 종이 있으며 멋진 풍경과 함께 기념사진을 찍을 수 있다.

주소 沖縄県国頭郡今帰仁村古宇利538 **전화** 0980-56-1616 **시간** 09:00~18:00 **휴일** 연중무휴 **위치** 고우리지마 입구에서 도보 15분, 차로 3분 **요금** 성인 800엔, 600엔(중, 고등학생), 300엔(초등학생) **홈페이지** www.kouri-oceantower.com **지도** p.201 D **맵코드** 485 693 513

하트 바위 ハートロック 하토 로쿠

고우리지마 북쪽의 하트 모양 바위

고우리지마 북쪽 해변의 바위. 바위가 파도에 침식되어 하트 모양으로 깎여 있어 하트 바위라고 불린다.

위치 고우리지마 입구에서 도보 30분, 차로 7분 **지도** p.201 D **맵코드** 485 751 051

OKIZONE PASS

북부

나고 파인애플 파크 ナゴパイナップルパーク

오키나와 파인애플을 맛보자

약 100종류의 파인애플이 재배되고 1년 내내 파인애플을 맛볼 수 있는 테마파크다. 파인애플 모양의 배, 파인애플호(별도 요금 500엔)를 타고 파인애플 농장과 열대 정원을 둘러볼 수 있다. 산책하듯 걸어서도 파인애플 농장을 둘러볼 수 있으며 파인애플이 자라는 과정을 관찰할 수 있다. 상점 안에서는 파인애플과 파인애플을 이용한 다양한 상품들을 시식해 볼 수 있다.

주소 沖縄県名護市為又1195 전화 0980-53-3659 시간 09:00~18:00 요금 성인 850엔, 중·고등학생 600엔 초등학생 450엔, 초등학생 이하 무료 위치 나하 공항에서 차로 1시간 40분 / 나고 버스 터미널(名護バスターミナル)에서 70, 76번 버스 이용하여 와타쟈하라(ワタジャ原) 정거장 하차 후 도보 3분 홈페이지 www.nagopain.com 지도 p.198 J, 201 K 맵코드 206 716 467

네오파크 오키나와 ネオパークオキナワ

신기한 동식물이 가득한 테마파크

오키나와의 온난한 기후를 살려 자연 그대로의 공간에서 동식물을 기르고 있다. 플라밍고의 호수에서는 다양한 아열대 조류, 세계 최대의 담수어인 피라루쿠(Pirarucu) 등을 볼 수 있다. 아마존 정글이나 아프리카 사바나, 동남아시아, 오세아니아 등 동물들의 서식지에 가까운 환경을 재현해 놓아 다양한 희귀 동물과 새들에게 먹이를 주면서 한가로이 산책을 즐길 수 있다.

주소 沖縄県名護市名護4607-41 전화 0980-52-6348 시간 09:00~17:30 요금 성인 660엔, 330엔(중·고등학생), 220엔(초등학생 이하) 위치 나하 공항에서 차로 1시간 30분 / 나고 버스 터미널(名護バスターミナル)에서 차로 5분 홈페이지 www.neopark.co.jp 지도 p.198 N, 201 P 맵코드 206 689 725

209

오리온 해피 파크 オリオンハッピーパーク

오리온 맥주 공장 견학과 함께 시원한 맥주 한잔

1957년 창업 이래 오키나와의 주민들에게 사랑받아 온 맥주인 오리온 맥주의 공장으로, 신선한 맥주는 물론 맥주가 만들어지는 과정을 지켜보며 공장을 견학할 수 있다. 약 40분 간의 견학을 마치면 오리온 맥주를 시음하고 안주를 먹어 볼 수 있다(1인 2잔, 무료). 술을 먹지 못한다면 음료로 대신할 수 있다.

주소 沖縄県名護市字東江2-2-1 **전화** 0980-52-2137 (사전 예약 가능) **시간** 09:20~16:40 **휴무** 12/31~1/3 **위치** 나하 공항에서 차로 1시간 30분 / 나고 버스 터미널 (名護バスターミナル)에서 차로 5분 **홈페이지** www.orionbeer.co.jp/happypark **지도** p.198 N, 201 P **맵코드** 206 598 838

무타바루 전망대 六田原展望台

오키나와 북부의 전망 명소

오키나와 북부 해변, 특히 고우리지마 섬 주변의 바다와 풍경을 한눈에 감상할 수 있는 전망대로 석양이 아름다운 곳으로 인기가 높다. 나하에서 제법 멀리 떨어진 곳에 있어서 오키나와 북부 여행이나 고우리지마 주변을 들를 때 잠깐 찾아가면 좋다.

위치 나하 공항에서 2시간(고속도로 이용 시), 2시간 50분 (국도 이용 시) **지도** p.199 K **맵코드** 485 615 127

북부

세소코 섬 瀬底島 세소코지마

에메랄드빛 해변에 둘러싸인 아름다운 섬

본섬 북부 모토부 반도 서쪽의 작은 섬이다. 해양박 공원과 가까우며 섬 주변의 바다가 아름답고 섬 내에는 아름다운 카페들이 많이 모여 있다. 세소코 대교瀬底大橋 세소코오오하시라는 아치형의 거대한 다리로 연결되어 있어 쉽게 접근이 가능하다. 츄라우미 수족관과 가깝고 차로 30분 정도면 둘러볼 수 있기 때문에 잠깐 시간을 내서 들르면 좋다.

주소 沖縄県国頭郡本部町瀬底 전화 0980-47-7000(세소코 비치) 위치 나하 공항에서 차로 1시간 45분(고속도로 이용), 2시간 20분(일반 도로 이용) 지도 p.198 I, 200 I 맵코드 206 793 747

세소코 비치 瀬底ビーチ

자연 그대로의 오키나와를 느낄 수 있는 해변

약 800m의 백사장과 에메랄드그린의 바다가 있다. 반짝반짝 빛나는 아름다운 수면은 태양과 구름, 파도에 따라 그 색을 변화시켜 간다. 해변을 걷다 보면 수평선에 떠 있는 섬과 융기 산호초가 만들어 내는 조형의 아름다움을 느낄 수 있으며 바다의 투명도가 높아 스노클링을 즐기기에 좋다.

주소 沖縄県国頭郡本部町瀬底 전화 0980-47-7000(세소코 비치) 위치 나하 공항에서 차로 1시간 45분(고속도로 이용), 2시간 20분(일반 도로 이용) 지도 p.200 I 맵코드 206 822 294

이에 섬 伊江島 이에지마

길고 평탄한 땅콩 모양의 아름다운 섬

사계절 아름다운 꽃이 피어 있는 따뜻하고 아름다운 아열대의 섬이다. 넓고 평평한 섬 한가운데 우뚝 솟아있는 작은 산 닷츄城山는 섬의 상징이다. 오키나와 본 섬 모토부 항구에서 배를 타고 30분 정도 가면 가볍게 찾을 수 있는 곳이며 해양박 공원에서 멀리 보이는 섬이 바로 이에 섬이다. 4~5월에는 백합이 아름답게 피어나며 섬 주변에는 절경을 자랑하는 명소들로 가득하다. 섬 내에서는 렌터카나 렌탈 자전거(1시간 400엔, 1일 1,500엔), 노선버스(150엔~), 택시(기본요금 430엔, 2시간 관광 코스 6,800엔) 등을 이용하여 둘러볼 수 있다.

섬의 특산물로 땅콩, 벌꿀 등이 있으며 땅콩을 이용한 아이스크림(210엔), 고구마맛의 무라사키 모찌 むらさきもち(6개 350엔), 와지의 지하수로 만든 다양한 맛의 이에소다(250엔) 등이 판매되고 있다.

주소 沖縄県国頭郡伊江村 **전화** 0980-49-3519 **위치** 나하 공항에서 차로 1시간 40분(고속도로 이용), 2시간 30분(일반 도로 이용). 모토부 항(本部港)으로 이동하여 페리 이용하여 이에 항(伊江港) 도착 **홈페이지** www.iekanko.jp **지도** p.198 A, B, E, F **맵코드** 553 185 095

★ 교통편

여객선 요금
편도 720엔, 어린이 360엔 왕복 1,230엔, 어린이 620엔

여객선 시간
이에 항 08:00, 10:00, 13:00, 16:00 7월 21일~8월 31일 08:00, 10:00, 12:00, 14:30, 16:00 모토부 항 09:00, 11:00, 15:00, 17:00 7월 21일~8월 31일 09:00, 11:00, 13:30, 15:30, 17:30

렌터카이용시
차 길이 3m 미만 편도 2,480엔, 왕복 4,720엔, 4m 미만 편도 3,090엔, 왕복 5,880엔, 5m 미만 편도 3,920엔, 왕복 7,450엔, 6m 미만 편도 5,110엔, 왕복 9,710엔, 7m 미만 편도 6,530엔, 왕복 12,410엔

닷츄 城山

이에 섬 한가운데 우뚝 솟아 있는 기묘한 산

이에 섬 어디에서나 보이는 섬의 상징 같은 산이다. 섬 중앙에 위치한 해발 172m의 바위산으로 섬 정상에서 보는 360도 파노라마 전망이 아름답다. 오래된 암반이 새로운 암반으로 들어가는 과정에서 일부가 돌출하여 새로운 암반 위로 올라가는 현상인 오프스크레이 オフスクレイ는 세계에서도 유례가 없는 것으로 알려져 있다. 산 정상까지는 약 300여 개의 계단이 있으며 시간은 많이 걸리지 않지만 가파르기 때문에 숨이 차오른다.

위치 이에 항에서 차로 10분, 산 입구에서 정상까지 도보 15분 **지도** p.198 F **맵코드** 553 157 811

와지 湧出

이에 섬 북쪽 절경의 해안 절벽

섬 북쪽 해안에는 60m가 넘는 절벽들이 늘어서 있는데 섬 주변의 푸른 바다와 함께 멋진 풍경을 만들어 낸다. 이 주변에는 지하수가 솟아나 예부터 귀중한 수원지였으며 지금도 섬 주민들의 음료로 사용되고 있다. 이곳의 물을 이용하여 이에 섬의 명물인 이에소다를 만들기도 한다.

지도 p.198 A 맵코드 553 214 448

냐테이아 동굴 ニャティヤ洞

오키나와 자연의 신비

오키나와 전쟁 중 미군의 폭격을 피하기 위해 주민들의 방공호로 사용되었고 천 명의 사람이 들어갈 수 있다고 하여 천인동千人洞 센닌도이라고 불리던 곳이다. 동굴 안에는 리키이시カ石 비지루라는 바위가 있는데 자식이 없는 여성이 이 돌을 들면 아이를 낳을 수 있다고 하며 바위가 무거우면 남자, 가볍다면 여자아이를 가지게 된다고 한다.

위치 이에 항에서 차로 10분 지도 p.198 E 맵코드 553 122 626

백합 필드 공원 リリーフィールド公園

바다가 보이는 아름다운 백합 공원

바다와 맞닿아 있는 넓은 공원으로, 피크닉과 산책을 즐기기에 좋다. 북쪽 해안의 아름다운 경관을 배경으로 약 2만 6000평의 부지에 꾸며진 공원이다. 매년 4월 하순부터 열리는 백합 축제에는 100만 송이의 백합이 피어나 아름다운 풍경을 만들어 낸다.

위치 이에 항에서 차로 15분 지도 p.198 B 맵코드 553 217 850

이에 비치 伊江ビーチ

이에 섬의 아름다운 해수욕장

1km의 백사장이 이어지는 섬 동쪽의 해변이다. 얕고 넓게 펼쳐진 해변은 해수욕을 즐기기에 좋다. 해변 뒤의 숲モクマオウの林 모쿠마오우노 모리에는 청소년 여행촌이 있으며 캠프와 바비큐 등을 즐길 수 있다. 여름에 젊은이들이 늦게까지 모이는 곳이다.

위치 이에 항에서 차로 5분 지도 p.198 F 맵코드 553 129 607

이에 섬에서의 하룻밤

이에 섬은 작은 섬이지만 볼거리가 많아 하루를 지내도 부족함이 없다. 특히 맑은 날의 저녁이면 닷츄 산과 함께 별이 반짝이는 아름다운 밤하늘을 감상할 수 있어 좋다. 섬 안의 숙박은 리조트 호텔 한 곳을 제외하고는 대부분의 숙소가 민박이며 20여 곳 정도가 있다. 가격은 대부분 5,000엔 이하로, 성수기에는 방을 잡기가 어려우니 미리 예약을 하도록 하자.

카사 비엔토 Casa Viento

즐거운 펜션, 때때로 카페

닷츄 산 바로 아래에 위치한 펜션이자 카페다. 부부가 운영하는 곳으로 오랜 시간 동안 이곳의 건물을 조금씩 조금씩 꾸며 나가고 있다. 독특한 모양의 건물은 섬 내에서 사진관을 운영하는 주인이 직접 만든 곳으로, 비슷한 모양의 건물(사진관)이 섬 내에 한 군데 더 있다. 오후에는 카페로도 운영되고 있으며 저녁이 되면 닷츄 산을 배경으로 별이 반짝이는 아름다운 밤하늘을 볼 수 있다.

주소 沖繩県国頭郡伊江村字東江上549 전화 0980-49-2202 시간 11:30~17:30 휴무일 월, 공휴일 요금 숙박 1인 4,000엔, 조식 750엔 위치 이에 항에서 차로 10분 홈페이지 casaviento.info 지도 p.198 B, F 맵코드 553 187 211

YYY 클럽 이에 리조트 YYY CLUB IE RESORT 와이와이와이 쿠라부 이에 리조토

이에 섬의 휴양 리조트 호텔

이에 섬에 하나밖에 없는 리조트 호텔이다. 제트 스키, 드래곤 보트, 바다카약 등 다양한 해양 액티비티로 이에 섬을 즐길 수 있다. 요트, 크루즈도 자체 운항하고 있으며 골프, 테니스 등 필드에서 즐기는 스포츠도 마련되어 있다.

주소 沖繩県国頭郡伊江村東江前1965 전화 0980-49-5011 요금 1인 7,500엔~ (2인 1실 기준) 위치 이에 항에서 차로 5분 홈페이지 www.ie-resort.com 지도 p.198 F 맵코드 553 128 586

얀바루 山原

오카나와 본 섬 북부 지역인 얀바루는 대부분이 삼림 지역으로 자연환경이 잘 보존된 곳이다. 관광 명소로는 오카나와의 최북단인 해도 곶(해도 미사키)이 있으며 이곳으로 향하는 서쪽 해안 도로의 해변 풍경이 아름답다. 나하, 나고 등 오카나와 시내에서 거리가 있어 쉽게 찾아가기 힘들며 대부분 가로등이 없는 정글 숲이기 때문에 해가 지기 전에 돌아오는 것이 좋다.

해도 곶 辺戸岬 해도 미사키

오키나와의 북쪽 끝

오키나와 최북단에 있는 곶이다. 태평양과 동중국 해의 거친 파도가 절벽에 부딪히는 모습이 장관을 이룬다. 맑은 날에는 수평선에 요론 섬与論島 요론지마(가고시마의 섬)이 보인다. 미군 통치 시절 일본의 복귀를 기원하는 화톳불 집회가 열린 곳으로, 조국 복귀 투쟁 기념비가 세워져 있다. 주변에 있는 복귀 기념 자료관에는 당시의 사진과 관련 서적 등이 전시되어 있다.

주소 沖縄県国頭郡国頭村辺戸 **전화** 0980-41-2101 **위치** 나하 공항에서 차로 3시간 **지도** p.199 D **맵코드** 728 736 142

히가시손 후레아이 맹그로브 숲 공원 東村ふれあいヒルギ公園

자연 속에서의 카누 체험

오카나와 북동부 게사시완慶佐次湾의 맹그로브 숲은 오카나와에서 가장 많이 볼 수 있는 세 종류의 맹그로브가 서식하고 있다. 그 중에서도 야에야마히루기エヤマヒルギ는 이곳부터 북부 지역에서만 볼 수 있는 식물로, 천연 기념물로 지정되어 있다. 강가에서는 카누 체험(2시간 6,000엔, 1시간 30분 4,000엔)을 즐길 수 있다. 넓은 잔디 공원과 산책로가 조성되어 있으며 물총새, 백로, 게, 나비 등 다양한 생물을 관찰하며 산책을 즐길 수 있다.

주소 沖縄県国頭郡東村字慶佐次 **전화** 0980-51-2655 **위치** 나하 공항에서 차로 2시간 30분(일반 도로 이용) **홈페이지** www.vill.higashi.okinawa.jp/index.jsp **지도** p.199 O **맵코드** 485 377 017

Cafe & Restaurant

> 모토부 반도

츄라 하나 美ら花

오키나와 향토 요리 전문 이자카야

향긋한 나무 향이 배어 있는 그루터기 의자와 차분한 느낌을 주는 목조 건물은 츄라 하나만의 고유한 특색이며, 여행자들의 피로를 풀어 준다. 이곳의 대표 메뉴인 오키나와 소바는 직접 만든 생면만을 사용하고, 수제 어묵과 푸짐한 삼겹살 등 먹거리가 많다. 오키나와의 술 아와모리를 비교하며 마셔 볼 수 있다.

OKIZONE PASS

주소 沖縄県名護市字幸喜111-1 **전화** 0980-53-0331 **시간** 11:00~15:30, 17:00~23:00 **휴일** 연중무휴 **위치** 나하 공항에서 차로 1시간 30분, 부세나 리조트 키세비치 인근 **요금** 산마이니쿠 소바(三枚肉そば) 690엔 **홈페이지** www.chura-hana.com **지도** p.198 M **맵코드** 206 444 122

야치문 킷사 시사엔 やちむん喫茶シーサー園

오키나와 자연 속의 아름다운 카페

오키나와의 대자연 속에 녹아 있는 빨간 기와집의 카페다. 2층의 테라스에서는 옛 민가의 운치 있는 분위기 속에서 느긋한 시간을 보낼 수 있다. 카페의 정원과 곳곳에는 다양한 모습의 개성 넘치는 시사들이 반기고 있으며 자유롭게 산책을 즐길 수 있다. 제철 채소를 사용한 히라야치ひらやーちー(오키나와풍 오코노미야키, 빈대떡과 비슷)와 미네랄이 풍부한 오키나와의 천연수로 만든 에스프레소가 인기이다. 일본은 물론 우리나라의 드라마나 영화 등 다양한 작품의 촬영지로도 유명하다.

주소 沖縄県国頭郡本部町伊豆見1439 **전화** 0980-47-2160 **시간** 11:00~19:00 **휴무** 월, 화요일 **요금** 히라야치 500엔, 에스프레소 500엔 **위치** 나하 공항에서 차로 1시간 40분(고속도로), 2시간 20분(일반 도로) **지도** p.201 K **맵코드** 206 803 695

키시모토 식당 본점 きしもと食堂 키시모토 쇼쿠도

진하고 시원한 국물의 오키나와 소바 한 그릇

창업 100년이 넘는 오키나와 소바 전문점이다. 가장 맛있는 오키나와 소바를 이곳으로 꼽는 사람들이 많다. 전통적인 제법으로 만들어 내는 수타면의 불규칙적인 두께의 면은 느끼하지 않고 단맛이 나는 국물과 잘 매치가 된다. 오키나와 북부의 소바 가도そば街道가 시작되는 곳이기도 하며 도로를 따라가면 키시모토 식당의 2번째 가게인 야에다케八重岳 지점이 나온다.

주소 沖縄県国頭郡本部町渡久地5 **전화** 0980-47-2887 **시간** 11:00~17:30(다 팔리면 영업 종료) **휴무** 수요일 **요금** 소바(大) 650엔 **위치** 나하 공항에서 차로 1시간 50분(고속도로), 2시간 30분(일반 도로) **지도** p.200 F **맵코드** 206 857 712

Travel Tip

소바 가도 そば街道
오키나와 북부의 소바 가게들이 많이 모여 있는 도로(84번 국도). 오키나와 소바를 대표하는 맛집들이 도로를 따라 모여 있다.

아라카키젠자이야 新垣ぜんざい屋

60년 전통의 팥빙수 전문점

일본에서 젠자이ぜんざい는 보통 단팥죽을 말하지만 오키나와의 젠자이는 차가운 팥죽에 빙수를 얹은 것으로 우리나라의 팥빙수와 비슷하다. 창업한 지 60년이 넘는 전통의 가게로, 변함없는 맛으로 사랑받고 있다. 메뉴는 젠자이 한 종류로, 가게 안에는 식권 판매기가 설치되어 있고 판매기의 버튼이 전부 젠자이이며 1인분부터 20인분까지 선택할 수 있는 버튼이 있다는 게 재미있다. 키시모토 식당 바로 옆에 있어 소바를 먹은 다음 입가심으로 먹기에 좋다.

주소 沖縄県国頭郡本部町字渡久地11-2 **전화** 0980-47-4731 **시간** 12:00~18:00 **휴무** 월요일 **요금** 젠자이 250엔 **위치** 나하 공항에서 차로 1시간 50분(고속도로), 2시간 30분(일반 도로), 키시모토 식당 부근 **지도** p.200 F **맵코드** 206 857 741

아열대 찻집 亜熱帯茶屋 아렛타이 차야

전망 좋은 오키나와 북부의 카페

츄라우미 수족관 인근의 전망 좋은 카페. 오키나와 북부의 해변 풍경이 파노라마처럼 펼쳐진다. 오키나와 북부의 대표적인 섬인 세소코지마와 이에지마가 한눈에 들어오는 풍경은 절경. 야외에는 해먹이 설치되어 있어 오키나와의 일몰을 감상하며 편안하게 여유를 부릴 수 있다.

주소 沖縄県国頭郡本部町字野原60 **전화** 0980-47-5360 **시간** 11:00~해 질 녘 **휴일** 일요일 **위치** 나하 공항에서 2시간(고속도로 이용 시), 2시간 50분(국도 이용 시), 츄라우미 수족관에서 차로 25분 **요금** 아열대 런치 1,000엔 **지도** p.200 F **맵코드** 206 888 578

잇푸쿠 차야 -福茶屋

비세 후쿠기 가로수 길의 찻집

오키나와 북부의 관광 명소 비세 후쿠기 가로수 길의 찻집으로 가로수 길 입구 근처에 위치하고 있다. 오키나와의 명물 블루 실 아이스크림과 다양한 맛의 빙수를 맛볼 수 있다. 자전거 대여가 가능하여 자전거를 타고 비세 후쿠기 주변의 관광 명소를 둘러볼 수 있다.

주소 沖縄県国頭郡本部町備瀬511 **전화** 0980-48-2584 **시간** 09:00~17:00 **휴일** 불특정 **위치** 비세 후쿠기 가로수 길 내부 **요금** 렌탈 사이클 500엔~ (1시간부터) **홈페이지** www.fukugi-namiki.com **지도** p.200 A **맵코드** 553 105 654

스테이크 하우스 88 ステーキハウス88 스테키 하우스 하치하치

츄라우미 수족관 가는 길의 스테이크 전문점

츄라우미 수족관에서 차로 5분 거리의 스테이크 전문점. 스테이크 하우스 88의 지점으로 아메리칸 스타일의 인테리어가 특징이다. 날씨가 좋은 날에는 야외의 테라스 자리를 이용하는 것도 좋다. 스테이크에 수프, 샐러드, 라이스가 함께 제공된다.

주소 沖縄県国頭郡本部町浦崎278-3 **전화** 0980-51-7588 **시간** 11:00~23:00(7~9월), 11:00~22:00(10~6월) **휴일** 연중무휴 **위치** 나하 공항에서 1시간 50분(고속도로 이용 시), 2시간 40분(국도 이용 시), 츄라우미 수족관에서 차로 5분 **요금** 찹 스테이크(チャップ ステーキ) 1,500엔 **지도** p.200 F **맵코드** 553 017 604

츄라 테라스 美らテラス
섬을 바라보며 맛있는 요리를 즐길 수 있는 곳

오키나와 북부 고우리지마 섬 입구에 위치한 가든 레스토랑 겸 카페. 오키나와에서 가장 아름다운 풍경 중 하나인 고우리지마 섬 풍경을 바라보며 햄버거, 참치구이 스테이크, 오키나와 소바, 타코라이스 등 다양한 요리를 맛볼 수 있다. 자전거도 대여할 수 있어 자전거를 타고 고우리지마 섬을 건너 볼 수 있다.

주소 沖縄県名護市字済井出大堂1311 **전화** 0980-52-8082 **시간** 11:00~18:00 **휴일** 연중무휴 **위치** 나하 공항에서 1시간 40분(고속도로 이용 시), 2시간 20분(국도 이용 시), 나고 시내에서 30분, 해양박 공원에서 30분 **홈페이지** churaterrace.com **지도** p.201 H **맵코드** 485 601 801

카진호 花人逢
오키나와 전통 민가 카페에서 맛보는 피자

오키나와 북부 츄라우미 수족관 인근의 피자 카페. 조금 높은 언덕에 위치하고 있어 오키나와 북부 해변의 풍경을 감상하며 요리를 즐길 수 있다. 화덕 피자와 열대 과일 음료를 판매하고 있으며 인기가 좋아 줄을 서서 기다려야 할 수도 있다.

주소 沖縄県国頭郡本部町山里1153-2 **전화** 0980-47-5537 **시간** 11:30~19:00 **휴일** 화, 수요일 **위치** 나하 공항에서 2시간(고속도로 이용 시), 2시간 50분(국도 이용 시), 츄라우미 수족관에서 차로 25분 **요금** 피자 2,000엔(미디엄) **홈페이지** kajinhou.com **지도** p.200 F **맵코드** 206 888 699

북부

고쿠 카페 カフェこくう
해변가 언덕 위의 외딴집

오키나와 북부 해안가 언덕 위에 홀로 서 있는 작은 집으로, 카페와 바다의 풍경이 그림 같다. 균형 잡힌 건강식인 마이크로 비오틱을 배운 일본 요리 전문 쉐프가 만든 깔끔한 요리가 카페의 분위기와 어울린다. 오키나와에서 재배한 무공해 식재료를 설탕과 유제품, 고기를 사용하지 않고 담백하게 만들어 낸다.

주소 沖縄県国頭郡今帰仁村字諸志2031-138 **전화** 0980-56-1321 **시간** 11:30~17:00 **휴일** 월, 일요일 **위치** 나하 공항에서 2시간(고속도로 이용 시), 2시간 50분(국도 이용 시), 츄라우미 수족관에서 차로 25분 **요금** 고쿠 플레이트(こくうプレート) 1,200엔 **지도** p.201 G **맵코드** 553 053 127

얀바루 소바 山原そば
고기 듬뿍 푸짐한 오키나와 소바

오키나와의 전통 가옥을 개조하여 만든 창업 40년이 넘는 소바 전문점이다. 소바는 담백한 수프와 두툼한 돼지고기가 만나 조화를 이룬다. 언제나 손님들이 긴 행렬을 이루며 보통 15시 정도에는 준비된 재료가 다 떨어지기 때문에 서두르는 것이 좋다.

주소 沖縄県国頭郡本部町本部町伊豆味70-1 **전화** 0980-47-4731 **시간** 12:00~18:00 **휴무** 월요일 **요금** 소키 소바(ソーキそば) 700엔 **위치** 나하 공항에서 차로 2시간(고속도로), 2시간 20분(일반 도로) **지도** p.201 G **맵코드** 206 834 514

아이조메사보우 에카제 藍染茶房 藍風

쪽빛 염료를 사용한 잡화 갤러리 그리고 카페

조용한 산골짜기에 위치한 쪽빛 공방 겸 카페다. 공방에서 만든 쪽 염색 작품을 전시·판매하고 있으며 직접 염색해 볼 수 있는 체험 코너도 마련되어 있다. 공방 위에는 카페가 있으며, 허브티 등을 즐기며 산속의 풍경을 감상할 수 있다.

주소 沖縄県国頭郡本部町伊豆味3417-6 **전화** 0980-47-5583 **시간** 10:00~18:00 **휴무** 월요일 **위치** 나하 공항에서 차로 2시간 10분(고속 도로), 2시간 30분(일반 도로) **홈페이지** aikaze.jp **지도** p.201 G **맵코드** 206 893 217

야에다케 베이커리 八重岳ベーカリー

야에다케 정상 위의 소소한 베이커리

오키나와 북중부의 산인 야에다케(八重岳(453.3m) 꼭대기에 위치한 베이커리로, 이런 곳에 정말 빵집이 있을까 생각하며 찾아가게 된다. 야에다케는 오키나와에서 두 번째로 높은 산으로 베이커리 주변에는 전망대가 설치되어 있다. 자연 배양으로 재배한 오키나와의 밀과 천연 효모를 사용한 빵은 먼 곳에서 찾아올 정도로 인기가 있다.

주소 沖縄県国頭郡本部町字伊豆味1254 **전화** 098-047-5642 **시간** 10:00~17:00 **휴무** 토요일 **위치** 나하 공항에서 차로 2시간 40분(고속도로), 3시간(일반 도로) **홈페이지** yaedake.com **지도** p.200 J **맵코드** 206 801 560

시마 도넛 しまドーナッツ
오키나와의 건강한 도넛

오키나와의 섬 두부에 사용되는 콩 비지로 만든 도넛을 파는 아기자기한 가게다. 코코넛, 바나나, 초코, 젠자이 등 다양한 맛의 도넛이 준비되어 있다. 오키나와의 젊은 엄마들이 운영하는 가게로, 아이들에게 안심하고 먹일 수 있는 도넛을 생각하며 시작하였다고 한다. 이곳의 도넛은 보통 14시 전에는 모두 판매가 끝나니 조금 서둘러 찾아가는 것이 좋다.

주소 沖縄県名護市伊差川270 **전화** 0980-54-0089 **시간** 11:00~15:00 **휴무** 일, 공휴일 **요금** 도넛 160~170엔 **위치** 나하 공항에서 차로 1시간 40분(고속도로), 2시간 10분(일반 도로) **홈페이지** shimado.ti-da.net **지도** p.201 P **맵코드** 485 360 584

토토라베베 햄버거 ToTolaBebe Hamburger
먹음직스러운 이시가키 섬 소고기 햄버거

토토라베베의 토토는 고대 일본어로 아버지라는 의미이며 베베는 프랑스어로 아이라는 의미를 가지고 있다. 1층부터 3층까지 건물 전체를 가게로 사용하고 있으며 2층은 잡화점, 3층 옥상에서는 바다가 보이는 테이블 자리가 준비되어 있다. 1층의 카페에서는 햄버거를 전문으로 판매하고 있으며 수제 베이컨, 토마토, 고야 피클 등이 들어간 토토라 스페셜 버거ととらスペシャルバーガー가 인기이다.

주소 沖縄県国頭郡本部町崎本部16 **전화** 0980-47-5400 **시간** 11:00~18:00 **휴무** 수, 목요일 **요금** 토토라 스페셜버거(ととらスペシャルバーガー) 980엔 **위치** 나하 공항에서 차로 1시간 40분(고속도로), 2시간 30분(일반 도로) **홈페이지** totolabebehamburger.com **지도** p.201 J **맵코드** 206 766 081

주변 섬

오키나와 남서쪽의 아름다운 섬들

오키나와는 사람이 살고 있는 49개의 섬과 무인도를 합쳐 총 363개의 섬으로 이루어진 지역으로, 본 섬 이외에도 관광 명소로 이름난 큰 섬들이 많이 있다. 본 섬 주변에 있는 이에 섬, 세소코 섬 등 다리로 연결되어 있거나 배로 10~15분 거리의 가까운 섬이 있는가 하면 1,000km 이상 떨어져 있어 비행기로 1~2시간 걸리는 섬도 있다.

본 섬 주변을 제외하고 가 볼 만한 곳으로는 10개의 유인도가 모여 있는 야에야마 제도, 아름다운 해변이 많이 모여 있는 미야코 제도가 있다. 한국에서 가는 직항은 없으며(가끔 전세기 취항) 일본 국내 항공을 이용해야 하는 것이 불편하지만 오키나와를 여러 번 찾은 분들이라면 도전해 보는 것도 좋다.

주변 섬 BEST 3
1. 미야코 섬 리조트에서 골프 즐기기
2. 다케토미 섬에서 물소차 타기
3. 오키나와 브랜드 소고기 이시가키큐 요리 맛보기

야에야마 제도

야에야마 제도 八重山諸島

야에야마 제도八重山諸島는 오키나와 본 섬으로부터 남서쪽으로 400~500km 떨어진 곳에 위치한 도서군島嶼群(크고 작은 섬이 모여 있는 곳)이다. 야에야마 제도의 입구인 이시가키 섬石垣島을 시작으로 다케토미 섬竹富島, 이리오모테 섬西表島 등 10여 개의 유인도와 주변의 무인도로 이루어져 있다. 오키나와의 가장 아름다운 해변들은 대부분 이곳 주변 섬들에 모여 있다. 섬까지의 이동은 오키나와 본 섬에서 비행기를 타고 이동하거나 오사카 등 일본 본토에서 이동한다. 가끔 우리나라에서도 전세기가 취항할 때가 있다.

 교통

이시가키 섬까지의 이동
- 나하 공항에서 1시간
- 미야코 섬 공항에서 35분
- 오사카 간사이 공항에서 2시간 40분
- 도쿄 하네다·나리타 공항에서 3시간 15분

이시가키 공항

야에야마 제도의 각 섬으로의 이동

이시가키 섬 ⋯ 다케토미 섬	이시가키 항 이섬 터미널 - 고속선으로 10분(편도 670엔) - 다케토미竹富 항
이시가키 섬 ⋯ 이리오모테 섬	이시가키 항 이섬 터미널 - 고속선으로 40분(편도 2,300엔) - 우에하라上原 항 이시가키 항 이섬 터미널 - 고속선으로 35분(편도 1,770엔) - 오오하라大原 항
이시가키 섬 ⋯ 구로 섬	이시가키 항 이섬 터미널 - 고속선으로 30분(편도 1,300엔) - 구로시마黑島 항
이시가키 섬 ⋯ 고하마 섬	이시가키 항 이섬 터미널 - 고속선으로 25분(편도 1,190엔) - 고하마小浜 항
이시가키 섬 ⋯ 하테루마 섬	이시가키 항 이섬 터미널 - 고속선으로 1시간(편도 3,000엔) - 하테루마波照間 항
이시가키 섬 ⋯ 요나구니 섬	이시가키 공항 - 비행기로 30분(편도 1만 엔 이상) - 요나구니与那国 공항

이시가키항 이섬 터미널

이시가키 항 이섬 터미널 石垣港離島ターミナル 이시가키코 리토 타미나루

야에야마 제도의 각 섬들을 연결하는 항구

야에야마 제도의 섬들과 이시가키 섬의 다른 항구를 연결하는 야에야마 제도의 교통의 중심이다. 여행사 및 관광 대리점, 해운 회사들이 입점하여 있어 야에야마 제도를 둘러보기 위한 준비를 할 수 있다. 식당과 기념품 가게들도 모여 있다.

주소 沖縄県石垣市石垣島美崎町1 전화 0980-88-0822
위치 이시가키 공항에서 차로 15분 / 이시가키 공항에서 노선 버스로 40분(520엔) 지도 p.230 D

★아네이 관광(安栄観光)
야에야마 제도로의 정기선, 관광 투어 선박 운행
전화 0980-83-0155 시간 06:00~20:00 홈페이지 www.aneikankou.co.jp

★이시가키지마 드림 관광(石垣島ドリーム観光)
야에야마 제도로의 정기선, 관광 투어 선박 운행
전화 0980-84-3178 시간 07:00~19:00 홈페이지 www.ishigaki-dream.co.jp

이시가키 섬 石垣島 이시가키지마

야에야마 제도의 중심이 되는 섬

이시가키 섬은 오키나와 본 섬, 이리오모테 섬西表島 다음으로 큰 섬이다. 섬 남부에는 번화가와 이시가키 시장石垣市場이 있으며 섬 서부와 북부에는 오키나와다운 자연이 펼쳐진다. 면적 222.6km로 일본에서 17번째로 큰 섬으로, 제법 규모가 있으며 오키나와에서 가장 높은 오모토다케於茂登岳산이 있다. 이시가키 섬에는 모래사장으로 된 해변과 자잘한 돌로 된 해변이 모두 있으며, 어느곳에서나 아름다운 산호초를 볼 수 있다. 해변에서는 수영, 스노클링, 다이빙, 선탠 등을 마음껏 즐길 수 있으며, 1년 내내 해변을 즐길 수 있지만 수온이 높은 4월~11월 사이가 가장 좋다.

다마도리사키 전망대 <small>玉取崎展望台 타마도리사키 텐보우다이</small>

아름다운 언덕에서 펼쳐지는 파노라마 뷰

히라쿠보平久保반도 긴부다케 언덕 위의 전망대다. 이시가키 섬 최북단인 히라쿠보사키平久保崎에서 남쪽의 노바루자키南の野原崎까지 전망을 감상할 수 있다. 전망대까지 오르는 산책로는 히비스커스가 예쁘게 피어나 있고 걸어서 10분 정도 걸린다.

주소 沖縄県石垣市伊原間 **전화** 0980-82-1535 **위치** 이시가키 공항에서 차로 20분 **지도** p.227 H

히라쿠보사키 <small>平久保崎</small>

이시가키 섬 최북단의 곶

이시가키 섬 북쪽 끝의 곶으로, 푸른 바다를 배경으로 소들이 한가로이 풀을 뜯는 소 방목장으로 이용되고 있다. 바다로 다가가면 태평양을 배경으로 서 있는 하얀 등대를 발견할 수 있다. 맑은 날에는 다라마 섬多良間島 다라마지마의 전경을 감상할 수 있다. 주변의 바다는 대부분 산호초에 둘러싸여 있어 다양한 푸른색을 띤다.

주소 沖縄県石垣市平久保 **위치** 이시가키 공항에서 차로 50분 **지도** p.227 D

가비라완 <small>川平湾</small>

일곱 가지 색으로 변하는 아름다운 바다

이시가키 섬 북서쪽의 만으로 아홉 개의 작은 섬들이 흩어져 있다. 맑고 푸른 바다와 하얀 모래 해변, 녹색의 섬이 그려 내는 풍경은 이시가키 섬에서 가장 아름답다고 한다. 항만은 조수의 흐름이 빨라 해수욕은 금지되어 있지만 글래스 보트를 이용하여 바다와 바닷속을 둘러볼 수 있다. 이 주변은 흑진주 양식으로도 유명하다.

주소 沖縄県石垣市川平 **전화** 0980-88-2727 **위치** 이시가키 공항에서 차로 30분 **지도** p.227 G

요네하라 비치 米原ビーチ

아름다운 해변

산호초가 펼쳐지는 바다와 하얀 모래사장이 있는 아름다운 해변이다. 물가에서는 형형색색의 열대어를 관찰할 수 있다. 일본의 천연기념물인 야에야마야시ヤエヤマヤシ 군락과 오키나와에서 가장 높은 오모토다케於茂登岳 등 아름다운 풍경을 바라보며 한가롭게 시간을 보낼 수 있는 해변이다.

주소 沖縄県石垣市桴海 **전화** 0980-82-1535 **위치** 이시가키 공항에서 차로 40분 **지도** p.227 G, H

이시가키 섬 선셋 비치 石垣島サンセットビーチ

파란색과 하얀색이 만들어 내는 최고급 해변

파란 바다와 하얀 백사장이 끝없이 펼쳐져 있는 해변이다. 일본의 영화·드라마의 촬영지로도 인기가 높은 곳으로, 이시가키 섬 서해안에서 가장 인기 있는 곳이다. 스노클링과 바나나 보트 등 해양 스포츠도 즐길 수 있다. 이름 그대로 저녁이 되면 환상적인 선셋을 감상할 수 있다.

주소 沖縄県石垣市字平久保234-323 **전화** 0980-89-2234 **시간** 해수욕 09:00~18:00(4~10월) **위치** 이시가키 공항에서 차로 40분 **홈페이지** www.i-sb.jp **지도** p.227 D

후사키 비치 フサキビーチ

섬 사이로 지는 해가 아름다운 해변

바다거북이 산란하는 장소로 유명한 곳이다. 다양한 해양 스포츠가 가능하고, 선셋이 아름다운 곳이다. 아나 인터콘티넨탈 이시가키 리조트가 관리하는 해변으로, 호텔 숙박을 하지 않아도 자유롭게 이용할 수 있다. 스노클링 투어, 제트 스키, 드래곤 보트 등 다양한 해양 스포츠를 즐길 수 있다. 이시가키 섬의 남서부에 위치해 있으며 오바마 섬과 이리오모테 섬 너머로 태양이 넘어가는 선셋이 아름답다. 처음에는 호텔 소유의 해변이었기 때문에 이시가키 섬의 다른 해변에 비해 관리가 잘 되어 있고 시설이 편리하다.

주소 沖縄県石垣市新川富崎1625 **전화** 0980-88-7000 **위치** 이시가키 공항에서 차로 20분 **홈페이지** www.fusaki.com **지도** p.227 K, 230 G

이시가키 섬 종유 동굴 石垣島鍾乳洞 이시사키지마 쇼뉴도

일본 최남단의 대형 종유 동굴

총 3,200m의 대형 동굴로 오키나와에서 2번째로 큰 동굴이다. 오랜 세월에 걸쳐 만들어졌으며 해저의 산호초가 융기하여 생긴 동굴이다. 660m 지점까지 견학이 가능한데 동굴 안에는 산호와 조개류의 화석을 찾아볼 수 있다. 석회암으로 만들어진 돌 기둥들은 마치 가우디의 작품을 보는 것 같다. 동굴 한편에서는 일루미네이션 전등으로 아름답게 장식되어 있는 기둥도 찾아볼 수 있다.

주소 沖縄県石垣市字石垣1666 전화 0980-83-1550 시간 09:00~18:30 요금 1,080엔, 540엔(어린이) 위치 이시가키 공항에서 차로 15분 홈페이지 www.ishigaki-cave.com 지도 p.230 C

민사 공예관 ミンサ工芸館 민사 코우게이칸

야에야마의 전통 공예 민사

민사는 야에야마의 전통 공예품으로, 베틀에 천을 짜 전통의 방법으로 염색을 하는 것을 말한다. 천을 만드는 것을 야에야마민사오리(八重山ミンサー織り), 천을 염색하는 것을 야에야마아이조메(八重山藍染め)라고 한다. 민사 공예관에서는 민사의 제작 과정 등을 살펴볼 수 있고 민사 작품의 감상 및 구입이 가능하다.

주소 沖縄県石垣市登野城909 전화 0980-82-3473 시간 09:00~18:00 요금 1,080엔, 540엔(어린이) 위치 이시가키 공항에서 차로 15분 홈페이지 www.minsah.co.jp 지도 p.230 B

다케토미 섬 竹富島 다케토미지마

류큐 문화를 간직한 아름다운 섬

이시가키 섬 남서쪽으로 6km 떨어진 곳에 위치하며 둘레 9km 정도 되는 작은 섬이다. 섬에는 아름답게 보존된 전통 류큐 마을이 있다. 크기가 작고 이시가키 섬과 가까워 반나절 여행지로 인기가 높다. 하얀 모래가 깔려 있는 골목, 산호 벽돌로 된 돌담과 붉은 기와지붕의 민가가 계속되는 아름다운 마을로, 일본 전통 건축물 보존 지구로 지정되어 있다.

지도 p.235

나고미노 토우 なごみの塔

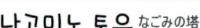

높이 4.5m의 소소한 전망대

섬 중앙에 설치되어 있는 전망탑으로, 섬에서 가장 높은 곳이다. 섬 내의 전통 가옥들의 풍경과 멀리는 바다 건너 이리오모테 섬西表島까지 보인다. 약 4.5m 정도의 높이로 오르는 계단은 가파르고 좁으며 한번에 두 명 이상 올라가지 않는 것이 좋다.

주소 沖縄県八重山郡竹富町竹富 **전화** 0980-82-5445(다케토미 관광 협회) **위치** 다케토미 히가시 공항에서 차로 15분 지도 p.235

곤도이하마 コンドイ浜

그림 같은 백사장과 푸른 바다가 펼쳐진 해변

다케토미 섬을 대표하는 해변 중 하나로, 하얀 백사장과 파란 바다의 대비가 아름답다. 수심이 얕고 파도가 잔잔하여 아이와 함께 수영을 즐기기에 좋으며 스노클링을 즐기며 화려한 열대어를 관찰할 수 있다.

주소 沖縄県八重山郡竹富町竹富 **전화** 0980-82-5445(다케토미 관광 협회) **위치** 다케토미 히가시 공항에서 차로 25분 지도 p.235

다케토미 섬

물소차 水牛車 스이규쇼

물소차를 타고 누리는 섬에서의 여유

물소가 이끄는 수레를 타고 다케토미 섬의 마을과 해변을 둘러본다. 하얀 모래로 가득한 거리를 걷는 속도보다 느리게, 천천히 이동한다. 물소차를 끄는 할아버지는 섬의 역사와 전통 가옥에 관한 이야기를 일본어로 들려 준다. 약 30분 정도가 소요된다.

주소 沖縄県竹富町竹富441 전화 0980-85-2998 요금 1,200엔, 600엔(3세 이상 초등학생까지) 위치 다케토미 항에서 송영 버스로 5분 홈페이지 suigyu.net

니시잔바시 西桟橋

바다의 중심에 우뚝 선 잔교

오키나와의 푸른 바다를 향해 뻗어 있는 길이 105m의 잔교栈橋다. 일본의 유형문화재로 등록되어 있다. 이곳에서는 반짝이는 푸른 바다 위를 걷는 착각에 빠지게 되며 일몰의 명소로도 큰 인기를 모으고 있다. 영화 〈아오이 유우의 편지〉의 한 장면에 등장하는 곳이기도 하다.

주소 沖縄県八重山郡竹富町竹富 전화 0980-82-5445(다케토미 관광 협회) 위치 다케토미 히가시 공항에서 차로 20분 지도 p.235

이리오모테 섬 西表島 이리오모테지마

동양의 갈라파고스

뒤얽힌 해안선과 산, 정글로 뒤덮힌 둘레 75km의 오키나와 본 섬 다음으로 큰 섬이다. 섬의 약 90%가 아열대 원시림으로 덮혀 있다. 수풀이 우거진 정글과 일본의 최남단 국립 공원을 이루고 있는 맹그로브숲이 섬의 대부분을 차지하고 있다. 이리오모테야마네코イリオモテヤマネコ 등의 희귀 생물이 많이 서식하여 '동양의 갈라파고스'라고도 불린다. 최근 개발이 진행되어 해양 스포츠와 생태 관광의 명소로 인기를 모으고 있다.

지도 p.226

아열대 식물원 유부지마 亜熱帯植物楽園由布島 아렛타이쇼쿠부츠엔 유부지마

물소차를 타고 천천히 이동하는 아열대 식물원

물소차를 타고 약 400m의 얕은 바다를 천천히 건너 아열대 식물원 섬에 도착한다. 섬의 이름은 유부지마由布島로, 둘레 2km의 섬 대부분이 식물원으로 꾸며져 있다. 섬에는 약 4만 그루의 야자수를 비롯한 아열대 나무가 무성하며 브겐비레아와 히비스커스 등 형형색색의 꽃들이 피어 있다. 희귀 나비와 조류 등 다양한 생물들도 관찰할 수 있다.

주소 沖縄県八重山郡古見689 전화 0980-85-5470 시간 09:00~17:00 요금 물소차 왕복 + 입장료 1,400엔, 700엔(초등학생) 입장료 600엔, 300엔(초등학생) 위치 오오하라(大原) 항에서 차로 15분 홈페이지 www.yubujima.com 지도 p.226 J

톡톡 오키나와 이야기

이리오모테 야마네코 西表山猫

고양이과 살쾡이의 한 종류로, 이리오모테 섬에서만 찾아볼 수 있는 동물이다. 50~60cm 정도의 크기로 몸통이 길고 꼬리와 다리가 짧고 두껍다. 섬에 약 100여 마리가 남아 있는 것으로 알려져 있으며 멸종 위기 동물로 보호받고 있는 종이다. 이리오모테 섬의 상징적인 동물이며 관련 캐릭터 상품들을 기념품으로 판매하고 있다.

하테루마 섬 波照間島 하테루마지마

일본 최남단의 아름다운 섬

이시가키 섬에서 남서쪽으로 42km 지점에 위치한 둘레 15km의 일본 최남단의 섬이다. 주민 550명 정도가 살고 있으며 아름다운 자연환경을 보존하고 있다. 2월부터 6월까지 남쪽 수평선에서 남십자성을 관찰할 수 있으며 일본에서 가장 별이 아름답게 보이는 곳으로 알려져 있다. 좀처럼 찾아가기 힘들지만 오키나와와는 또 다른 매력을 발견할 수 있을 것이다.

지도 p.226 M

니지하마 ニジ浜

부드러운 파우더 모래가 깔린 백사장

오키나와에서 가장 모래가 부드러운 곳으로 해수욕과 스노클링의 명소이다. 맨발로 해변을 뛰어다녀도 좋을 정도로 모래가 곱고 오염되지 않은 자연을 간직하고 있다. 일몰이 아름다운 곳이다.

주소 沖縄県八重山郡竹富町上原　전화 0980-82-5445(다케토미쵸 관광 협회)　위치 우에하라(上原) 항에서 차로 6분　지도 p.226 M

주변 섬

별 관측 타워 星空観測タワー・호시조라칸소쿠타와

아름다운 밤하늘과 무한한 우주를 들여다보자

인공의 빛과 제트 기류의 영향이 거의 없는 하테루마 섬의 아름다운 밤하늘을 관찰할 수 있다. 3층의 천체 관측 돔에서는 200mm의 굴절식 천체 망원경을 이용하여 수많은 별들을 관찰할 수 있다. 남십자성의 사진이 전시된 자료실과 계절별 별자리를 알아볼 수 있는 플라네타륨실도 준비되어 있다.

주소 沖縄県八重山郡波照間9305-1 **전화** 0980-85-8112 **시간** 10:00~12:00, 13:00~17:00, 20:00~22:00(11~3월 19:00~21:00) **휴무** 월요일 **요금** 400엔 **위치** 하테루마 항에서 차로 5분 **홈페이지** haterumajima-hosizora.jp **지도** p.226 M

일본 최남단의 비석 日本最南端の碑・니혼사이난탄노히

일본 최남단의 풍경

하테루마 섬은 사람이 살고 있는 섬으로는 일본 최남단에 위치해 있다. 이 섬의 남쪽 끝인 다카나자키 高那崎에 세워진 비석이다. 이 비석은 섬을 찾은 어느 여행자가 세운 것으로, 근처에는 일본 최남단 평화의 비석도 있다.

주소 沖縄県八重山郡竹富町波照間 **전화** 0980-82-5445 **위치** 하테루마 공항에서 차로 15분 **홈페이지** painusima.com **지도** p.226 M

미야코 제도 宮古諸島

오키나와 본 섬에서 남서쪽으로 약 300km 떨어진 곳에 위치한 미야코 섬宮古島을 중심으로 8개의 유인도와 무인도가 모여 있는 제도다. 산호로 둘러싸인 바다는 오키나와 제일 가는 투명도와 아름다움을 자랑한다.

 교통

미야코 섬까지의 이동
- 나하 공항에서 50분
- 이시가키 공항에서 35분
- 오사카 간사이 공항에서 2시간 30분
- 도쿄 하네다·나리타 공항에서 3시간 20분

미야코 제도

미야코 섬 宮古島 미야코지마

오키나와 남쪽의 아름다운 섬

미야코 섬은 오키나와 남쪽으로 300km, 야에야마 섬의 북쪽으로 100km 지점에 있으며, 일본에서 가장 아름다운 해변을 꼽을 때 이곳의 해변들이 항상 등장하곤 한다. 준열대의 기후는 1년 내내 온화한 날씨를 가지며 산호바다 속에서 스노클링과 다이빙을 즐기기에 좋다. 오키나와에서 네 번째로 큰 섬이지만 섬에는 언덕이나 산이 거의 없고 대부분이 사탕수수밭으로 뒤덮여 있다. 주변 섬인 이케마 섬池間島, 쿠리마 섬来間島과는 다리로 연결되어 있으며 해안 도로가 잘 정비되어 있어 드라이브를 즐기기에 좋다.

지도 p.239

쿠리마 대교 来間大橋 쿠리마오오하시

미야코 섬과 쿠리마 섬을 연결하는 농로교

1995년에 완성된 농로교(농사를 짓기 위해 개울이나 하천에 건설된 교량)로 1,690m의 일본 최대급의 길이를 자랑한다. 다리 위에서 바라보는 바다의 색은 각도에 따라 다양한 색을 보여 준다. 미야코 섬의 드라이브 코스이자 산책 코스로 인기가 높다.

주소 沖縄県宮古島市下地字来間 위치 미야코 공항에서 차로 15분 지도 p.239

이케마 대교 池間大橋 이케마오오하시

미야코 섬과 이케마 섬을 연결하는 다리

미야코 섬과 이케마 섬을 잇는 길이 1,425m의 다리다. 다리 위에서 보는 바다는 매우 아름다우며 이 바다의 색을 형용하는 말을 찾을 수 없을 정도이다. 6~10월의 보름달이 뜨는 밤이면 산란을 위해 바닷가로 찾아오는 참게 떼가 섬을 횡단하는 모습을 볼 수 있다.

주소 沖縄県宮古島市平良字池間 위치 시라하마(佐良浜) 항에서 차로 10분 지도 p.239

스나야마 砂山

아치형 바위 틈 사이로 보이는 그림 같은 바다 풍경

파도로 인한 침식으로 만들어진 아치형의 바위가 상징인 해변이다. 하얗고 고운 모래 언덕을 올라가면 코발트블루의 푸른 바다가 넓게 펼쳐진다. 미야코 섬 히라라市平良 시내와 가까워 지역 주민들도 즐겨 찾는 곳이다. 일본의 CF에서 자주 등장하는 해변이다.

주소 沖縄県宮古島市平良字荷川取 345 **전화** 0980-76-3184 **위치** 미야코 공항에서 차로 15분 **지도** p.239

나가마하마 長間浜

백사장이 아름다운 비밀의 해변

약 1km의 백사장이 펼쳐져 있으며 하얀 모래와 코발트블루의 바다가 아름답다. 관광객들에게는 아직 잘 알려지지 않아 한적하여 프라이빗 비치 느낌으로 이용이 가능하다. 또한 저녁에는 수평선 너머로 지는 석양의 풍경이 아름다운 곳이다.

주소 沖縄県宮古島市下地字来間 **전화** 0980-76-6001 **위치** 미야코 공항에서 차로 15분 **지도** p.239

요나하마에하마 与那覇前浜

끝없이 펼쳐지는 하얀 모래의 해변

미야코 섬에서는 마이파마 비치マイパマビーチ라는 이름으로 불리는 해변으로, 7km가 넘는 백사장을 자랑한다. 부드러운 백사장의 모래와 맑고 푸른 바다는 해수욕을 즐기기에 좋다. 다양한 해양 스포츠 시설과 캠프장이 준비되어 있다.

주소 沖縄県宮古島市下地字与那覇 914 **전화** 0980-76-2109 **시간** 4~10월 **위치** 미야코 공항에서 차로 15분 **홈페이지** www.miyakojima-r.tokyuhotels.co.jp **지도** p.239

니시헨나자키 西平安名崎

거대한 풍차가 늘어선 웅장한 풍경

미야코 섬의 서쪽이자 최북단에 해당하는 곳으로, 왼쪽으로 이라부 섬伊良部島 이라부지마, 오른쪽으로는 이케마 섬池間島 이케마지마과 이케마 대교의 풍경을 감상할 수 있다. 일본 에너지 사업의 일환으로 설치된 풍력 발전용 풍차들이 주변에 많이 세워져 있어 멋진 풍경을 만들어 낸다.

주소 沖縄県宮古島市最北端 위치 시라하마(佐良浜) 항에서 차로 15분 지도 p. 239

해중 공원 海中公園 카이쥬코우엔

오키나와 바닷속 산책

2011년에 오픈한 해변가의 공원으로 아크릴 판넬을 사용하여 만든 폭 30m, 깊이 5m의 해중 전망소가 설치되어 있다. 미야코 섬 해저 4m의 바닷속 풍경을 감상할 수 있다. 전망대, 바다 생물 생태 체험 시설도 있어 아이들과 함께 찾으면 좋다.

주소 沖縄県宮古島市平良字狩俣2511-1 전화 0980-74-6335 시간 10:00~18:00 요금 1,000엔, 800엔(고등학생), 500엔(초·중학생) 위치 미야코 공항에서 차로 25분 홈페이지 miyakojima-kaichukoen.com 지도 p.239

요시노카이간 吉野海岸

투명한 바다 스노클링의 명소

스노클링을 즐기는 사람들에게 압도적인 지지를 받고 있는 해안이다. 열대어의 종류와 수가 다양하며 바다의 투명도가 매우 높다. 미야코 섬에서 스노클링을 하기에 가장 좋은 곳으로 알려져 있으며 물속에 들어가자마자 화려한 색상의 물고기들에게 둘러싸이게 된다. 약 500m의 백사장에서 바다로 들어가면 산호초들이 가득하다. 바다거북의 산란지로도 알려져 있다.

주소 沖縄県宮古島市城辺字吉野 전화 0980-73-1881 위치 미야코 공항에서 차로 25분 지도 p.239

Cafe & Restaurant

> 야에야마 제도

야에야마소바테이 쿠나츠유 八重山そばと処 来夏世

이시가키 섬의 면 요리 야에야마 소바

살짝 단맛이 느껴지는 국물과 둥근 면이 특징인 야에야마 소바를 맛볼 수 있는 곳이다. 야에야마 소바는 오키나와 소바의 한 종류로, 달달한 국물에 얇게 썬 돼지고기와 오뎅을 올린 것이 특징이다. 대를 이어 영업하고 있으며 야에야마 소바를 대표하는 가게 중 한 곳이다.

주소 沖縄県石垣市石垣203 **전화** 0980-82-7646 **시간** 11:00~14:00 **휴무** 일요일 **요금** 야에야마 소바(八重山そば) 450엔 **위치** 이시가키 항 이섬 터미널에서 도보 20분, 차로 5분 **지도** p.230 D

야키니쿠 키타우치보쿠죠 하마사키 본점 焼肉きたうち牧場 浜崎本店

직접 운영하는 목장에서 키운 이시가키 소를 사용

오키나와 브랜드 소인 이시가키규를 방목하는 목장에서 운영하는 야키니쿠 전문점이다. 입하 후 3주 동안 숙성시킨 소고기를 제공하고 있다. 다른 소보다 10개월 이상 장기 사육한 소의 프리미엄 갈비는 이곳이 자랑하는 메뉴 중 하나이다. 점심에는 가볍게 즐길 수 있는 이시가키규 햄버그 스테이크를 맛볼 수 있다.

주소 沖縄県石垣市浜崎町2-3-24 **전화** 0980-83-7000 **시간** 11:30~23:00 **휴무** 수요일 **요금** 이시가키규 햄버거 스테이크(石垣牛ハンバーグ) 880엔, 프리미엄 갈비(100g) 3,200엔 **위치** 미야코 공항에서 차로 15분 **홈페이지** krs-beef.jp/shop_hamasaki/index.html **지도** p.230 F

주변 섬

미야코 제도

마루요시 쇼쿠도 丸吉食堂

또 다른 오키나와 소바 미야코 소바

미야코 소바宮古そば는 오키나와 소바의 한 종류로, 오키나와 소바와는 다르게 돼지고기 등 건더기들이 면 아래에 깔려 나오는 것이 특징이다. 돼지사골과 가츠오부시, 마늘을 넣어 우려 낸 국물에 부드러운 밀가루 면을 사용한다. 맛은 오키나와 소바와 거의 비슷하다.

주소 沖縄県宮古島市城辺字砂川975 전화 0980-77-4211 시간 10:30~18:00 요금 미야코 소바 (宮古そば) 500엔 위치 미야코 공항에서 차로 20분 지도 p.239

스미비야키 야키니쿠야 炭火焼 焼肉屋

오키나와의 브랜드 소고기 이시가키규

오키나와 브랜드 소고기인 이시가키규를 마음껏 맛볼 수 있는 곳이다. 우리나라의 갈비집과 비슷한 야키니쿠 전문점이다. 고기를 구울 때 사용하는 숯은 미야코 섬에서 구워 내는 고급 숯인 모쿠마오우モクマオウ를 사용한다. 가격은 조금 비싼 편이지만 입에서 살살 녹는 소고기 맛은 한 번 먹게 되면 쉽게 잊을 수 없다.

주소 沖縄県宮古島市平良字西里992-2 전화 0980-74-3006 시간 17:30~24:00 요금 1인분(100g) 1,300엔~ 위치 미야코 공항에서 차로 9분 지도 p.239

Hotel & Resort

🏠 오키나와 숙소

휴양지인 오키나와에는 풀빌라에서부터 호화 리조트까지 고급 숙박 시설을 곳곳에서 찾아볼 수 있다. 또한 나하를 중심으로 도심에서는 비즈니스 호텔과 게스트하우스 등 저렴한 숙박 시설도 마련되어 있다. 이외에도 오키나와 전통 가옥에서의 민박, 세련된 펜션 등이 있어 가격의 폭과 종류가 다양한 것이 특징이다.

💴 오키나와 호텔 요금

오키나와는 계절과 요일에 따라 요금이 크게 차이 나기 때문에 호텔을 알아볼 때 주의하여야 한다. 보통 평일 요금과 주말 요금이 1.5~2배 정도 차이가 나고 일본의 연휴, 휴일일 경우 요금이 2배 이상까지 오른다. 비수기인 겨울, 특히 장마 기간에는 특가가 많이 나와 절반 이하의 요금으로 숙박을 할 수도 있다.

극성수기 일본의 골든 위크 기간(4/26~5/6경), 여름 시즌 (7/19~8/23), 연말연시 (12/27~1/3)
성수기 초여름 (6/29 ~ 7/18), 늦여름 (8/24~8/31)
비수기 겨울(1/4~3/31), 장마 기간(5/7~6/13)

나하

아나 크라운 플라자 오키나와 하버뷰
ANA CROWNE PLAZA OKINAWA HARBORVIEW 아나 쿠라운 푸라자 호테루 오키나와 하바뷰

나하 시내의 고급 호텔

일본 아나(ANA) 계열의 호텔로, 나하의 중심에 위치하고 있다. 나하 공항, 나하 버스 터미널, 모노레일 역과의 접근이 편하다. 시설이 깔끔하며 편의 시설이 잘 갖추어져 있다. 오키나와 현청, 국제 거리와도 가깝기 때문에 나하 시내 관광과 쇼핑을 즐기기에 편리하다. 방도 비교적 넓은 편이라 비즈니스, 관광 등 어떤 목적으로 이용해도 나쁘지 않은 무난한 호텔이다.

주소 沖縄県那覇市泉崎 2-46 **전화** 098-853-2411 **요금** 1인 9,000엔~(2인 1실 기준) **위치** 나하 공항에서 택시로 10분(약 1,500엔,) / 유이레일 츠보가와(壺川) 역에서 도보 10분 **홈페이지** www.anacpokinawa.com **지도** p.80 J **맵코드** 33 126 565

머큐어 오키나와 나하 Mercure Okinawa Naha 메루큐루 호테루 오키나와 나하

유이레일 역과 가깝고 교통이 편리한 호텔

유이레일 츠보가와 역 바로 앞에 위치한 호텔로, 나하 공항과 가까운 위치에 있다. 나하 공항까지 유이레일이나 택시를 이용하면 10분 이내의 거리에 있으며 국제 거리와도 가깝다. 프랑스의 여성 디자이너가 디자인한 세련된 실내가 돋보이며 오키나와산 식재료를 이용한 호텔의 요리가 평판이 좋다.

주소 沖縄県那覇市壺川3-3-19 전화 098-855-7111 요금 1인 8,000엔~(2인 1실 기준) 위치 나하 공항에서 택시로 8분(약 1,200엔) / 유이레일 츠보가와(壺川) 역에서 도보 1분 홈페이지 www.mercureokinawanaha.jp 지도 p.80 J 맵코드 33 126 171

호텔 루트 인 나하 토마리코 ホテルルートイン那覇泊港 호테루 루토인 나하 토마리코

국제 거리와 가까운 비즈니스 호텔

오피스 빌딩이 모여 있는 나하 시내 58번 국도에 위치한 비즈니스 호텔이다. 유이레일 역, 국제 거리와 가깝다. 호텔 최고층에는 무료로 이용이 가능한 전망 라듐 인공 온천이 설치되어 있어 피로를 말끔히 풀어 준다. 조식은 무료로 제공되며 로비에는 셀프 카페 코너가 마련되어 있다.

주소 沖縄県那覇市前島2-12-5 전화 098-866-0700 요금 1인 5,000엔~(2인 1실 기준) 위치 나하 공항에서 택시로 10분(약 1,500엔) / 유이레일 미마에바시(美栄橋) 역에서 도보 5분 홈페이지 www.route-inn.co.jp/search/hotel/index_hotel_id_238 지도 p.80 F 맵코드 33 187 158

오키나와 호텔 沖縄ホテル 오키나와 호테루

일본의 첫 번째 관광 호텔

슈리 성과 국제 거리 사이에 있는 호텔로, 조용한 주택가에 위치해 있다. 붉은 기와로 장식되어 있는 입구와 아열대 식물로 둘러싸인 정원은 오키나와를 느끼게 한다. 1941년에 창업한 곳으로 과거 각 업계의 VIP를 모시기 위해 오키나와의 지사가 일본 정부에 요청하여 만들어진 호텔이다. 일본에서 다섯 번째로 등록된 호텔이자 첫 번째 관광 호텔로 알려져 있다.

주소 沖縄県那覇市大道35番地 전화 098-884-3191 요금 1인 5,000엔~(2인 1실 기준) 위치 나하 공항에서 택시로 17분(약 1,800엔) / 유이레일 아사토(安里) 역에서 도보 7분 홈페이지 www.okinawahotel.co.jp 지도 p.81 G 맵코드 33 159 636

더 나하 테라스 THE NAHA TERRACE 자나하 테라스

오키나와 신도심의 시티 리조트

휴양과 비즈니스를 동시에 만족하는 오키나와 신도심 고지대의 시티 리조트. 심플하고 차분한 공간이 고급스럽다. 24시간 응대하는 버틀러 서비스(Butler Service) 등 직원들의 서비스가 만족스럽다. 시내 호텔 치고는 가격이 높은 편이지만 그만큼 다양한 서비스가 제공된다.

주소 沖縄県那覇市おもろまち2-14-1 전화 098-864-1111 요금 2인 24,200엔~(2인 1실 기준) 위치 나하 공항에서 택시로 20분(약 2,000엔) / 유이레일 마키시(牧志) 역에서 택시로 5분 홈페이지 www.terrace.co.jp/naha 지도 p.81 G 맵코드 33 188 336

퍼시픽 호텔 오키나와 PACIFIC HOTEL OKINAWA 파시피쿠 호테루 오키나와

공항에서 가까운 시티 리조트 호텔

총 389개의 객실을 소유한 대형 리조트 호텔이다. 관내에는 야외 수영장, 베르사유 궁전을 모티브로 한 유럽식 정원이 있다. 시내에 있으며 다른 시티 리조트 호텔에 비해 가격이 저렴한 편이다. 유이레일 역에서 조금 떨어져 있으나 시내관광을 즐기기에는 무리가 없다.

주소 沖縄県那覇市西3-6-1 전화 098-868-5162 요금 1인 6,500엔~(2인 1실 기준) 위치 나하 공항에서 택시로 8분(약 1,200엔) / 유이레일 아사히바시(旭橋) 역에서 도보 15분 홈페이지 www.pacifichotel.jp 지도 p.80 E 맵코드 33 155 399

로와지르 스파타워 나하 ロワジール スパタワー 那覇 로와지루 스파타와 나하

오키나와 시내 바닷가의 시티 리조트 호텔

르와지르 스파타워, 르와지르 호텔, 치산 호텔 세 곳이 모여 있는 시티 리조트. 르와지르 스파타워는 리조트 호텔이며 르와지르는 고급 호텔, 치산 호텔은 비지니스 호텔이다. 호텔에는 해수가 원천인 미에구스쿠 온천三重城温泉이 있으며 이곳에서 온천하면 피부가 매끌거리는 효과가 있다. 이외에도 스파, 사우나, 노천탕, 실내 온천 수영장, 실외 수영장 등 다양한 시설이 갖추어져 있으며 호텔 내의 시설은 어떤 호텔에 숙박을 하더라도 이용이 가능하다.

주소 沖縄県那覇市西3-2-1 전화 098-868-2222 요금 1인 20,000엔~(2인 1실 기준) 위치 나하 공항에서 택시로 8분(약 1,200엔) / 유이레일 아사히바시(旭橋) 역에서 도보 11분 홈페이지 www.solarehotels.com/hotel/okinawa/spatower 지도 p.80 I 맵코드 33 155 124

로와지르 호텔 나하 ロワジールホテル 那覇 로와지루 호테루 나하

고급 비즈니스 호텔

르와지르 호텔의 고급 비즈니스 호텔로 르와지르 스파타워 나하의 시설을 대부분 이용할 수 있기 때문에 리조트 호텔은 아니지만 조금 저렴한 이곳을 이용하는 것도 좋을 것이다.

주소 沖縄県那覇市西3-2-1 전화 098-868-2222 요금 1인 10,000엔~(2인 1실 기준) 위치 로와지르 스파타워 호텔 내 홈페이지 www.solarehotels.com/hotel/okinawa/loisir-naha 지도 p.80l

더블 트리 바이 힐튼 나하 슈리 캐슬 DoubleTree by Hilton Naha Shuri Castle

슈리 성 가는 언덕 길의 전망 좋은 호텔

류큐의 역사를 살펴볼 수 있는 슈리 성과 오키나와 현립 박물관, 빙가타 공방과 가까운 나하 시내의 시티 호텔이다. 언덕 길의 호텔로, 나하 시내의 전망이 한눈에 펼쳐진다. 선셋과 야경이 아름다운 호텔이다.

주소 沖縄県那覇市首里山川町1-132-1 전화 098-886-5454 요금 1인 6,800엔~(2인 1실 기준) 위치 국제 거리에서 셔틀버스 운행(100엔, 홈페이지에서 확인) / 나하 공항에서 택시로 25분(약 2,100엔) / 유이레일 아사토(安里) 역에서 차로 5분, 기보(儀保) 역에서 차로 3분, 도보 15분 / 나하 공항에서 노선버스 25번 이용하여 야마가와(山川) 버스 정거장에서 하차 후 도보 5분 홈페이지 doubletree.hiltonhotels.jp/hotel/okinawa/doubletree-by-hilton-hotel-naha-shuri-castle 지도 p.95 맵코드 33 190 015

호텔 선팰리스 큐요칸 ホテルサンパレス球陽館 호테루 산파레스 큐요칸

국제 거리와 가까운 교통이 편리한 시티 호텔

모노레일 겐쵸마에 역에서 1분 거리에 있으며 교통이 편리하고 국제 거리와 바로 연결되어 오키나와 시내 관광을 즐기기에 좋다. 호텔의 베란다는 분홍과 보라색의 꽃들로 가득하다. 로비에는 작은 공간에 카페와 미니 도서관을 설치해 두었으며 2008년 리뉴얼 후 환경 친화적인 소재를 고집하는 로하스 스타일의 호텔로 바뀌었다.

주소 沖縄県那覇市久茂地2-5-1 전화 098-863-4181 요금 1인 6,800엔~(2인 1실 기준) 위치 나하 공항에서 택시로 12분(약 1,600엔) / 유이레일 겐쵸마에(県庁前) 역에서 도보 1분 홈페이지 www.palace-okinawa.com/sunpalace 지도 p.80 F 맵코드 33 156 784

하얏트 리젠시 나하 오키나와 HYATT RECENCY 那覇 沖縄

오키나와 시내의 럭셔리 호텔

오키나와 국제 거리 주변에 위치한 하얏트 계열의 호텔로 깔끔하고 고급스러운 인테리어가 특징이다. 국제 거리와 도자기 거리와 가깝고 시내 관광이 편리하다. 야경이 아름다운 실내 풀과 따뜻한 온수 풀이 있어서 가볍게 수영을 즐기기도 좋다. 무엇보다 호텔 조식이 다양하고 고급스럽다.

주소 沖縄県国頭郡今帰仁村字諸志2031-138 **전화** 0988-66-8888 **위치** 유이레일 마키시 역에서 도보 7분, 나하 공항에서 차로 20분 **요금** 1인 12,000엔~(2인 1실 기준) **홈페이지** naha.regency.hyatt.com/ja/hotel/home.html **지도** p.83 G **맵코드** 33 158 210

류큐 온천 세나가지마 호텔 琉球温泉瀬長島ホテル 류큐 온센 세나가지마 호테루

세나가 섬의 온천 호텔

공항에서 가까운 세나가 섬의 호텔. 호텔 바로 아래에는 레스토랑, 쇼핑 시설인 우미카지 테라스가 있어 편리하다. 호텔에는 천연 해수 온천인 류큐 온천이 있어 바다를 바라보며 온천을 즐길 수 있다. 공항 바로 옆에 있어 항공기의 이착륙 모습을 볼 수 있으며 일출과 일몰이 멋지다.

주소 沖縄県豊見城市字瀬長174-5 **전화** 098-851-7077 **위치** 나하 공항에서 차로 20분, 유이레일 아카미네 역에서 무료 셔틀 운행 20분(시간표 www.umikajiterrace.com/accessguide/shuttlebus) **요금** 1인 12,000엔~(2인 1실 기준) **홈페이지** www.hotelwbf.com/senaga **지도** p.180 A **맵코드** 33 002 605

나하 도큐 레이 호텔 那覇東急REIホテル 나하 도큐 레이 호테루

나하 시내의 깔끔한 비즈니스 호텔

나하 버스 터미널과 가까운 깔끔한 시설의 비즈니스 호텔이다. 라운지에서는 무료 커피와 차를 제공한다. 보완이 철저하며 여성 전용의 레이디스 플로어가 따로 있어 여성이 이용하기에 좋다. 호텔 도큐의 체인으로, 회원 등록을 하면 다른 지역의 호텔에서 할인 혜택을 받을 수 있다.

주소 沖縄県那覇市旭町116-37 **전화** 098-869-0109 **요금** 1인 8,500엔~(2인 1실 기준) **위치** 나하 공항에서 택시로 7분(약 1,000엔) / 유이레일 아사히바시(旭橋)역에서 도보 3분 **홈페이지** www.naha.rei.tokyuhotels.co.jp/ja/index.html **지도** p.80 J **맵코드** 33 126 645

호텔 잘 시티 나하 ホテルJALシティ那覇 호테루 자루 시티 나하

국제 거리의 깔끔한 시티 호텔

일본 항공 JAL이 운영하는 호텔로, 나하 시내 국제 거리에 위치하여 시내를 둘러보기 편하다. 시설이 깔끔한 편이며 편의 시설이 잘 갖추어져 있다. 시티 호텔치고는 가격이 약간 높은 편이다. 호텔에서 나서면 바로 국제 거리가 나오기 때문에 쇼핑을 하기 좋다.

주소 沖縄県那覇市牧志1-3-70 **전화** 098-866-2580 **요금** 1인 10,000엔~(2인 1실 기준) **위치** 나하 공항에서 택시로 13분(약 1,650엔), 국제 거리 내 / 유이레일 겐쵸마에(県庁前)역에서 도보 5분 **홈페이지** www.naha.jalcity.co.jp **지도** p.80 F **맵코드** 33 157 376

팜 로얄 나하 パームロイヤルNAHA 파무 로이야루 나하

국제 거리의 아시안 리조트 도시형 호텔

국제 거리에 위치한 호텔로, 시내를 둘러보기에 좋다. 동남아시아의 모던 아트를 인테리어로 꾸몄으며 로비에는 오키나와 출신 아티스트의 작품들이 걸려 있다. 갤러리 숍에서는 동남아시아에서 직수입한 상품을 판매하고 있으며 숙박객들은 할인가로 구매가 가능하다.

주소 沖縄県那覇市牧志3-9-10 전화 098-865-5551 요금 1인 5,000엔~(1인 1실 기준) 위치 나하 공항에서 택시로 15분(약 1,700엔), 국제 거리 내 / 유이레일 마키시(牧志) 역에서 도보 3분 홈페이지 www.palmroyal.co.jp 지도 p.81 G 맵코드 33 158 450

소라 하우스 SORA HOUSE

오키나와 시내의 깔끔한 게스트하우스

국제 거리와 가까운 곳에 위치한 게스트하우스로, 가격이 저렴하고 시설이 깔끔하여 단골 고객들이 많다. 로비는 카페처럼 예쁘게 꾸며져 있으며 이 곳에서 전 세계 각국의 여행자들이 모여 이야기를 나눈다.

주소 沖縄県那覇市久茂地2-24-15 전화 098-861-9939 요금 싱글 3,500엔~, 도미토리 1,800엔~ 위치 나하 공항에서 택시로 13분(약 1,650엔) / 유이레일 아사히바시(旭橋) 역에서 도보 4분 홈페이지 www.mco.ne.jp/~sora39 지도 p.80 F 맵코드 33 157 818

오키나와 카리유시 LCH OKINAWA KARIYUSHI LCH 오키나와 카리유시 에루씨에치

전 객실 싱글룸, 신 개념 시티 호텔

2013년에 오픈한 전 객실이 싱글룸인 독특한 호텔이다. 전 객실이 복층 구조로 되어 있으며 좁지만 효율적인 공간 활용을 엿볼 수 있다. 다른 일본의 호텔과는 다르게 비누, 칫솔 등의 어메니티가 제공되지 않으니 주의한다. 어메니티는 호텔 로비의 자판기나 1층의 편의점에서 구매할 수 있다.

주소 沖縄県那覇市泉崎1-11-8 전화 098-866-1200 요금 1인 3,890엔(1인 1실 기준) 위치 나하 공항에서 택시로 10분(약 1,500엔) / 유이레일 겐쵸마에(県庁前) 역에서 도보 4분 홈페이지 kariyushi-lch.jp 지도 p.80 J 맵코드 33 156 105

> 오키나와 중부

베스트 웨스턴 오키나와 코우키 비치 ベストウェスタン沖縄幸喜ビーチ 베스토 웨스탄 오키나와 코우키 비치

전 객실이 오션뷰인 자그마한 리조트 호텔

오키나와 중부 키세 비치幸喜ビーチ를 배경으로 자리잡은 리조트 호텔이다. 일부 객실은 레지던스(조리기구 대여)처럼 이용이 가능하다. 주변의 리조트 호텔들에 비해 요금이 저렴한 편이다. 오키나와 자동차 도로(고속도로)와 인접해 있어 오키나와 시내에서의 이동이 편리하다.

주소 沖縄県名護市幸喜117 **전화** 0980-54-8155 **요금** 1인 7,300엔~(2인 1실 기준) **위치** 나하 공항에서 차로 1시간 35분 / 나하 공항에서 120번 버스 이용하여 코우키(幸喜) 버스 정거장 하차(약 2시간 45분 소요) / 나하 버스 터미널에서 20번 버스 이용하여 코우키(幸喜) 버스 정거장 하차(약 2시간 30분 소요) **홈페이지** www.bwhotels.jp/kouki **지도** p.133 D **맵코드** 206 444 181

◆ OKIZONE PASS

아나 인터콘티넨탈 만자 비치 리조트
ANA INTERCONTINENTAL MANZA BEACH RESORT 아나 인터콘티넨타루 만자 비치 리조토

오키나와 관광 명소 만자모의 최고급 리조트 호텔

2009년 4월에 리뉴얼한 대형 리조트 호텔. 오키나와의 관광 명소 중 한 곳인 만자모 아래의 해변 만자 비치万座ビーチ를 사이에 두고 있다. 호텔에는 레스토랑을 비롯한 다양한 편의 시설이 갖추어져 있으며 특히 해양 스포츠 시설이 잘 갖추어져 있다. 드라마 <괜찮아 사랑이야>에서 조인성이 수상 스키를 타던 곳이기도 하다.

주소 沖縄県国頭郡恩納村字瀬良垣2260 **전화** 098-966-1211 **요금** 2인 18,000엔~(2인 1실 기준) **위치** 나하 공항에서 차로 1시간 25분 / 나하 공항에서 120번 버스 이용(1시간 40분) / 나하 버스 터미널에서 20번 버스 이용(1시간 30분)하여 아나 인터콘티넨타루 만자 비치 리조트 마에(ANAインターコンチネンタル万座ビーチリゾート前) 하차 **홈페이지** www.anaintercontinental-manza.jp **지도** p.133 C **맵코드** 206 313 456

르네상스 리조트 오키나와
ルネッサンス リゾート オキナワ 루네상스 리조트 오키나와

바다와 함께 여유로운 리조트 라이프

오키나와 중부의 고급 리조트 호텔이다. 377개의 객실 전부에 발코니가 붙어 있어 바다를 바라보며 여유로운 시간을 즐길 수 있다. 다이빙을 비롯해 다양한 수상 레포츠와 요트, 보트를 이용한 크루징을 즐길 수 있다. 해변가에는 돌고래가 살고 있어 돌고래와 함께 시간을 보낼 수 있다.

주소 沖縄県国頭郡恩納村山田3425-2 **전화** 098-965-0707 **요금** 1인 13,500엔~(2인 1실 기준) **위치** 나하 공항에서 차로 50분(고속도로 이용), 1시간 15분(일반 도로 이용) / 나하 공항에서 공항 리무진으로 1시간 (1,500엔)/ 나하 공항에서 120번 버스 이용하여 르네상스 리조트 오키나와(ルネッサンス リゾート オキナワ) 하차 (1시간 25분, 1,180엔) **홈페이지** renaissance-okinawa.com **지도** p.133 G **맵코드** 206 034 742

호텔 몬터레이 오키나와 스파 & 리조트
ホテルモントレ沖縄 スパ&リゾート 호테루 몬토레이 오키나와 스파 안도 리조토

투명하고 아름다운 해변과 함께하는 리조트 호텔

에메랄드블루에서 코발트블루까지 아름다운 그라데이션을 만들어 내는 투명도 높은 해변과 400m의 백사장을 끼고 있는 리조트 호텔이다. 전 객실 오션뷰이며 아름다운 해변에서는 다이빙, 선셋 크루즈, 낚시, 웨이크 보드, 스노클링 투어 등 다양한 액티비티를 즐길 수 있다. 해변은 방파제로 둘러싸여 있기 때문에 파도가 거의 없어 좋다. 중부 지역 석양의 명소도 유명하다.

주소 沖縄県国頭郡恩納村字富着66-1 **전화** 098-993-7111 **요금** 1인 12,500엔~(2인 1실 기준) **위치** 나하공항에서 차로 1시간 / 나하공항에서 20, 120번 버스 이용하여 호텔 몬터레이 오키나와 스파 & 리조트 마에(ホテルモントレ沖縄 スパ&リゾート前) 하차(1시간 40분, 1,350엔)/ 나하 버스 터미널에서 20, 120번 버스 이용 (1시간 25분 1,240엔) **홈페이지** www.hotelmonterey.co.jp/okinawa **지도** p.135 D **맵코드** 206 096 896

오키나와 카리유시 비치 리조트 沖縄かりゆしビーチリゾート 오키나와 카리유시 비치 리조토

8만 평의 넓은 부지 안의 리조트 호텔

넓은 호텔의 부지 안에는 가든 수영장과 25m의 실내 수영장, 월풀 스파를 비롯해 축구장, 테니스 코트, 농구 코트, 골프 연습장 등 필드 스포츠를 즐 길 수 있는 시설이 완비되어 있다. 또한 자연을 즐 길 수 있는 미니 트레킹과 오키나와 체험 교실 등 의 시설도 마련되어 있다. 전용 해변을 가지고 있 으며 비교적 저렴한 비치 리조트와 고급 리조트인 스파 리조트 에구제스로 나뉘며 에구제스는 별도 의 프라이빗 공간을 가진다.

주소 沖縄県国頭郡恩納村名嘉真ヤーシ原2591-1 전화 098-967-8731 요금 1인 6,000엔~(2인 1실 기준) 위치 나하 공항에서 차로 1시간 10분(고속도로 이용) / 나하 공항에서 공항 리무진으로 2시간(2,000엔) 홈페이지 www.kariyushi-oceanspa.jp 지도 p.133 D 맵코드 206 381 624

스파 리조트 에구제스 スパリゾートエグゼス 스파 리조토 에구제스

최고급 호텔

카리유시 비치 리조트의 최고급 호텔이다. 리조트 한편의 언덕 위에 세워져 있으며 방이 넓고 시설이 고급스럽다.

주소 沖縄県国頭郡恩納村名嘉真ヤーシ原2592-40 전 화 098-967-7500 요금 1인 15,000엔(2인 1실 기준) 위치 카리유시 비치 리조트 내 홈페이지 www.exes-kariyushi.com 지도 p.133 D

더 부세나 테라스 ザ・ブセナテラス 자 부세나 테라스

오키나와에서 가장 인기 있는 리조트 호텔

삼면이 바다로 둘러싸인 부세나 미사키[部瀬名岬]에 세워진 리조트 호텔이다. 이곳의 부대시설인 반코쿠신 료칸[万国津梁館]에서는 2000년 규슈 오키나와 서밋(정상 회의)이 열리기도 했다. 넓은 백사장과 맑고 투명한 바다로 인기 높은 부세나 비치[ブセナビーチ]를 끼고 있다. 오키나와 바닷속 360도 풍경을 감상할 수 있는 해중 전망탑을 비롯해 해변에는 다양한 해양 스포츠 시설이 준비되어 있다. 호텔이 위치한 지역은 해중 공원으로, 나무가 많이 심겨져 있어 바다와 함께 아름다운 풍경을 만들어 낸다. 리조트 안에는 18세 이하의 숙박이 제한된 고품격 리조트 더 테라스 클럽 앳 부세나가 있으며, 이곳은 전담 직원이 24시간 대기하는 버틀러 서비스(Butler Service)를 제공한다.

주소 沖縄県名護市喜瀬1808 **전화** 0980-51-1333 **요금** 2인 40,600엔~(2인 1실 기준) **위치** 나하 공항에서 차로 1시간 30분 / 나하 공항에서 120번 버스 이용(1시간 50분) / 나하 버스 터미널에서 20번 버스 이용(1시간 40분) 부세나리조트마에(ブセナリゾート前) 하차 **홈페이지** www.terrace.co.jp/busena **지도** p.133 D **맵코드** 206 442 374

더 테라스 클럽 앳 부세나 ザ・テラスクラブ アット ブセナ 자 테라스 쿠라부 앗토 부세나

최고급 리조트 호텔

더 부세나 테라스의 최고급 리조트 호텔이다. 오키나와에서 가장 높은 가격의 호텔 중 한 곳이다. 고객들의 편의를 위해 18세 이하는 숙박이 제한되어 있으며 시설이 고급스럽다.

주소 沖縄県名護市喜瀬1750 **전화** 0980-51-1113 **요금** 2인 73,700엔~(2인 1실 기준) **위치** 부세나 리조트 내 **홈페이지** www.terrace.co.jp/clubatbusena **지도** p.133 D

▶ OKIZONE PASS

카후 리조트 후차쿠 콘도 カフー リゾート フチャク コンド

콘도로 장기간 이용이 가능한 호텔

2009년에 오픈한 오키나와 중부 후차쿠 비치 주변의 리조트 호텔로, 총 249개의 객실을 보유하고 있다. 호텔 타워와 콘도 타워 두 건물로 나누어져 있으며 콘도 타워의 객실은 장기 숙박이 가능하다. 호텔 전용 해변이 없어 주변의 해변을 이용해야 하는 불편함이 있다. 시설이 깔끔하고 콘도의 경우 주변의 다른 리조트 호텔에 비해 저렴한 편이다.

주소 沖縄県国頭郡恩納村字冨着志利福地原246-1 **전화** 098-964-7000 **요금** 1인 13,500엔~(2인 1실 기준) **위치** 나하 공항에서 차로 1시간 / 나하 버스 터미널에서 20번, 120번 버스 이용(1시간 15분, 약 1,500엔) 후차쿠 비치(冨着ビーチ) 하차 후 도보 5분 **홈페이지** www.kafuu-okinawa.jp **지도** p.135 D **맵코드** 206 127 348

라이브 맥스 맘스 칸나 리조트 빌라 リブマックス アムス・カンナリゾートヴィラ 리브마쿠스 칸나리조토 뷔라

오키나와 동중부의 코티지 호텔

30개의 코티지가 모여 이루는 리조트 시설과 별장과 같은 독립된 공간에서 여유를 부려 볼 수 있다. 코티지 안의 가구들은 세계 각국에서 공수해 온 가구들로 꾸며져 있다. 일출이 아름다운 곳으로 오키나와 동부 관광하기에 편리한 위치다.

주소 沖縄県国頭郡宜野座村漢那397-1 **전화** 098-968-7011 **요금** 1인 7,000엔~(2인 1실 기준) **위치** 나하 공항에서 차로 1시간(고속도로) **홈페이지** www.hotel-livemax.com/canna **지도** p.133 H **맵코드** 206 176 758

EM 웰니스 리조트 코스타 비스타 EM ウェルネスリゾートコスタビスタ 이에무 웨루네스 리조토 코스타 비스타

건강을 생각한 힐링 호텔

오키나와 중부 내륙 지역에 위치한 호텔로 EM(유용미생물군)을 이용한 친환경 제품을 사용하는 호텔이다. 이곳에서 사용되는 모든 제품은 EM을 이용하여 만든 제품으로, 약품 냄새가 없고 피부 트러블도 적다. 호텔에서 제공되는 요리 또한 EM을 이용한 유기농, 무농약 농산물을 이용하였다. 호텔에는 온천, 사우나, 암반욕 등 몸의 피로를 말끔히 풀어 주는 시설과 EM 캡슐, 아로마 테라피 등 치유 서비스도 이루어지고 있다.

주소 沖縄県中頭郡北中城村喜舍場1478 **전화** 098-935-1500 **요금** 1인 5,900엔~(2인 1실 기준) **위치** 나하 공항에서 차로 40분(고속도로 이용) / 아메리칸 빌리지에서 차로 15분 / 나하 공항에서 공항 리무진으로 80분(1,000엔) **홈페이지** www.costavista.jp **지도** p.133 O **맵코드** 33 500 228

호텔 문 비치 HOTEL MOON Beach 호테루 문비치

아름다운 프라이빗 해변의 호텔 리조트

이름도 아름다운 문 비치(Moon Beach)를 독점하고 있는 리조트 호텔이다. 문 비치 호텔과 조금은 저렴한 문 비치 팰리스 호텔로 나뉜다. 오키나와 해안 국정 공원에 위치해 있으며 꽃과 수풀 등 아름다운 자연에 둘러싸여 있다. 해변의 모양이 초승달 모양이기 때문에 문 비치라는 이름을 가지게 되었고 선셋이 아름답기로 유명한 곳이다.

주소 沖縄県国頭郡恩納村字前兼久1203 **전화** 098-965-1020 **요금** 1인 13,000엔~(2인 1실 기준) **위치** 나하 공항에서 차로 1시간 / 나하 버스 터미널에서 20, 120번 버스 이용(1시간 10분)하여 문 비치(ムーンビーチ) 하차 후 도보 5분 **홈페이지** www.moonbeach.co.jp **지도** p.135 C **맵코드** 206 096 617

OKIZONE PASS

호텔 & 리조트

오키나와 그랑 메르 리조트 Okinawa Grand Mer Resort

오키나와 동해안의 전망이 아름답게 펼쳐진다

오키나와 시의 고지대에 세워진 호텔로 넓은 발코니에서 전망을 감상할 수 있다. 오키나와 본 섬 거의 중앙에 위치해 있어 어느 지역으로도 이동이 편리하며 렌터카 여행 시 편리하다. 휴양보다는 관광 목적으로 이용하면 좋다.

주소 沖縄県沖縄市与儀2-8-1 전화 098-931-1500
요금 1인 12,000엔~(2인 1실 기준) 위치 나하 공항에서 차로 50분, 호텔 셔틀(예약제) 이용 55분 홈페이지 www.okinawa-grandmer.com 지도 p.133 O 맵코드 33 532 346

라구나 가든 호텔 ラグナガーデンホテル 라구나 가덴 호테루

바다와 시내가 모두 가까운 리조트 호텔

오키나와 시내에서 가까운 기노완 트로피컬 비치 ぎのわんトロピカルビーチ와 인접한 리조트 호텔이다. 나하 시내, 아메리카 빌리지로의 이동이 편리하다. 넓은 공간의 객실은 전실 오션뷰이며, 야외 수영장, 실내 수영장, 목욕탕, 피트니스룸 등 휴식 공간도 충실하다. 호텔 앞 해변은 오키나와의 젊은이들로 가득하다.

주소 沖縄県宜野湾市真志喜4-1-1 전화 098-897-2121 요금 2인 21,384엔~(2인 1실 기준) 위치 나하 공항에서 차로 30분, 택시로 30분(약 3,000엔) / 나하 공항에서 노선 버스 99번 이용하여 기노완야큐죠마에(宜野湾球場前) 하차 후 도보 5분 / 공항 리무진 이용하여 라구나가든호테루마에(ラグナガーデンホテル前) 하차(약 50~55분 소요) 홈페이지 www.laguna-garden.jp 지도 p.132 N 맵코드 33 403 203

코코 가든 리조트 오키나와 ココ ガーデンリゾート オキナワ 코코 가덴 리조토 오키나와

프라이빗 공간을 중요시하는 조용한 리조트 호텔

오키나와 중부 우루마시うるま市의 고지대에 위치한 리조트 호텔이다. 잔디로 뒤덮인 넓은 부지를 가지고 있다. 오키나와산 우콘ウコン(심황)과 모즈쿠もずく(큰실말)를 사용한 트리트먼트를 받을 수 있는 휴식 살롱, 광동 요리와 오키나와 철판구이를 맛볼 수 있는 레스토랑이 있다. 그 밖에도 가든 풀, 테니스 코트 등 다양한 시설이 준비되어 있다. 별장 느낌이 나는 높은 천장의 코티지 96채가 있다.

주소 沖縄県うるま市石川伊波501 **전화** 098-965-1000 **요금** 1인 7,000엔~(2인 1실 기준) **위치** 나하 공항에서 차로 50분 / 르네상스 리조트 오키나와에서 30분 (호텔 무료 셔틀) **홈페이지** www.cocogarden.com **지도** p.135 L **맵코드** 33 893 858

호텔 무라사키 무라 ホテルむら咲むら 호테루 무라사키 무라

오키나와 분위기 가득한 호텔

과거 류큐 시대의 오키나와를 드라마화한 일본 NHK 드라마 세트 부지에 세워진 류큐 전통의 붉은 기와 지붕의 호텔이다. 테마파크인 무라사키무라와 연결되며 아이와 함께 숙박하면 좋다.

주소 沖縄県中頭郡読谷村高志保1020-1 **전화** 098-958-7871 **요금** 1인 5,500엔~(2인 1실 기준) **위치** 나하 공항에서 차로 1시간 20분 / 나하 버스 터미널에서 28번 버스 이용하여 우후도(大당) 버스 정거장 하차 후 도보 10분 **홈페이지** hotel.murasakimura.com **지도** p.134 I **맵코드** 33 851 254

호텔 하마히가지마 리조트 오키나와 ホテル浜比嘉島リゾート 沖縄 호테루 하마히가지마 리조트 오키나와

해중 도로 끝에 위치한 리조트 호텔

오키나와 동쪽 해변 끝의 해중 도로를 달려 도착하게 되는 하마히가浜比嘉 섬의 리조트 호텔이다. 전 객실 오션뷰로 객실에서 태평양의 수평선을 감상할 수 있다. 한적한 호텔 앞 해변에서는 다양한 해양 스포츠를 즐길 수 있다.

주소 沖縄県うるま市勝連比嘉202 **전화** 098-977-8088 **요금** 1인 8,000엔~(2인 1실 기준) **위치** 나하 공항에서 차로 1시간 10분 **홈페이지** www.hamahiga-resort.jp **지도** p.133 P **맵코드** 499 521 872

호텔 닛코 아리비라 ホテル日航アリビラ 호테루 닛코우 아리비라

해변가의 스페인풍 양식의 리조트 호텔

호텔의 이름인 아리비라는 스페인어로 'alivio(휴식)'과 'villa(별장)'를 조합하여 만들었다. 붉은 기와와 흰 벽으로 된 스페인 콜로니얼 양식의 외관과 실내 곳곳에 전시된 미술품은 마치 미술관 같은 느낌을 준다. 객실의 테라스에서는 탁 트인 해변의 풍경을 감상할 수 있다. 잔파 곶(잔파 미사키), 잔파 비치와 가깝다.

주소 沖縄県中頭郡読谷村字儀間600 **전화** 098-982-9111 **요금** 1인 11,000엔~(2인 1실 기준) **위치** 나하 공항에서 차로 1시간 / 나하 공항에서 공항 리무진 이용하여 약 1시간 20분(1,250엔) / 나하 버스 터미널에서 노선버스 28번 이용하여 우후도(大당) 버스 정거장 하차 후 택시 이용(약 2시간, 약 2,500엔) **홈페이지** www.alivila.co.jp **지도** p.134 I **맵코드** 33 881 335

더 비치 타워 오키나와 THE BEACH TOWER OKINAWA 자 비치 타와 오키나와

아메리칸 빌리지의 고층 리조트 호텔

아라하 비치, 선셋 비치를 눈앞에 둔 아메리칸 빌리지의 고층 리조트 호텔이다. 지상 24층의 호텔로 오키나와 호텔 중에서는 가장 높은 건물이다. 호텔과 함께 있는 천연 온천 추라유ちゅらーゆ에서는 몸과 마음의 피로를 말끔히 풀 수 있다. 아메리칸 빌리지 내부에 위치하고 있어 저녁이 되어도 즐거운 곳이다.

주소 沖縄県中頭郡北谷町美浜8-6 전화 098-921-7711 요금 1인 8,000엔~(2인 1실 기준) 위치 아메리칸 빌리지 내 홈페이지 www.hotespa.net/hotels/okinawa 지도 p.132 A 맵코드 33 525 209

함비 리조트 Hamby Resort

아메리칸 빌리지 인근의 저렴한 게스트하우스

아메리칸 빌리지와 인접해 있으며 아라하 비치와 가까워 인기가 높다. 게스트하우스, 도미토리, 일반 객실 이용이 가능하며 가격이 저렴하여 젊은이들이 많이 찾는다. 자전거를 무료로 대여해 주어 아메리칸 빌리지와 주변 해변을 둘러보기에 좋다.

주소 沖縄県中頭郡北谷町北谷 1-6-4 전화 098-926-2266 요금 싱글룸 1인 3,500엔~, 도미토리 1인 2,000엔~ 위치 아메리칸 빌리지 부근, 아라하 비치 주변 홈페이지 www.hambyresort.com 지도 p.132 J 맵코드 33 496 410

오키나와 남부

사우선 비치 호텔 & 리조트 Sourthern Beach Hotel & Resort 사잔비치 호테루 안도 리조토 오키나와

나하 공항에서 가장 가까운 리조트 호텔

나하 공항에서 차로 20분 거리의 비비 비치 이토만美々ビーチいとまん 해변가의 리조트 호텔이다. 495개 객실의 대형 리조트 호텔로, 길이 70m의 오키나와 본 섬 최대 규모의 가든 풀장에서 수영을 즐길 수 있다.

주소 沖縄県糸満市西崎町1-6-1 전화 098-992-7500 요금 1인 10,000엔~ (2인 1실 기준) 위치 나하 공항에서 택시로 20분(약 2,000엔) 홈페이지 www.southernbeach-okinawa.com 지도 p.180 E 맵코드 232 453 347

호텔 그랑뷰 가든 오키나와 グランビューガーデン沖縄 호테루 구란뷰 가덴 오키나와

아시바나 아울렛 바로 옆의 관광 호텔

아름다운 바다, 하얀 백사장, 공항을 이착륙하는 비행기와 활주로의 야경을 감상할 수 있는 공항 근처의 호텔이다. 호텔 바로 옆에는 아시비나 아웃렛이 있어 쇼핑을 즐기기에도 편리하다. 도요사키 해변 공원豊崎海浜公園과도 인접해 있다.

주소 沖縄県豊見城市豊崎3-82 전화 098-851-2288 요금 1인 5,000엔~ (2인 1실 기준) 위치 나하 공항에서 택시로 15분(약 1,700엔), 아시바나 아웃렛에서 도보 6분 홈페이지 www.granview.co.jp/garden-okinawa/index.html 지도 p.180 E 맵코드 232 543 706

하쿠나가란 百名伽藍 하쿠나가란

료칸과 닮은 오키나와 남부의 고급 숙박 시설

오키나와 남부의 아름다운 바다와 산으로 둘러싸인 곳의 끝자락에 위치한 숙박 시설이다. 220도로 넓게 펼쳐진 바다에서는 아름다운 일출과 일몰을 감상할 수 있다. 밝게 빛나는 별들로 가득한 밤하늘의 풍경도 아름답다. 오키나와 전통의 건축 양식 속에 숨겨진 현대적이고 넓은 객실을 보유하고 있으며 여유로운 시간을 보내기에 좋은 곳이다.

주소 沖縄県南城市玉城字百名山下原1299-1 **전화** 098-949-1011 **요금** 1인 50,000엔~(2인 1실 기준) **위치** 나하 공항에서 차로 35분 **홈페이지** www.hyakunagaran.com/charm3.php **지도** p.181 K **맵코드** 232 469 405

유인치 호텔 난죠 ユインチホテル南城 유인치 호테루 난죠

천연 온천이 있는 건강과 치유의 리조트

오키나와 남부의 한 언덕 위에 위치한 전망 좋은 리조트 호텔이다. 35,000평의 광대한 부지에는 체육관을 비롯 스포츠 시설이 완비되어 있으며 천연 온천도 샘솟고 있다. 호텔의 이름인 유인치ユインチ는 '세계의 은혜와 보물이 모이는 곳'이라는 뜻이다.

주소 沖縄県南城市佐敷字新里1688 **전화** 098-947-0111 **요금** 1인 6,000엔~(2인 1실 기준) **위치** 나하 공항에서 차로 50분 / 나하 버스 터미널에서 39, 41번 버스로 큐요우센타이리구치(休暇センター入口) 정거장 하차 후 도보 5분(630엔) **홈페이지** www.yuinchi.jp **지도** p.181 G **맵코드** 232 587 314

오키나와 북부

오쿠마 프라이빗 비치 앤 리조트 オクマ プライベートビーチ & リゾート 오쿠마 프라이베토 비치 안도 리조토

아름다운 오쿠마 해변가의 리조트

오키나와 북부 얀바루의 바다와 숲에 둘러싸인 리조트다. 얀바루의 대자연 그대로를 보존하며 가꾼 네이처(Nature) 스타일의 리조트다. 바다와 꽃과 초록에 둘러싸인 빌라와 코티지 등 다섯 종류의 숙박 시설 중 원하는 시설을 고를 수 있다. 오키나와의 철판 요리, 향토 요리, 바비큐 등을 즐길 수 있는 레스토랑도 완비하고 있다. 에메랄드그린의 오쿠마 비치에서는 다양한 해양 스포츠와 체험을 즐길 수 있다.

주소 沖縄県国頭郡国頭村字奥間913 **전화** 0980-41-2222 **요금** 1인 14,000엔~(2인 1실 기준) **위치** 나하 공항에서 111번 고속버스 이용하여 나고 버스 터미널(名護バスターミナル)로 가서 67번 버스로 환승하여 오쿠마비스 이리구치(奥間ビーチ入り口)에서 하차(총 3시간 30분 소요, 3,170엔) / 나하 공항에서 차로 2시간 20분(고속도로 이용) **홈페이지** okumaresort.com **지도** p.199 G **맵코드** 485 829 762

호텔 벨파라이소 ホテルベルパライソ 호테루 베루파라이소

나키진의 천연 비치에 세워진 전망 좋은 리조트

새하얀 백사장이 1km 넘게 펼쳐지는 웃파마(ウッパマ) 비치에 세워진 리조트 호텔로, 전 객실이 오션뷰이다. 45평의 넓은 객실 화장실과 욕실이 분리되어 있어 친구와 함께 숙박해도 좋다. 장기 체류를 위한 수영장과 레스토랑 등의 시설도 충실하며 해양 스포츠도 즐길 수 있다. 주변의 관광지인 나키진 성터, 츄라우미 수족관, 고우리 섬에 차로 15~30분 정도면 갈수 있어 오키나와 북부 관광의 숙소로 이용하면 편리하다.

주소 沖縄県国頭郡今帰仁村字運天1069 **전화** 0980-56-2767 **요금** 1인 4,600엔~(2인 1실 기준) **위치** 나하 공항에서 얀바루 급행 버스(やんばる急行バス)를 이용하여 벨루파라인(ベルパライン) 정거장 하차(2시간 45분, 1,950엔) / 나하 공항에서 차로 2시간(고속도로 이용) **홈페이지** belparaiso.com **지도** p.198 J **맵코드** 553 089 457

민숙 얀바루 쿠이나소 民宿やんばるくいな荘 민슈쿠 얀바루 쿠이나소

얀바루의 자연 속 힐링의 장소

여성 혼자서도 안심하고 묵을 수 있는, 얀바루의 자연 속 힐링의 장소다. 얀바루 쿠이나라는 새들의 서식지로 유명한 오키나와 북부 구니가미손 헨토나国頭村辺土名의 숙소다. 저렴한 가격에 얀바루의 자연을 마음껏 체험해 볼 수 있는 좋은 장소이다. 해도미사키와 히지오오타키比地大滝(히지 폭포), 삼림 테라피 로드, 얀바루 야생 동물 보호센터 등 자연 시설이 주변에 많이 모여 있으며 매년 6월경에는 반딧불 투어를 진행한다.

※얀바루 쿠이나(ヤンバルクイナ, 山原水鶏) : 얀바루 흰눈썹뜸부기. 일본 오키나와섬 북부 고유의 새.

111번 고속버스 이용하여 나고 버스 터미널(名護バスターミナル)로 가서 67번 버스로 환승하여 로진후쿠시센타이리구치(老人福祉センター入リ口)에서 하차, 도보 3분(총 3시간 35분 소요, 3,200엔) / 나하 공항에서 차로 2시간 25분(고속도로 이용) 홈페이지 www.yanbarukuinasou.com 지도 p.199 G 맵코드 485 861 187

주소 沖縄県国頭郡国頭村字辺土名1278-6 전화 0980-41-5506 요금 1인 4,200엔~ 위치 나하 공항에서

아다 가든 호텔 오키나와 アダ・ガーデンホテル沖縄 아다 가덴 호테루 오키나와

오키나와의 원시 자연 속 호텔

호텔 주변에서 얀바루쿠이나 등 오키나와의 천연기념물들을 쉽게 만날 수 있다. 저녁이 되면 주변에 가로등이 없어 더욱 더 밝게 빛나는 밤하늘의 별빛을 즐길 수 있다. 호텔에는 아열대 숲 트레킹, 토끼가 살고 있는 무인도 투어, 스노클링, 맹그로브 카누 투어, 협곡 트레킹 등 오키나와의 자연을 즐기는 10가지의 액티비티가 준비되어 있다.

하 공항에서 차로 2시간 50분(고속도로 이용) 홈페이지 www.ada-hotel.net 지도 p.199 H 맵코드 728 291 601

주소 沖縄県国頭郡国頭村安田1285-95 전화 0980-41-7070 요금 1인 7,100엔~(2인 1실 기준) 위치 나

오쿠 얀바루노 사토 奥ヤンバルの里

오키나와 전통의 민가에서의 하루

옛 모습이 그대로 남아 있는 붉은 기와 지붕의 오키마와 민가에서 하루를 보내게 된다. 가옥 통째로 빌리게 되며 집 앞으로 개울이 흐르고 있어 아이들과 시간을 보내기에 좋다. 취사는 자유롭게, 바비큐를 즐겨도 좋다.

주소 沖縄県国頭郡国頭村奥1280-1 전화 0980-50-4141 요금 3인실 10,000엔, 5인실 15,000엔, 8인실 25,000엔(조식 별도) 위치 나하 공항에서 차로 3시간 10분(고속도로 이용) 홈페이지 okuyanbarunosato.net 지도 p.199 G 맵코드 728 589 861

얀바루 로하스 やんばるロハス

하루 두 팀만 숙박할 수 있는 특별한 숙소

숲과 바다로 둘러싸여 있는 2,000평의 공간을 나만의 프라이빗 공간으로 이용할 수 있다. 이곳의 방은 60평의 프리이빗 빌라와 합리적인 가격의 룸인 타마시다 단 두 개다. 미리 준비하지 않는다면 예약이 힘들지도 모른다. 마차를 타고 얀바루를 산책하거나 직접 말을 타고 정원을 둘러보는 승마 체험 등이 준비되어 있다.

주소 沖縄県国頭郡東村字慶佐次167-2 전화 0980-43-2884 요금 일반 룸 1인 5,400엔~(2인 1실 기준, 조식 별도, 4명 이용 가능), 프라이빗 빌라 2인 32,400엔~(2인 1실 기준) 위치 나하 공항에서 차로 2시간 30분(고속도로 이용) 홈페이지 yanbaru-lohas.com 지도 p.199 O 맵코드 485 347 517

카누챠 베이 호텔 & 빌라 カヌチャベイホテル&ヴィラズ 카누챠베이 호테루 & 붸라즈

광대한 자연에 둘러싸인 대규모 리조트 시설

오키나와 북부 얀바루의 동쪽 바닷가에 위치한 카누챠 리조트는 '마음의 낙원'을 콘셉트로 80만 평의 넓은 부지에 9개의 호텔 동과 골프 코스, 3개의 수영장을 가진 대규모 리조트 시설이다. 시설이 넓은 만큼 다양한 액티비티와 체험 시설이 마련되어 있으며 봄의 화원 페스타, 겨울의 스타 더스트 일루미네이션 등 다양한 이벤트도 열린다.

주소 沖縄県名護市字安部156-2 전화 0980-55-8880 요금 2인 40,000엔~(2인 1실 기준) 위치 나하 공항에서 차로 1시간 45분(고속도로 이용) 홈페이지 www.kanucha.jp 지도 p.198 N 맵코드 485 159 341

야에야마 제도

비치 호텔 선샤인 BEACH HOTEL SUNSHINE 비치 호테루 산샤인

야에야마 제도의 섬들을 한눈에

다케토미 섬, 고하마 섬, 이리오모테 섬의 풍경을 함께 감상할 수 있는 이시가키 섬의 리조트 호텔이다. 3층의 노천탕과 전망대욕장에서는 바다를 바라보며 몸을 녹일 수 있다. 1km에 달하는 넓은 백사장과 에메랄드블루빛 바다가 한눈에 보인다. 여름에는 해변의 테라스에서 일몰을 바라보며 저녁식사와 바비큐를 즐길 수 있다.

주소 沖縄県石垣市字新川2484 전화 0980-82-8616 요금 1인 12,000엔~ (2인 1실 기준) 위치 이시가키 항에서 차로 10분, 이시가키 공항에서 차로 30분 홈페이지 www.ishigakijima-sunshine.net 지도 p.227 K, 230 G

일마레 우나리자키 ILMARE UNARIZAKI

다이버를 위한 리조트 호텔

일본의 다이버들이 모이는 곳으로, 다이버들을 위한 다양한 시설이 완비되어 있다. 여러 척의 다이빙 보트를 보유하고 있으며 초보자에서 베테랑까지 다이버들의 필요에 따라 맞춤 운영을 한다. 체험 다이빙, 다이빙 라이센스 강습, 스노클링 투어 등 다양한 메뉴가 준비되어 있다.

주소 沖縄県八重山郡竹富町字上原10-162 전화 0980-85-6146 요금 1인 10,000엔~ (2인 1실 기준) 위치 이시가키 공항에서 택시로 15분(약 900엔), 우에하라 항에서 차로 40분 홈페이지 www.unarizaki.com/ilmare 지도 p.226 E

이시가키 시사이드 호텔 石垣シーサイドホテル 이시가키 시 사이도 호테루

아름다운 해변과 선셋으로 유명한 리조트 호텔

흑진주 양식으로 유명한 가비라완川平湾과 이시카키 섬에서 가장 아름답다고 손꼽히는 스쿠지 비치底地ビーチ가 눈앞에 펼쳐지는 리조트 호텔이다. 전 객실이 오션뷰로, 실내에서 아름다운 선셋을 감상할 수 있다. 4월 하순에서 10월 하순에는 바비큐를 즐길 수 있다.

주소 沖縄県石垣市川平154-12 전화 0980-88-2421 요금 1인 8,000엔~(2인 1실 기준) 위치 이시가키 공항에서 무료 셔틀버스 운행 / 노선 버스 11번 이용(1시간, 840엔) 홈페이지 www.ishigaki-seasidehotel.com 지도 p.227 G

니라이나 리조트 ニライナリゾート 니라이나 리조토

이리오모테 섬 자연 속의 리조트

이리오모테 섬의 앞바다가 눈앞에 펼쳐지는 언덕에 세워진 리조트 호텔이다. 날씨가 좋으면 객실에서 바비큐를 즐길 수 있으며 온수 욕조에서 휴식을 취하거나 목조 테라스에서 일광욕을 즐기는 등 여유를 부릴 수 있다. 다이빙, 요트 크루즈, 카누 등 이리오모테의 대자연 속에서 즐기는 다양한 액티비티 투어는 보너스!

주소 沖縄県八重山郡竹富町字上原10-425 전화 0980-85-6400 요금 1인 8,100엔~(2인 1실 기준) 위치 우에하라 항에서 차로 10분 홈페이지 www.nilaina.com 지도 p.226 E

라 티다 이리오모테 리조트 ラ・ティーダ西表リゾート 라 티다 이리오모테 리조토

이리오모테 섬을 둘러보기 편한 리조트 호텔

오키나와 전통적인 빨간 지붕의 단층 건물로 된 호텔로 카누, 스노클링 등 해양 스포츠를 즐기기 좋으며 별도의 야외 수영장을 가지고 있다. 이리오모테 섬 관광에 편리한 자전거 대여 서비스를 제공하며 섬의 특산품을 판매하는 기념품 가게들이 시설 안에 있다.

주소 沖縄県八重山郡竹富町字南風見508-205 **전화** 0980-85-5555 **요금** 1인 9,000엔~(2인 1실 기준) **위치** 오오하라 항에서 송영 버스로 5분 **홈페이지** www.lateada.co.jp **지도** p.226 N

하이무루부시 はいむるぶし 하이무루부시

고하마 섬의 일본 최남단 리조트 호텔

호텔 이름인 하이무루부시는 오키나와 방언으로 '남십자성南十字星'을 말한다. 호텔 이름처럼 남십자성이 반짝이는 밤하늘을 볼 수 있다. 야구장 10배 규모의 넓은 부지에는 다양한 시설이 설치되어 있고, 물소 연못을 중심으로 아열대의 꽃들이 활짝 피어 있다. 산호초로 둘러싸인 바다에서는 다양한 해양 스포츠를 즐길 수 있다.

주소 沖縄県八重山郡竹富町小浜2930 **전화** 0980-85-3111 **요금** 1인 14,500엔~(2인 1실 기준) **위치** 고하마 항에서 송영 버스로 5분 **홈페이지** www.haimurubushi.co.jp **지도** p.226 J

아트 호텔 이시가키지마 アートホテル石垣島 아토 호테루 이시가키지마

이시가키 섬을 둘러보기 편한 호텔

이시가키 섬의 4성급 호텔로, 시내 언덕 위에 위치해 있다. 언덕 아래로 내려다 보이는 태평양 풍경, 선셋과 야경이 아름답다. 지하수를 사용하여 보습 효과가 좋은 목욕탕과 사우나 시설이 있으며 기본적인 시설들이 잘 갖추어져 있다.

주소 沖縄県石垣市大川559 전화 0980-83-3411 요금 1인 7,000엔~ (2인 1실 기준) 위치 이시가키 항 이섬 터미널에서 차로 5분 홈페이지 www.art-ishigakijima.com 지도 p.227 K, 230 D

미야코 제도

미야코지마 토큐 리조트 宮古島東急リゾート 미야코지마 토큐 리조토

이리오모테 섬의 자연을 즐기자

이리오모테 섬의 자연을 즐길 수 있는 붉은 기와로 된 별장에 머물며 이리오모테 섬의 자연을 즐겨 보자. 이리오모테 섬의 식재료를 사용한 호텔 본관 2층의 레스토랑 BOSCO의 양식 코스 요리가 유명하다. 호텔에는 투어 탐색 서비스를 제공하며 처음 이곳에 방문하는 사람들이 효율적이고 안전한 관광을 할 수 있도록 도움을 준다.

주소 沖縄県宮古島市下地字与那覇914 전화 0980-76-2109 요금 2인 30,000엔~ (2인 1실 기준) 위치 미야코 공항에서 차로 10분 홈페이지 www.miyakojima-r.tokyuhotels.co.jp 지도 p.239

호시노야 오키나와 HOSHINOYA OKINAWA

일본을 대표하는 럭셔리 리조트 호시노야 in 오키나와 2만여 평의 부지에 섬 특유의 전통 건축 양식을 따른 각각 독립된 48채의 객실에서 현지의 주민이 된 것처럼 편안하게 지낼 수 있다. 모든 객실은 ※굿쿠グック라는 돌담에 둘러싸여 있으며 개인 정원이 딸린 단층집 형태의 전통 가옥 구조이다. 붉은 기와 지붕 위에는 각기 다른 모양의 시사 조각이 놓여 있다. 넓은 거실과 깔끔한 욕실 안으로는 시원한 바람이 불어 온다. 생체 리듬을 본연의 상태로 되돌려 준다고 하는 스파 시스템인 호시노야 스파가 인기다. 저녁이 되면 아름다운 별들이 가득하여 전통 주택과 함께 멋진 풍경을 만들어 낸다.

※굿쿠(グック) : 바람이 잘 통하고 강풍을 막아 주는 다케토미 섬의 전통 돌담

주소 沖縄県八重山郡竹富町竹富 **전화** 050-3786-0066 **요금** 2인 45,000엔~(2인 1실 기준, 식사 불포함) **위치** 다케토미 항에서 송영 버스로 10분 **홈페이지** kr.hoshinoresort.com **지도** p.235

자전거를 타고 다케토미 섬 일주

호시노야리조트의 노을

사미센 연주와 함께 즐기는 허브 티

다케토미 섬의 해변에서 즐기는 피크닉

유기농, 오키나와의 재료를 사용하여 만든 호시노야의 요리

해변에서 즐기는 호시노야의 힐링 체조

아로마 마사지

테마 여행

- 오키나와의 요리
- 오키나와를 배경으로 한 작품
- 오키나와의 축제
- 오키나와의 쇼핑
- 마라톤과 피크닉을 즐겨요! 러닝
- 마음 가는 대로 오키나와 사이클링
- 탁 트인 자연 속에서 즐기는 골프
- 깊고 푸른 바다와 함께 해양 스포츠

독자적인
식문화를 가진

오키나와의 요리

오키나와는 일본에 속해 있지만 기후나 지리상 일본 본토와는 다른 식문화를 보인다. 중국, 동남아시아, 일본 규슈의 영향을 많이 받았으며 주둔한 미군의 영향으로 햄버거, 스테이크 등의 요리 문화도 발달되어 있다. 류큐 왕국 시대에는 독자적으로 개발한 요리가 많았으며 류큐 왕국 멸망 이후에는 이 요리들이 가정식 요리 또는 향토 요리로 발달해 왔다.

🌴 고기 요리

오키나와는 돼지고기 요리가 발달해 있으며 가장 많이 소비되는 고기 역시 돼지고기다. 돼지의 내장, 족발 등 어느 한 곳도 버리지 않고 요리에 사용하는 것은 우리나라의 문화와 닮았다. 오키나와 전쟁 이후 미군의 주둔으로 스테이크 요리도 발달하였으며 스팸을 비롯해 돼지고기를 가공한 식품을 이용한 요리도 많다. 소고기는 이시가키규石垣牛, 돼지고기는 아구アグー라는 이름으로 고급 브랜드화하기도 하였다.

아구 アグー
오키나와의 재래종인 흑돼지를 일컫는 말로, 브랜드화된 돼지고기다. 시마부타島豚(섬돼지)라는 이름으로도 불린다. 성장이 느리고 다 자라도 110kg 정도로 일반 돼지에 비해 크기가 작다. 돼지고기는 샤브샤브, 돈까스 등 다양한 요리에 사용된다.

치라가 チラガー
돼지머리 껍질을 말하며, 오키나와의 시장에서 쉽게 찾아볼 수 있다. 뼈를 제거한 돼지머리 형태 그대로의 모습으로 판매되고 있다.

나카미 中味
오키나와 향토 요리로 돼지고기의 내장 중에서도 주로 소장이나 위 부분을 말한다. 보통 버섯, 돼지고기, 곤약, 생강, 파를 넣고 국처럼 끓여 먹는다. 돼지고기 잡내가 나는 편이라 비위가 약하다면 피하는 것이 좋다.

미미가 ミミガー
돼지의 귀 부분을 삶거나 쪄서 채썬 다음 식초와 간장 양념을 한 요리다. 귀의 연골이 씹히는 맛이 있으며 콜라겐이 많다. 주로 술 안주로 많이 애용되며 편의점에서도 과자처럼 팔고 있다.

아시테비치 足てびち
돼지고기 족발을 이용한 요리로, 돼지 족발을 국에 넣고 끓여 먹는다. 혹은 따로 조리를 하여 오키나와 소바 위에 올려 먹기도 한다.

라후테 らふてー
돼지고기의 삼겹살 부위를 아와모리(오키나와의 전통 술)와 간장을 넣어 양념을 한 다음 삶아 낸 요리다. 가쿠니角煮라는 이름으로 일본에서 보편적으로 먹는 요리 중 하나이다.

이나무루치 イナムルチ

오키나와의 향토 요리로 생일, 기념일에 먹는 요리 중 하나다. 된장과 돼지고기를 넣어 우려 낸 국물에 곤약, 가마보코(어묵), 버섯, 유부 등을 넣고 끓여 먹는다.

이시가키규 石垣牛

오키나와의 브랜드 소고기다. 오키나와 이시가키 섬 혹은 야에야마 제도八重山郡에서 태어나고 자란 흑소의 소고기이다. 일본 와규和牛의 품종 중 하나로, 보통의 소고기에 비해 몇 배 더 높은 가격을 받는다.

생선 요리

섬이 많고 바다에 둘러싸여 있어 생선 요리를 많이 먹을 것 같지만 의외로 생선 요리가 많이 발달하지 않았다. 오키나와에서는 주로 참치와 가다랭이가 많이 잡히며 시장에 가면 동남아시아나 열대 지방에서 볼 수 있는 생선들이 많이 진열되어 있다.

스시 寿司

오키나와는 초밥 문화가 많이 발달하진 않았지만 곳곳에서 회전 초밥집을 찾아볼 수 있다. 또한 회전 초밥집에서는 초밥 이외의 요리가 접시에 올라오는 것을 종종 발견할 수 있다. 가격도 일본 본토보다 저렴한 편.

구루쿤 グルクン

구루쿤은 오키나와 방언으로 '다카사고'라는 농어목의 생선을 말한다. 주로 구루쿤노카라아게グルクンの唐揚げ라는 이름으로 바짝 튀겨 먹는다. 구워 먹어도 맛있다.

미바이 ミーバイ

영어로 그루퍼(Grouper)라고 불리는 생선으로 국에 넣어 맑게 끓이거나 간장을 넣은 조림 요리로 많이 먹는다.

채소 요리

기본적으로 양배추, 무, 당근, 숙주나물을 요리에 많이 사용하고 고야, 파파이야 등 독특한 채소도 찾아볼 수 있다. 주로 참프루라는 볶음 요리나 국 요리에 많이 사용된다.

고야 ゴーヤー

고야는 우리나라에서는 약으로 쓰이는 여주의 오키나와 방언이다. 쌉쌀한 맛이 있어 생으로는 먹지 않고 참프루 요리에 넣어 볶아 먹는다. 또한 말려서 차로도 우려 먹는다. 비타민 C 함유량이 레몬의 5배에 이르며 가열해도 거의 손상되지 않아 건강 식재료로 주목받고 있다.

파파이야 パパイア

우리에게는 과일로 알려져 있는 파파이야이지만 오키나와에서는 채소로서 요리에 많이 이용된다. 얇게 썰어 볶아서 먹거나 살짝 말려 양념을 해 나물처럼도 먹는다.

시마락쿄 島らっきょう

우리가 락교 혹은 염교라고 부르는 채소로, 일본에서는 요리에 많이 사용하는 식재료이다. 살짝 구워서 먹거나 튀김으로 많이 먹는다.

후치바 ふちばー

후치바는 쑥의 오키나와 방언이며, 향신료처럼 요리에 살짝 올려 먹는다. 튀김으로 먹기도 하며 가루를 내어 밀가루와 함께 반죽해서 오키나와 소바 면으로 이용되기도 한다.

한다마 ハンダマ

허브의 한 종류. 살짝 데쳐 소금 양념을 하여 나물처럼 먹는다. 오키나와 향토 요리 중 볶음 요리나 국 요리에도 많이 사용된다.

아사 アーサ
해조류 파래의 오키나와 방언이다. 튀겨서 먹거나 된장국에 넣어 먹는다.

타무 タームー
토란의 한 종류로 오키나와에서는 토란과 같이 요리에 사용된다.

닌진시리시리 にんじんしりしり
오키나와의 향토 요리로 당근을 잘게 썰어 계란과 함께 볶아서 먹는다.

 참프루

고야 참프루 ゴーヤーチャンプルー
오키나와를 대표하는 요리 중 하나로 보통 참프루 하면 고야를 넣은 참프루가 많이 나온다. 고야와 함께 부추, 숙주나물, 달걀, 스팸(혹은 돼지고기)를 넣고 볶아 먹는다.

소민 참프루 ソーミンチャンプルー
소민이라고 불리는 가는 밀가루 면에 부추와 양파, 돼지고기, 베이컨 등을 넣고 볶아 낸 요리. 참프루 중에서 가장 가격이 저렴하다.

도후 참프루 豆腐チャンプルー
시마도후라고 불리는 오키나와의 두부를 큼직하게 썰어 야채와 고기를 함께 볶아 먹는다. 야채가 많이 들어가 야사이 참프루野菜チャンプルー라고 부르기도 한다.

후 참프루 フーチャンプルー

후는 밀가루에서 나온 글루틴을 이용하여 만든 가공식품으로, 물과 달걀을 넣어 부드럽게 한 후 야채와 함께 볶아 낸다. 식감이 독특하며 고소하다.

🌴 두부 요리

보통 시마도후島豆腐(섬두부)라고 불리는 두부를 주로 먹으며 요리에도 많이 이용된다. 순두부인 유시도후, 두부를 발효하여 치즈 같은 느낌인 토후요 등 다양한 두부 요리를 만날 수 있다.

시마도후 島豆腐

오키나와의 두부로 시마도후(섬두부)라는 이름으로 오키나와 어디에서나 찾아볼 수 있다. 참프루 요리를 시작으로 여러 오키나와 향토 요리에 사용되고 있다.

자미미도후 ジーマーミ豆腐

오키나와의 향토 요리로 콩 대신 땅콩을 사용하여 두부를 만든다. 쫀득쫀득 탄력이 있으며 고소해서 디저트로 많이 나온다.

유시도후 ゆし豆腐

쉽게 말하면 순두부로, 주로 국에 넣어 먹는다. 최근에는 오키나와 소바 위에 올려 먹는 유시도후 소바ゆし豆腐そば가 인기를 모으고 있다.

도후요 豆腐よう

오키나와의 섬두부를 누룩, 아와모리(오키나와 전통주)와 함께 발효, 숙성시켜 만든 발효 식품으로 류큐 시대에 개발된 요리이다. 치즈와 같은 느낌으로 과거에는 귀한 음식으로 대접받았다.

스쿠가라스도후 スクガラス豆腐

소금에 절인 아이고^{アイゴ}라는 작은 생선을 오키나와 섬두부 위에 올려 놓고 간장을 뿌려 먹는 오키나와의 향토 요리다. 생선에는 잔뼈가 많으니 주의.

🌴 미군의 영향을 받은 요리

오키나와 전쟁 이후 미군이 장기간 오키나와에 주둔하면서 식문화에 있어서 영향을 많이 받았다. 특히 미군들이 즐겨 먹던 돼지고기를 가공한 통조림(스팸, 튤립) 등은 포쿠^{ポーク}라는 이름으로 불리며 큰 인기를 모아 지금은 참프루를 비롯한 다양한 오키나와 요리에 사용되고 있다.

철판 스테이크 鉄板ステキー

달궈진 철판 위에 고기 등 다양한 재료를 구워 먹는다. 철판 요리鉄板料理는 일본 고베에서 시작하였으며 오키나와까지 넘어왔다. 이곳에서는 요리를 하면서 다양한 퍼포먼스를 선보이며 미군들이 많이 찾아서인지 일본의 다른 지역에 비해 양이 많다.

포쿠다마고 ポーク卵

계란말이와 스팸 한 조각만 있으면 요리 끝! 휴대하기 좋게 삼각 김밥처럼 김과 밥으로 이 요리를 싸서 먹곤 한다.

타코라이스 タコライス

밥 위에 고기와, 치즈, 토마토, 채소를 듬뿍 올려 살사 소스를 뿌려 먹는다. 미군들이 들여 온 멕시코 요리인 타코스를 오키나와 주민들이 변형시킨 요리이다.

기타 요리

오키나와 소바 沖縄そば

오키나와를 대표하는 면 요리. 보통 일본에서 소바라고 하면 메밀을 넣어 반죽한 면 요리를 말하는데 오키나와에서는 밀가루만을 사용하여 면을 반죽한다. 주로 가츠오(가다랭이포), 돈코츠(돼지뼈)를 우려 만든 국물에 면과 어묵, 고기를 올려 먹는다.

우미부도 海ぶどう

오키나와 근해에서 많이 재배되는 해조류로, 모양이 포도와 같아 우미부도(바다포도)라고 불린다. 특별한 맛은 없고 입안에서 톡톡 터지는 식감이 재미있다.

모즈쿠 もずく

우리는 큰실말이라고 부르는 해조류로, 식초를 약간 가미하여 먹는다. 미끈미끈한 식감이며 혈액순환에 도움을 준다하여 인기를 모으고 있다. 밀가루 반죽과 함께 튀겨 먹거나, 떡, 우동 반죽 안에 넣어 먹기도 한다.

쥬우시 ジューシー

오키나와의 향토 요리로, 쌀과 돼지고기, 애호박, 당근, 버섯, 곤약 등을 넣고 간장과 소금으로 간을 하여 지은 밥이다.

무치 ムーチー

떡의 오키나와 방언으로, 떡가루에 설탕을 넣고 복숭아나 뭇잎에 싼 다음 쪄 낸다. 오키나와에서는 음력 12월 8일에 건강, 장수를 기원하는 의미로 이 떡을 먹었다고 한다.

영화 · 드라마에 나온 그곳

오키나와를 배경으로 한 작품

아름다운 자연 그대로의 모습을 간직한 오키나와는 다양한 영화, 드라마의 배경으로 등장하였다. 오키나와 여행을 떠나기 전 오키나와의 풍경이 담겨 있는 작품을 감상하고 가면 여행의 즐거움이 두 배가 되지 않을까?

한국 드라마

괜찮아 사랑이야 2014

주연 조인성, 공효진
내용 작은 외상에는 병적으로 집착하며 호들갑을 떨지만 마음의 병은 짊어지고 살아가는 현대인들의 삶과 사랑을 되짚어 보는 이야기다. 극 중 주인공들이 오키나와로 여행을 떠나게 된다.

촬영지

고우리 섬 & 고우리 대교 古宇利大橋

〈괜찮아 사랑이야〉 8화 장면 속의 드라이브 코스다. 빨간 오픈카를 타고 오키나와 중서부 지역의 해안 도로를 달리는데 이곳에도 들른다. 고우리 대교는 고우리 섬과 오키나와 본 섬을 연결해 주는 직선으로 길게 뻗은 2km의 다리이다.

만자모 万座毛

류큐 왕국의 국왕이 이곳의 벌판을 보고 만 명이 앉아도 될 정도로 넓다고 하여 붙여진 이름의 해안 절벽이다. 주인공들이 바다를 배경으로 사진을 찍으며 데이트를 즐기던 곳이다.

오키나와 매리어트 리조트

주인공들이 처음 오키나와에서 숙소를 알아보기 위해 들렀던 곳이다. 호텔의 곳곳을 둘러보았으나 공효진이 가격이 비싸다고 하며 다른 곳을 알아보러 간다.

주소 沖縄県名護市喜瀬1490-1 **전화** 0980-51-1000 **요금** 1인 1실 13,000엔~ **위치** 오키나와 중부 부세나 리조트 인근 **홈페이지** www.okinawa-marriott.com **지도** p.127 D

아나 인터콘티넨탈 만자 비치 리조트
ANA INTERCONTINENTAL MANZA BEACH RESORT

조인성이 홀로 수상 스포츠를 즐기던 곳이다. 오키나와 중부의 대규모 리조트 호텔이다.

슈리킨죠우쵸우 돌다다미길 首里金城町石畳道
주인공들이 숙소 문제로 다투던 곳으로, 류큐 왕국의 발자취가 남아 있는 슈리 성까지의 돌다다미길이다.

야치문 킷사 시사엔 やちむん喫茶シーサー園
드라마에서 차를 마시며 쉬어 가던 곳이다. 인기의 장소로 다른 드라마, 영화 촬영지로도 많이 소개되었다. 오키나와를 대표하는 사진에도 종종 이곳이 나온다.

무라사키무라 むら咲き村
32개의 공방이 있고, 101가지의 체험이 가능한 곳 드라마에서는 이곳에서 시사 인형 색칠하기 체험을 하며 데이트를 즐겼다.

아메리칸 빌리지 アメリカンビレッジ
오키나와의 젊은이들이 데이트 장소로 즐겨 찾는 곳으로, 드라마에서는 관람차를 배경으로 데이트를 즐기던 곳이다. 야경은 물론 쇼핑을 즐기기에도 좋다.

강가라노타니 ガンガラーの谷
오키나와의 자연의 신비를 감상할 수 있는 오키나와 남부의 관광 명소. 공원 아래의 벤치에서 주인공들이 팥빙수를 먹다 다툰 곳이다.

주소 沖縄県南城市玉城字前川202番地 **전화** 098-948-4192 **시간** 09:00~18:00 **요금** 2,200엔 **위치** 나하 공항에서 차로 30분, 오키나와 월드 인근 **홈페이지** www.gangala.com **지도** p.169 G

상어 2013

주연 김남길, 손예진, 이하늬
내용 복수를 위해 사랑하는 여인에게 칼을 겨누는 남자와 첫사랑에 흔들리고 아파하는 여자의 지독한 사랑과 운명을 그린 드라마. 과거의 회상 장면 등 오키나와의 곳곳이 등장한다.

촬영지

츄라우미 수족관 美ら海水族館

오키나와를 배경으로 하는 작품에는 어김없이 등장하는 관광 명소. 드라마의 회상 장면에서 도쿄의 수족관으로 나오나 사실은 오키나와의 수족관이다. 주인공이 드라마의 제목과 같은 상어를 한참 동안 바라보던 곳이다.

슈리 성 首里城

여주인공이 소매치기를 당하고 남주인공은 이를 본척만척한다. 이에 화가 난 여주인공이 남주인공이 일본인인 줄 알고 한국말로 비난하다 첫 만남을 가지게 된 곳이다. 슈리 성과 슈리 성 주변에서 촬영하였다.

호텔 닛코 아리비라
ホテル日航アリビラ

호텔의 신입 사원인 여주인공이 일하던 곳으로 나오는 리조트호텔이다.

여인의 향기 2011

주연 김선아, 이동욱
내용 시한부 판정을 받은 여자와 그녀를 사랑하게 된 남자가 행복한 죽음과 행복한 삶에 대한 해답을 찾아가는 여정을 그린 드라마. 여행사 직원이던 여주인공의 버킷리스트 중 하나로 오키나와 여행이 등장한다.

촬영지

고우리 섬 & 고우리 대교 古宇利大橋
여주인공이 빨간색 스포츠카를 타고 드라이브를 즐기던 곳으로 오키나와에서 가장 긴 다리이다.

만자모 万座毛
드라마에서 주인공들이 산책을 즐기던 곳으로 해안 절벽과 바다의 풍경이 아름다운 곳이다.

선셋 비치 サンセットビーチ
석양이 질 무렵 여주인공이 서양인 노신사의 청으로 탱고를 추던 바닷가. 아메리칸 빌리지 끝의 해변으로 선셋의 명소이며 데이트를 즐기는 연인들이 모이는 곳이다.

아메리칸 빌리지 アメリカンビレッジ

주인공들이 베니이모(자색 고구마)를 사려다가 지갑을 소매치기 당한 장소. 여주인공이 맥주 빨리 마시기 대회에서 우승하였던 곳으로 오키나와의 젊은이들이 즐겨 찾는 쇼핑과 데이트의 명소이다.

잔파 곶 残波岬

주인공들이 바다를 산책하며 이야기를 나누었던 곳이다. 여주인공이 오키나와에서 느낀 감정을 남주인공에게 전한다. 하얀 등대가 인상적인 곳으로 푸른 바다가 펼쳐진다.

류큐무라 琉球村

주인공들이 함께 오키나와의 전통 공연을 감상하던 곳이다. 우리나라의 민속촌과 같이 오키나와의 전통 가옥과 생활 모습을 살펴볼 수 있다. 오키나와의 왕조인 류큐 왕국의 전통 공연과 공예 체험도 즐길 수 있다.

카누차 베이 호텔 & 빌라 カヌチャベイホテル&ヴィラズ

드라마의 주인공들이 지내는 호텔로 등장한다. 호텔의 시설인 아비안 비치 사이드 코티지에서 월풀을 즐겼다. 빨간 비키니를 입고 이곳의 해변 수영장에서 일광욕을 하였다.

📺 미남이시네요 2009

주연 장근석, 박신혜
내용 남장을 한 여성이 아이돌 밴드 일원이 되면서 벌어지는 이야기. 오키나와 츄라우미 수족관 등 오키나와의 풍경이 드라마의 배경으로 나온다.

촬영지

츄라우미 수족관 美ら海水族館
남주인공이 여주인공에게 어머니에 대한 중요한 이야기를 하는 곳. 배경으로 일본 최대급의 수족관인 츄라우미 수족관이 사용되었다. 이곳의 다른 볼거리인 열대 드림 센터에서는 남주인공이 여주인공에게 곡을 돌려 주기로 약속하는 장면을 촬영하였다.

오키나와 가리유시 비치 리조트
오키나와의 대규모 리조트 호텔로 이곳의 교회인 다이아몬드 오션에서 주인공들의 결혼식 장면이 촬영되었다.
주소 沖縄県国頭郡恩納村名嘉真ヤーシ原2591-1 **전화** 098-967-8731 **시간** 09:00~18:00 **위치** 나하 공항에서 차로 1시간 10분, 부세나 리조트 인근 **홈페이지** http://www.kariyushi-oceanspa.jp

🌴 버라이어티쇼

📺 슈퍼맨이 돌아왔다 추사랑 편

촬영지 츄라우미 수족관, 라구나 가든, 우후야

추성훈, 야노시호, 추사랑 세 가족의 오키나와 여행 이야기가 방송되었다. 오키나와 리조트 호텔 라구나 가든에서 즐거운 시간을 보낸다. 츄라우미 수족관 구경과 우후야에서 맛있는 오키나와 요리를 맛본다.

🌴 뮤직 비디오

📺 버블팝 현아

 아메리칸 빌리지, 선셋 비치, 코린자 쇼핑몰

여성 4인조 포미닛의 맴버인 현아의 싱글 〈버블팝〉 뮤직 비디오의 대부분을 오키나와에서 촬영해 화제가 되었다. 오키나와 젊은이들이 모이는 쇼핑, 관광의 명소 아메리칸 빌리지를 중심으로 이야기가 전개된다.

일본 영화

🎬 **눈물이 주룩주룩** 涙そうそう, 2006

주연 츠마부키 사토시, 나가사와 마사미

내용 오키나와의 노래로 가장 잘 알려진 '눈물이 주룩주룩涙そうそう 나미다 소우소우'을 모티브로 한 애달프고 아름다운 드라마. 자신의 가게를 갖는 꿈을 품고, 잠자는 시간도 아까워 하며 열심히 일하는 청년(츠마부키 사토시)과 배다른 동생인 여동생(나가사와 마사미)의 이야기다.

촬영지 국제 거리, 국제 거리 시장 골목, 잔파 곶, 선셋 비치, 자미미 성, 아메리칸 빌리지, 파크 아베뉴 거리, 만자 비치 등

오키나와의 모든 관광 명소에서 촬영을 했다고 해도 과언이 아닐 정도로 오키나와의 풍경이 가득하다. 오키나와의 악기 사미센 연주와 함께 흘러 나오는 노래인 주제가는 영화를 보고 난 뒤에도 귓가에 맴돈다.

🎬 **아오이 유우의 편지** ニライカナイからの手紙, 2005

주연 아오이 유우

내용 원 제목은 〈니라이카나이로부터 온 편지〉로 한국에서도 인기가 높은 아오이 유우가 주연한 영화다. 언젠가부터 아빠의 카메라로 조금씩 사진 촬영을 계속해 온 여주인공은 14세 생일날, 엄마로부터 "20살 생일이 되면 모두 다 설명해 줄께." 라는 편지를 받는다. 할아버지의 반대를 무릅쓰고 사진 공부를 위해 섬을 떠나 도쿄로 가려는 그녀에게 드디어 20번째 생일이 찾아온다.

촬영지 니시잔바시, 곤도이 비치, 다케토미 섬

오키나와의 남쪽 섬인 다케토미 섬을 배경으로 이야기가 펼쳐진다. 주인공이 배경지인 다케토미 섬에서 찍은 사진을 보면 직접 이곳에 가서 사진을 찍고 싶어질 것이다.

🎬 **남쪽으로 튀어** サウスバウンド, 2007

주연 토요카와 에츠시, 아마미 유키, 키타가와 케이코

내용 일본 작가 오쿠다 히데오의 동명 원작을 바탕으로 초등학생인 아들이 평소 창피하게 여겼던 아나키스트 아버지의 좌충우돌에 어쩔 수 없이 휘말리면서 점점 그를 이해하게 되는 과정을 담은 성장 소설이다. 어느 날, 도시에서의 답답한 삶을 탈피하기 위해 가족 모두 천혜의 섬 이리오모테로 떠난다.

촬영지 잔파 곶, 고우리 섬, 도케이 하마

영화의 배경은 오키나와 서쪽 끝인 이리오모테 섬으로 되어 있지만 대부분의 촬영은 본 섬인 고우리 섬과 중북부의 해변에서 촬영되었다.

🎬 **그 남자가 아내에게** 今度は愛妻家, 2009

주연 토요카와 에츠시, 야쿠시마 히로코

내용 자유분방한 성격의 사진 작가 슌스케와 남편의 내조를 위해 정성을 다하는 사쿠라는 결혼 10년차 부부. 무엇에도 얽매이기 싫어하는 철없는 남편 슌스케는 자신을 향한 아내의 애정이 귀찮기만 하고, 더 늦기 전에 아이를 갖기 원하는 사쿠라는 남편의 마음을 되돌리기 위해 결혼 10주년 기념 오키나와 여행을 제안한다.

촬영지 유후야, Gala 아오이우미 Gala青い海

극중 오키나와 여행 장면은 극히 일부이지만 그 인상은 강렬하다. 자세한 설명은 스포일러가 될 수 있기 때문에 직접 영화를 감상하고 오키나와의 풍경을 만나자.

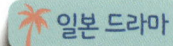

🌴 **일본 드라마**

🎬 **닥터 고토의 진료소** Dr. コトー診療所, 2003

주연 요시오카 히데타카, 시바사키 코우

내용 동경의 대학 병원에서 근무하던 고토라는 이름의 의사가 배로 5시간 이상 걸리는 오키나와 남쪽의 외딴 섬으로 부임하여 벌어지는 이야기.

촬영지 요네구니 섬

🎬 **케이조쿠** ケイゾク, 1999

주연 와타베 아츠로, 니키타니 미키

내용 케이조쿠라는 미궁 사건을 담당하는 경시청 수사과에 배속된 도쿄대 졸업 경찰 관료와 공안 출신 형사가 어려운 사건을 해결해 나가는 미스터리 드라마이다. 시리즈 초반은 들어오는 사건을 해결해 나가는 전통적인 형사물로, 1회 완결의 스타일로 진행되며, 시리즈 후반을 향한 복선을 조금씩 깔아간다. 충격적인 결말인 마지막화가 오키나와 미야코 섬에서 펼쳐진다.

촬영지 미야코 섬

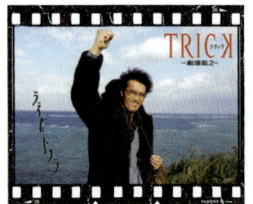

🎬 **트릭** TRICK

주연 나카마 유키에, 아베 히로시

내용 자칭 천재 마술사와 일본 과학 기술 대학 물리학 교수 두 사람이 불가사의한 현상 뒤에 숨겨진 속임수(Trick)를 밝혀 나가는 미스터리 드라마. 하나의 이야기가 1~3화에 걸쳐 진행된다. 미스터리가 기본이지만, 재미를 강조한 듯한 인물 설정이나 대사, 소도구, 유명 인사의 이름을 사용한 지명 등 코믹한 설정으로 인기를 끌었다. 1기 9, 10화에서 오키나와의 미야코 섬이 배경으로 나온다.

촬영지 미야코 섬

오키나와 출신 일본 연예인

배우*

나카마 유키에 仲間由紀恵 (1979~)
2000년대 일본을 대표하는 여배우 중 한 명으로 드라마 〈고쿠센〉의 야쿠자 선생으로 출연하여 큰 인기를 모아 스타덤에 오르게 된다. 대표작으로는 트릭, 고쿠센, 시노비 등이 있다. 오키나와 본 섬 출신의 배우다.

아라가키 유이 新垣結衣 (1988~)
오키나와 나하 시 출신의 배우이자 성우, 패션 모델, 일러스트레이터 겸 가수로 다양한 분야에서 활동하고 있는 일본 정상급의 여배우. 대표작으로는 〈마이 보스 마이 히어로〉, 〈코드 블루〉, 〈리갈 하이〉, 〈연공〉 등이 있다.

가수*

아무로 나미에 安室奈美恵 (1977~)
오키나와 나하 시 출신으로 90년대 후반 일본 J-POP을 대표하는 여 가수 중 한 명이다. 대표 앨범인 〈Sweet 19 Blues〉는 300만 장이 넘게 팔릴 정도로 큰 인기를 모았으며 당시 10대 소녀들의 패션 리더로 인기가 높았다. 가족의 비극과 이혼 등으로 큰 시련을 겪었으나 2000년대 후반 복귀하여 전성기 못지않은 인기를 모으고 있다. 지금까지 일본에서만 3,000만 장 이상의 음반 판매를 이룬 일본에서 가장 인기 있는 여성 솔로 가수 중 한 명이다.

오렌지 랜지 ORANGE RANGE (2001~)
오키나와 현 출신의 남성 5인조 록밴드로 영화 〈지금 만나러 갑니다〉, 〈전차남〉, 애니메이션 〈블리치〉 등 다양한 영화, 드라마의 주제가를 불러 인기를 모았다.

갓트 GACKT (서기 1540년 7월 4일, 실제로는 1973년 7월 4일)
일본의 싱어송라이터 중 한 명으로 오키나와 류큐 왕국에서 태어났다고 주장하고 있다. 비주얼계 록밴드로 활동하고 있으며 한국어를 배워 한국어 앨범(12월 어느 사랑 노래, December Love)을 발매하였으며 2006년에 한국에서 콘서트를 열기도 하였다. 피아노를 비롯해 거의 모든 악기를 다루는 것으로 알려져 있다.

여행을 더욱 즐겁게

오키나와의 축제

오키나와의 축제는 일본의 다른 지역과 같이 보통 여름에 많이 몰려 있으며 공연, 퍼레이드, 무용 등의 에이사 공연과 함께 이뤄지는 것이 많다. 축제가 열리면 주변에는 야타이(屋台, 포장마차)가 모여 먹거리 장터를 이루며 축제의 마무리는 불꽃놀이와 함께 한다. 축제의 일정은 날짜가 정해져 있지 않고 종종 바뀌기 때문에 미리 확인해 보는 것이 좋다.

오키나와 축제 문의 : 02-318-6330(오키나와 관광 컨벤션 뷰로)

🌴 오키나와의 벚꽃 축제

오키나와는 일본에서 가장 먼저 벚꽃이 피는 곳으로, 1월 하순경 오키나와 북부 얀바루 지역을 시작으로 오키나와 전 지역으로 퍼져 나간다. 오키나와의 벚꽃은 히칸자쿠라緋寒桜 칸히자쿠라라고 하며 옅은 복숭아색에서 진한 핑크색까지 꽃잎의 색이 진한 편이다. 이 시기에는 오키나와 곳곳에서 벚꽃 축제가 열리며 야타이屋台 (포장마차) 등이 늘어선 먹거리 장터가 열린다.

나키진 성 벚꽃 축제 今帰仁城花見

낮에는 하늘과 바다가 만들어 내는 블루 그라데이션 속에 펼쳐지는 산뜻한 벚꽃 길, 밤에는 환상적인 빛이 성벽을 비추는 조명이 만든 아름다운 벚꽃 길이 있어 두 가지 매력을 즐길 수 있다.

기간 1월 중순, 하순 시간 18:00~21:00(라이트 업) 장소 나키진 성 주변 요금 400엔 전화 0980-56-2256

야에다케 벚꽃 축제 八重岳花見

일본에서 제일 일찍 피는 꽃을 캐치프레이즈로 1월 중순경부터 야에다케 입구에서 산 정상에 이르는 도로 주변에 약 7000그루의 류큐칸하자쿠라(벚꽃)가 화려하게 핀다. 야에다케의 산 중턱에 있는 벚꽃의 숲 공원에서 개최되는 축제에서는 '미스 벚꽃 선발 대회' 등 여러 가지 이벤트가 개최된다.

기간 1월 중순, 하순 장소 야에다케 사쿠라노모리 공원(八重岳桜の森公園) 전화 0980-47-2700

🌴 에이사 축제 エイサー祭り

에이사는 오키나와의 전통 춤, 공연의 한 종류로 해마다 여름이 되면 오키나와의 곳곳에서 에이사 축제가 펼쳐진다. 사미센 연주, 북 연주와 함께 춤을 추며 거리를 행진한다.

청년 후루사토 에이사 축제 青年ふるさとエイサー祭り

각 지역의 청년들에 의해 계승된 민속 예능이나 에이사를 한곳에 모은 축제. 청년들의 손으로 만든 축제로서는 현 내 최대 규모로 50년 이상 진행되었다. 어린이 에이사나 창작 에이사 등의 공연이 열린다.

기간 8월 중순 시간 15:00~ 장소 나하 시영 우노야마 야구장(沖縄セルラースタジアム那覇, 오키나와 셀룰러 스타디움 나하) 요금 500엔 전화 098-868-1756 주소 沖縄県那覇市奥武山町５２奥武山公園 홈페이지 www.furusatoeisa.com

1만 인 에이사 무용단 一万人のエイサー踊り隊

국제 거리를 힘차게 행진하는 에이사의 제전으로 관광객에게도 인기다. 청년회 에이사나 창작 에이사를 함께 즐길 수 있다. 또한 일반인도 연습에 참가하면 무용대로서 행렬에 참가할 수 있다.

기간 8월 초 시간 13:00~ 장소 나하 시 국제 거리 전화 098-863-2755

류큐 왕조 축제 슈리 琉球王朝祭り首里

과거 오키나와를 다스렸던 류큐 왕국의 전통 문화를 계승하기 위해 열리는 축제로, 해마다 열리고 있다. 중국에서의 사신, 책봉사 등의 행렬을 재현한 전통 행렬과 오키나와 각 지역에서 전해지는 무용과 퍼레이드가 펼쳐진다. 국가의 평안을 기원하기 위한 슈리의 사원을 국왕이 참배하는 행렬을 재현한다.

기간 11월 3일 시간 12:50~ 장소 슈리 성 주변 전화 098-862-1442 홈페이지 www.naha-navi.or.jp/ochomatsuri.html

츠보야 도자기 거리 축제 壺屋やちむん通り祭り

츠보야 도자기 거리(츠보야 야치문 도오리)를 중심으로 열리는 축제로, 공연 퍼레이드는 물론 축제 개최 기간 중 이 지역의 상점에서 다양한 할인 행사가 열린다.

기간 11월 초, 일본 문화의 날 전후 시간 10:00~18:00 장소 츠보야 도자기 거리 전화 098-863-2497 홈페이지 www.tsuboya-yachimundori.com

불꽃 축제 花火

일본은 해마다 여름이면 밤하늘에 불꽃을 쏘아 올리는 축제가 열리며, 축제 기간 중에는 다양한 행사와 먹거리 장터가 열린다. 오키나와에서도 각 지역에서 불꽃 축제가 열리며 사계절 따뜻하므로 겨울에도 종종 불꽃을 쏘아 올리곤 한다.

해양박 공원 서머 페스티벌 海洋博公園サマーフェスティバル

오키나와 츄라우미 수족관이 있는 해양박 공원에서 열리는 축제. 현 내 최대 규모의 발사 수인 약 1만 발의 불꽃이 밤하늘을 수놓아 관객을 매료시킨다. 해변의 여흥이나 인기 아티스트의 콘서트도 있어 아이들부터 성인까지 모두 즐길 수 있다.

기간 7월 중순 전화 0980-48-2741 시간 12:00~18:00, 20:00~21:00(불꽃 축제 약 1만 발) 장소 해양박 공원 에메랄드 비치 홈페이지 www.oki-park.jp/kaiyohaku

크리스마스 음악 불꽃 페스티벌 인(in) 오키나와
クリスマス音楽花火フェスティバル in 沖縄

눈이 내리지 않는 오키나와에는 화이트 크리스마스가 아닌 하나비(불꽃놀이) 크리스마스가 있다. 크리스마스의 곡들에 맞춰 10,000발의 불꽃이 오키나와의 겨울 밤하늘에 쏘아 올려진다.

기간 12월 중순 시간 15:30~ 요금 1,200엔~ 장소 기노완 트로피칼 비치 홈페이지 www.ryukyu-kaiensai.com/xmas/ko

여행의 또 다른 즐거움

오키나와의 쇼핑

오키나와의 쇼핑 시설은 대부분 나하 시내에 몰려 있으며 일본에서 판매되는 대부분의 상품들을 판매하고 있다. 오키나와의 특산물과 기념품은 국제 거리와 국제 거리 시장 주변에서 찾을 수 있으며 국제 거리에는 드러그 스토어, 100엔 숍, 슈퍼마켓을 비롯해 돈키호테 같은 할인 상점도 위치해있다. DFS, 아시비나 아웃렛 등 아웃렛 쇼핑몰도 찾을 수 있으며 다양한 브랜드의 상품을 구입할 수 있다. 구입한 상품들은 짐이 될 수 있기 때문에 가능한 마지막 날에 사는 것이 좋다.

드러그 스토어 Drug Store

드러그 스토어드러그스토아— 도락구스토아는 약국이지만 전문적으로 약을 조제, 판매하고 있는 약국이 있는가 하면, 약 이외의 생활 잡화들을 판매하는 곳도 많다. 주로 화장품, 생활용품, 건강 식품, 미용용품을 많이 판매하고 있으며 독특한 상품 구성으로 많은 인기를 모으고 있다. 우리나라의 '올리브영' 정도를 생각하면 되며 대부분 국내에서 판매되는 상품보다 저렴하게 구입할 수 있다. 나하 시내의 역 근처를 비롯해 대형 쇼핑몰 안에 입점해 있는 것이 일반적이다.

주요 드러그 스토어 이름 & 정보

오키나와에는 도라쿠일레븐드러그일레븐, 마츠모토키요시마츠모토키요시 등 대표적인 일본의 드러그 스토어 체인점과 오키나와의 드러그 스토어인 사우스웨스트사우스웨스트가 대부분이다.

드러그 스토어에서 구입하면 좋은 상품

동전 파스 ROIHI-TSUBOKO 로히 츠보코

동전 모양의 파스로, 크기가 작아 어디에 붙여도 무난하고 쉽게 떨어지지 않아 좋다. 작지만 효능이 좋아 많은 이들이 찾는 상품이다. 보통 500~700엔 사이에 판매되고 있다.

아이봉 アイボン

안구 세정제로, 눈병의 원인이 되는 이물질이나 미세 먼지를 제거해 주는 약품, 100ml(미니), 500ml 두가지 크기가 있으며 기능에 따라 다양한 종류가 있다. 500~700엔(500ml) 사이의 금액으로 판매되고 있다.

메구리즘 めぐリズム 아이마스크

수면 안대 같은 모양의 아이마스크로 40도 정도의 열이 발생하여 눈의 피로를 풀어 준다. 다양한 종류의 향이 있으며 아이마스크 이외에도 배, 목에 붙이는 상품을 판매하고 있다. 300~500엔(5개들이)

Travel Tip

일본은 가격 정찰제가 아니기 때문에 같은 상품이지만 바로 옆의 상점이라도 가격이 다르다. 한번에 구매하기보다는 몇 군데를 둘러보며 가격을 비교해 보며 상품을 구입하도록 하자.

편의점 コンビニ

일본은 편의점의 천국이라고 할 정도로 편의점이 많다. 일본 전국에서 40,000개 이상의 편의점이 있으며 세븐일레븐, 로손, 패밀리마트와 같은 체인점들이 많이 있다. 편의점은 일본어로 콘비니コンビニ, コンビニエンスストア(콘비니언스 스토어의 줄임말)라고 불린다. 오키나와의 편의점에서는 오리온 맥주를 비롯해 오키나와의 특산품을 판매한다. 가격은 조금 비싼 편이나 신제품들이 많아 즐겁다.

주요 편의점 이름 & 정보

일본에는 약 100여 개가 넘는 종류의 체인점이 있다. 대표적인 편의점으로는 세븐일레븐セブン-イレブン, 로손(LAWSON), 패밀리마트(FamilyMart), 서클K 상크스サークルKサンクス, 미니스톱(MINISTOP), 데일리 야마자키(Daily YAMAZAKI) 등이 있다. 오키나와의 편의점은 패밀리마트, 로손이 대부분이며 코코스토어(Coco!)라는 편의점도 많이 찾아볼 수 있다.

편의점에서 구입하면 좋은 상품

로손 프리미엄 롤케이크 プレミアムロールケーキ

일본의 편의점 디저트 랭킹에서 장기간 1위를 차지했던 롤 케이크로, 부드러운 생크림이 듬뿍 뿌려져 있다. 로손 편의점에서만 판매되고 있고 저녁 늦게 가면 제품이 다 팔리고 없는 경우가 많다. 154엔.

오뎅 おでん

일본의 편의점 오뎅은 웬만한 가게에서 파는 오뎅보다 맛있으며 종류 또한 다양하다. 일본에서 오뎅은 편의점의 주력 상품 중 하나이기 때문에 맛의 경쟁이 치열해 계속해서 맛의 개발이 이뤄지고 있다. 보통 50~200엔 사이에 판매되며 가끔 모든 제품 70엔 세일을 한다.

도시락 お弁当

일본의 편의점 도시락은 반찬의 구성이 다양하며 도시락의 종류도 많다. 가격도 저렴한 편이며 한 끼 정도는 편의점 도시락을 맛보는 것도 좋을 것이다. 300~600엔 사이의 가격에 판매되고 있다.

슈퍼마켓

일본의 슈퍼마켓은 주택가 근처에 많이 있으며, 가격은 편의점보다 저렴하다. 식품, 주방 기구 그리고 그 밖의 일상 잡화가 진열되고 있으며, 자유로이 물건을 고를 수 있다. 주요 슈퍼마켓 체인으로는 다이에이, 세이유, 자스코, 이토요카도 등이 있다. 생활 물가가 우리보다 저렴한 편이며 상품이 다양하여 즐거운 쇼핑이 될 것이다.

주요 슈퍼마켓 이름 & 정보

이토요카도イトーヨーカ堂, 세이유(Seiyu), 이온イオン 의 일본 전국 체인 슈퍼마켓이 있으며 오키나와에는 가네히데かねひで, 산에サンエー, 지미ジミー, 마루에マルエー, 마루타丸太, 유니온ユニオン, 리우보우스토어リウボウストア 등의 슈퍼마켓이 있다.

슈퍼마켓에서 구입하면 좋은 제품

일본은 생활 물가가 저렴하기 때문에 슈퍼마켓에서 파는 대부분의 상품들이 우리나라보다 저렴한 편이다. 종류도 다양하며 무엇을 사도 나쁘지 않을 정도이다. 편의점과 가격이 많이 차이 나기 때문에 같은 제품이면 편의점보다 슈퍼마켓에서 구입하는 것이 더욱 저렴하다. 음료, 과자는 물론 생선회, 초밥, 튀김 등 식품들도 저렴하게 구입할 수 있으며 맛 또한 결코 떨어지지 않는다.

100엔 숍

100엔 숍은 대부분의 상품의 가격이 108엔(100엔 + 8%의 소비세)이기 때문에 붙여진 이름이며 저렴한 가격에 다양한 종류의 제품을 살 수 있는 곳이다. 오키나와 시내나 아메리칸 빌리지 등 번화한 곳에서 찾아볼 수 있다.

주요 100엔 숍 이름 & 정보

대표적인 100엔 숍으로는 다이소(Daiso), 캔두(CAN DO), 세리아(Seria) 등이 있으며 국제 거리, 아메리칸 빌리지 등 번화가에 많이 모여 있다.

100엔 숍에서 구입하면 좋은 제품

전체적으로 우리나라의 1,000원 숍인 다이소의 제품과 비슷하나 종류가 다양한 것이 특징이다. 문구류, 콘센트, USB 충전선 등 깜박하고 가져오지 않은 것들이나 여행에 필요한 제품을 구입하기에 좋다. 가벼운 기념품을 구입해도 나쁘지 않다.

Travel Tip

일본의 새로운 외국인 여행자 대상 부가세 면세 제도

2014년 10월 1일부터 일본의 면세 대상이 확대되고 기준 비용이 축소되어 좀 더 다양한 혜택을 받을 수 있게 되었다. 면세는 일본을 찾은 관광객을 대상으로 동일 점포에 있어서 1일 소모품 판매 합계 액수가 5,000엔을 넘고 50만 엔 범위 내의 상품 구매 시 혜택을 받을 수 있다. 면세가 가능한 상점에는 면세점을 알리는 심볼 마크가 붙어 있다. 소비세도 5% → 8%로 확대되고, 면세 혜택도 8%로 늘어났으며 차후 10%까지 늘릴 계획이니 면세를 받을 수 있는 상품이라면 꼭 할인 혜택을 받도록 하자. 하지만 아직 적용이 되지 않아 10,000엔 이상 구입해야 면세를 받을 수 있는 상점이 있으니 주의. 오키나와에서는 돈키호테, 아시비나 아웃렛, DFS 등 대형 쇼핑몰에서 면세 혜택을 받을 수 있다.

스포츠 트립
01

마라톤과 피크닉을 즐겨요! 러닝

바다에 둘러싸여 있어 기분 좋은 바닷바람이 불어오는 오키나와. 일 년 내내 달리기 좋은 기온을 유지한다. 가을이 되면 오키나와의 각 지역에서 개최되는 마라톤 대회에는 일본 국내 참가자를 비롯하여 해외 거주민의 참여로 성황을 이룬다. 자연 경관이 아름다운 교외와 활기찬 시내, 섬 전체가 쾌적한 마라톤 코스다. 체육 시설을 갖춘 공원, 달리기 좋은 해변 등으로 러너들에게 인기 만점인 오키나와에서 다양한 먹거리를 맛보고 쇼핑을 하며 가벼운 마음으로 러닝을 즐겨 보자.

러닝을 즐겁게 즐기는 세 가지 포인트

Point 1 옷 & 액세서리로 자외선 차단

햇볕이 뜨거운 오키나와에서는 자외선 차단 크림을 피부에 골고루 바르고 긴 소매의 옷이나 타이츠를 입어 햇볕으로부터 피부를 보호해야 한다. 토시라면 달리는 도중 탈착이 간단하다. 땀을 빨리 증발시키는 기능성 소재의 옷은 러닝의 즐거움을 배가 되게 한다. 모자, 선글라스도 필수품!

Point 2 러닝 중 수분 보충은 충분히

러닝 중 빼앗기는 몸의 수분량은 1시간에 1리터 정도이므로 탈수 증상을 피하기 위해서는 수분 보충이 필요하다. 갈증을 느끼지 않더라도 수분을 지속적으로 보충해야 하며 미네랄 워터(물)보다는 염분, 아미노산이 포함된 스포츠 음료가 좋다. 물병 벨트가 달린 가방을 이용하면 편리하다.

Point 3 꼼꼼하게 워밍업 & 쿨다운

아킬레스건과 견갑골을 늘려 주고 고관절을 풀어 주는 가벼운 스트레칭으로 몸을 따뜻하게 한 다음 느린 속도로 달리기 시작한다. 또한, 러닝을 마치고 난 다음에는 전신의 근육을 충분히 풀어 주기 위해 꼼꼼하게 스트레칭을 하여 근육의 피로가 다음 날까지 이어지지 않도록 한다. 허벅지와 종아리 등 근육에 통증이 있을 때에는 얼음 찜질을 하는 것도 효과적이다.

스포츠 트립(스포루토립)의 매력

1. 계절과 관계없는 스포츠의 섬

일본을 대표하는 리조트 섬 오키나와에서는 겨울에도 15~20℃ 전후의 기온을 유지하여 계절에 상관없이 1년 내내 다양한 스포츠를 즐길 수 있다. 국제적인 스포츠 행사가 곳곳에서 개최되고 스포츠 시설이 잘 구비되어 있어 프로 스포츠 구단의 전지 훈련이나 다양한 스포츠 선수들의 훈련 장소로 주목을 받는, 스포츠에 최적화된 조건을 갖추고 있다.

2. 가볍게 훌쩍 떠날 수 있다

매일 출발하는 아시아나 항공에 이어 LCC 항공사인 진에어의 출항으로 더욱 가까워진 오키나와. 인천에서 2시간 10분, 부산에서 2시간밖에 걸리지 않는 가장 가까운 리조트 섬인 오키나와에서 스포츠가 주제인 여행, 스포루토립을 즐겨 보면 어떨까?

3. 오키나와 주민의 따뜻한 친절함에 감동!

언제나 밝은 표정의 오키나와 사람들. 사계절 내내 따뜻한 기후 덕분인지 여유 있고 활기찬 그들과 함께 하면 나도 모르게 들뜨게 된다. 적극적인 참여와 응원으로 이벤트를 즐기는 오키나와 주민과 함께하는 오키나와 여행을 떠나 보자.

초급편 나의 페이스에 맞춘 섬 일주, 오키나와 관광 마라닉 マラニック

마라톤과 피크닉을 동시에 즐기는 마라닉. 관광 명소를 둘러보며 휴식도 취하고 점심과 저녁 식사도 즐기며 천천히, 구석구석 오키나와를 달려 보자. 마라닉マラニック은 일본어 '마라톤マラソン'과 '피크닉ピクニック'을 합성한 용어다.

A코스 운치 있는 오키나와의 옛 수도 주변 일주

슈리~나하 시내 10.4km

슈리 성을 중심으로 성하 마을❶의 역사를 간접적으로 체험할 수 있는 산책 코스다. 오키나와의 파워 스폿 '사시카사히샤指司笠樋川', 아와모리泡盛의 제조 공정을 견학할 수 있는 양조장 등 흥미진진한 장소들이 가득하다. 오르막과 내리막길이 연속이지만 나하 시내의 멋진 전망은 러닝의 고단함을 달래 준다. 코스 주변에는 오키나와 소바 가게와 전통 과자 가게, 카페들이 들어서 있다. 슈리의 구르메❷를 즐기며 에너지 보충도 하자! 주변의 호텔이나 여관 등 숙박 업소를 거점으로 코스를 준비해 보자.

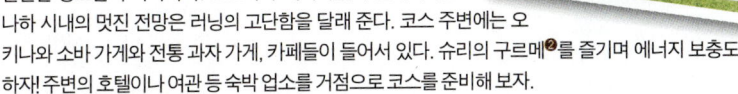

❶ 성하 마을(城下町, 조카마치) : 영주가사는 성을 중심으로 성립된 마을
❷ 구르메(グルメ) : 프랑스어에서 유래된 말로 맛집, 맛있는 요리, 미식가, 맛에 관한 지식이 많은 사람 등을 뜻한다.

① 류탄龍潭 1427년에 조성된 인공 호수. 숲에는 산책길도 있다.

② 슈레이몬守礼門 세계 유산인 슈리 성首里城의 가장 유명한 문. 슈리 성 공원 내에 있는 전망대를 무료로 이용할 수 있다.

③ 슈리킨조우쵸우 돌다다미길首里金城町石畳道 류큐 석회암琉球石灰岩이 깔린 오래된 길. 류큐 왕조 시대의 모습이 전해지고 있다.

B코스 박력 넘치는 공항 코스!

도요사키 豊崎 ~ **세나가 섬** 瀨長島 9.6km

나하 공항에서 가까운 이 코스는 이착륙하는 비행기를 근거리에서 바라보며 달릴 수 있어 러너들 사이에서도 입소문이 난 곳이다. 도요사키 해변 공원에 인접한 도요사키 츄라산 비치豊崎美らSUNビーチ에는 탈의실과 샤워 시설, 넓은 주차장을 갖추고 있어 출발과 도착 지점으로 적합하다. 공원 밖에 있는 도미구스쿠豊見城 도로의 다리 위를 달리면 에메랄드빛 바다와 석양의 명소로 유명한 세나가瀨長 섬 등 아름다운 풍경을 감상할 수 있다. 도요사키 타운 아웃렛 몰이나 근처 휴게소에서 잠시 휴식을 취해도 좋다.

④ **세나가**瀨長 **섬** 오키나와 남부 최고의 경승지. 드넓은 하늘 위로 나는 비행기는 주변 경관과 잘 어울려 멋진 볼거리를 만든다.

⑤ **아시비나 아웃렛**アウトレットモールあしびなー 100가지 이상의 유명 브랜드가 입점되어 있으며 2층의 푸드코트에서는 맛있는 오키나와 요리를 맛볼 수 있다.

⑥ **도요사키 해변 공원**豊崎海浜公園 다목적 광장이 있는 종합 공원. 해양 스포츠, 바비큐도 즐길 수 있다.

C코스 오키나와 신화의 명소와 세계 문화유산 둘러보기

아가리우마이あがりうまーい ~ **난죠 시 치넨**南城市知念 **마을** 8.3km

오키나와에 전해 오는 성지 순례 행사 '아가리우마이東御廻り'의 순례 코스 일부와 세계 유산으로 등재된 명소를 둘러보며 달린다. 아사미산산 비치あざまサンサンビーチ에서 국도 331호로 나와 성지 순례 코스 중 하나인 치넨 성터로, 치넨 웃카知念大川에서 치넨 성터의 돌계단까지는 신비한 분위기를 만끽하며 느린 속도로 달린다. 오르막과 내리막이 계속되는 코스이므로 오르막길은 상체를 앞으로 기울이고 팔을 흔들며 달리고 내리막길은 속도를 조절하면서 자신의 페이스를 유지하자. 주변에는 전망 좋은 카페가 많이 있어 휴식 장소로 이용하면 좋다.

⑦ **아자마산산 비치** あざまサンサンビーチ 탈의실, 샤워실, 매점 등을 완비한 비치 하우스.

⑧ **세이화 우타키** 斎場御嶽 아가리우마이(東御廻り)의 참배 코스.

⑨ **니라이 카나이바시** ライカナイ橋 오키나와 남부 천혜의 절경이 코스의 클라이막스.

D코스 미국 해변을 달리는 기분으로 즐기는 러닝!

기노완 시宜野湾市~**차탄쵸**北谷町 12.3km

출발 및 도착 지점인 기노완 해변 공원宜野湾海浜公園의 트로피칼 비치トロピカルビーチ, 중간 지점인 아라하 비치アラハビーチ, 마지막 반환 점인 선셋 비치サンセットビーチ, 한 번에 세 곳의 오키나와 인기 해변을 둘러볼 수 있다. 달리기 편한 평지가 계속되며 특히 기노완의 보행로는 넓고 쾌적하다. 국도 58호를 달려 차탄 마을에 들어가면 이국적인 분위기가 감돌기 시작한다. 대형 관람차를 타는 것을 시작으로 미하마 아메리칸 빌리지의 이국적인 상점들을 구경하고 가는 것도 좋다. 선셋 비치에서 잠시 석양을 감상하고 나서 다시 해안 도로를 달린다. 해변의 조깅 코스 역시 상쾌하다. 휴식 장소로 이용하면 좋다.

⑩ **아메리칸 빌리지** 美浜アメリカンビレッジ 미국의 서해안을 모티브로 하여 만든 인기 있는 쇼핑 타운. 맛있는 레스토랑도 가득하다.

⑪ **선셋 비치** サンセットビーチ 이곳에서는 석양을 볼 수 있도록 페이스를 조절하는 것이 중요하다.

⑫ **기노완 트로피칼 비치** ぎのわんトロピカルビーチ 다양한 시설이 완비된 도시형 리조트 비치.

완주를 목표로 마라톤 대회에 참가

여름이 지나고 나면, 오키나와에는 다양한 마라톤 대회가 개최된다. NAHA(나하) 마라톤과 오키나와 마라톤을 비롯한 대규모의 이벤트와 하프 마라톤, 3km, 5km 마라톤 등 다양한 코스의 마라톤 대회가 열린다. 일본뿐만 아니라 해외에서 찾아오는 마라토너들도 해마다 증가하고 있다.

매력1 뿌듯한 성취감

이벤트 참여의 즐거움과 자기와의 싸움을 이겨 내는 것은 마라톤 대회의 묘미다. 힘든 여정 끝에 완주하였을 때의 감동은 말로는 표현할 수 없다. 레이스를 마치고 축제가 열리는 대회도 있어 '완주 후의 시원한 맥주 한 잔'을 목표로 달리는 러너들도 많다. 레이스 중에는 다신 달리지 않겠다고 생각하지만 달리고 나면 내년에 또 달리고 싶어지는 중독성 있는 오키나와 마라톤!

매력2 거리의 응원에 감동

어린아이들이 흑설탕과 사타 안다기(サーターアンダギー(오키나와의 과자)를 나누어 주고, 오키나와 소바를 제공하는 푸드 스테이션이 있으며, 에이사(エイサー) 등 다양한 라이브 공연과 함께 선수들을 응원한다. '오키나와 마라톤'에서는 다른 어떤 지역에서도 느낄 수 없는 독특한 분위기를 누리며 마라톤을 즐길 수 있다.

매력3 재미있는 복장의 러너를 찾자!

독특한 복장으로 마라톤 행사에 참가 하여 즐거움을 선사하는 러너들이 있다. 고야, 파인애플 등 오키나와를 상징하는 복장에서부터 영화의 주인공, 애니메이션의 캐릭터 등을 묘사한 코스프레 복장까지 다양하고 독특한 복장의 러너들은 다른 마라톤 참가자들에게 웃음을 준다. 여러분도 자신만의 재미있는 복장을 준비해 보는 것은 어떨까?

오키나와 마라톤 대회 목록

1월

북부 나키진손 신춘 로드레이스 대회 今帰仁村新春ロードレース大会
첫 주행에 어울리는 대자연 만끽 코스.
지역 나키진손(今帰仁村) 개최 1월 종목 10km 코스 / 5km 코스 / 3km 코스 / 2km 코스 / 1km 코스

북부 해양박 공원 전국 트림 마라톤 대회 海洋博公園 全国トリムマラソン大会
첫 꽃과 풀이 가득한 공원을 일주한다.
지역 모토부쵸(本部町) 종목 비세후쿠기나미키 코스(10.0km) / 플라워 가든 코스(6.0km) / 패밀리 인조이 공원 코스(3.5km)코스

북부 난죠 시 신춘 마라톤 대회 南城市新春マラソン大会
신성한 성지가 있는 난죠 시에서 한 해를 시작하자.
지역 난죠시(南城市) 종목 10km 코스 / 5km 코스 / 2.5km 코스

기타 미야코지마 100km 와이드 마라톤 대회 宮古島 100kmワイドマラソン大会
오키나와 최장 100km 코스!
지역 미야코 섬(宮古島) 종목 100km 코스 / 50km 코스

기타 이시가키지마 마라톤 대회 石垣島マラソン大会
세계가 인정한 절경을 즐기자.
지역 이시가키 섬(石垣島) 종목 풀 마라톤 코스 / 23km 코스 / 10km 코스

2월

북부 나고 하프 마라톤 NAGO ハーフマラソン
벚꽃으로 물든 얀바루를 달리자.
지역 나고 시(名護市) 종목 하프 마라톤 (일반 남자, 여자) / 10km (일반 남자, 여자, 고교생 포함) / 3,000m (중학생 남자, 여자)

중부 오키나와 마라톤 おきなわマラソン
아메리칸 분위기를 즐겨 보자. 일본 육상 경기 연맹 공인 코스다. 마라톤 경기 부문은 18세 이상 일본 육상 경기 등록 참가자에 한한다.
지역 오키나와 시(沖縄市) 종목 풀 마라톤 경기 부문 / 일반, 고교생 / 일반, 10km 로드 레이스

기타 고래해협 도카시키 섬 일주 마라톤 대회 鯨海峡とかしき一周マラソン大会
세계에서 가장 아름다운 바다가 펼쳐진다.
지역 도카시키 섬(渡嘉敷島) 종목 하프 마라톤 / 10km 코스 / 5km 코스 / 3km 트림

기타 로망 해도 이라부지마 마라톤 ロマン海道・伊良部島マラソン
평탄하고 달리기 쉬운 해도 마라톤.
지역 이라부 섬(伊良部島) 종목 A코스 21.3km / B코스 14.6km / C코스 7km / D코스 2.3km

기타 다케토미쵸 야마네코 마라톤 대회 竹富町やまねこマラソン大会
대자연 속 즐거운 마라톤.
지역 이리오모테 섬(西表島) 종목 23km 코스 / 10km 코스 / 3km 코스

4월

북부 시오야완 일주 트림 마라톤 대회 塩屋湾一周トリムマラソン大会
거리의 응원을 받아 완주를 목표로!
지역 오기미손(大宜味村) 종목 9.5km 코스 / 5km 코스 / 3km 코스

북부 고우리지마 매직아워 RUN in 나키진손 古宇利島マジックアワー RUN in 今帰仁村
와루미 대교와 고우리 대교를 달리자.
지역 나키진손(今帰仁村) 종목 하프 마라톤 / 10km 코스

중부 아이하지 해안 도로 경주 대회 あやはし海中ロードレース大会
바닷바람을 등지고 푸른 바다 위를 달린다.
지역 우루마 시(うるま市) 종목 로드레이스 하프 마라톤 고교생 이상 / 트림 마라톤 10km (중학생 이상) / 트림 마라톤 3.8km

기타 이에지마 일주 마라톤 대회 伊江島一周マラソン大会
레이스 후 교류회도 인기, 기념품도 가득하다.
지역 이에 섬(伊江島) 종목 하프 마라톤 / 10km 코스 / 5km 코스 / 3km 코스

기타 전 일본 트라이 애슬론 미야코지마 대회 全日本トライアスロン宮古島大会
진정한 철인을 꿈꾸어라!
지역 미야코 섬(宮古島) 종목 수영 3km / 자전거 155km / 마라톤 42.195km

기타 이시가키 섬 철인 대회 石垣島トライアスロン
체력의 한계에 도전하는 철인 레이스.
지역 이시가키 섬(石垣島) 종목 엘리트 월드컵 부문 수영 1.5km / 자전거 40km / 마라톤 10km / 릴레이 부문 수영 1.5km / 자전거 40km / 마라톤 10km

9월

북부 큐시 20km 로드 레이스 대회 久志20kmロードレース大会
올림픽 성화 봉송의 거리를 달린다.
지역 나고 시(名護市) 종목 20km

10월

기타 이헤야 문 라이트 마라톤 伊平屋ムーンライトマラソン
달빛을 맞으며 달린다.
지역 이헤야 섬(伊平屋島) 종목 풀 마라톤 코스 / 하프 마라톤 코스

기타 이제나 88 트라이 애슬론 대회 いぜな88トライアスロン大会
오키나와 풍경 속을 달려 보자.
지역 이제나 섬(伊是名島) 개최 10월 종목 수영 2km, 자전거 66km, 마라톤 20km - 합계 88km, A조 전 종목 참가, B조 3명

기타 구메지마 마라톤 久米島マラソン
언덕길이 거의 없어 초보자도 안심할 수 있다.
지역 구메 섬(久米島) 개최 10월 종목 풀 마라톤 코스 / 하프 마라톤 코스 / 10km 코스 / 5km 코스

12월

기타 기노완 휠체어 마라톤 대회 ぎのわん車いすマラソン大会
오키나와 유일의 휠체어 마라톤 대회.
지역 기노완 시(宜野湾市) 개최 12월 종목 하프 마라톤 / 5km / 1.5km 트림 마라톤

남부 나하 마라톤 NaHAマラソン
오키나와 최대의 마라톤 대회.
지역 나하 시(那覇市) 개최 12월 종목 풀 마라톤 ※일본 육상 경기 연맹 공인 코스

11월

중부 중부 트림 마라톤 대회 中部トリムマラソン大会
4개의 코스 중 자신에게 맞는 코스를 고르자.
지역 오키나와(沖縄) 개최 11월 종목 20km 코스 / 10km 코스 / 5km 코스 / 3km 코스

남부 쇼하시 하프 마라톤 대회 in 난죠 시 尚巴志ハーフマラソン大会 in 南城市
관광하는 기분으로! 남부의 인기 관광 명소를 달린다.
지역 난죠 시(南城市) 개최 11월 종목 하프 마라톤 / 로드 레이스 10km 코스, 3km 코스

기타 다라마지마 일주 마라톤 대회 たらま一周マラソン大会
평지를 달리는 초보자를 위한 대회.
지역 다라마 섬(多良間島) 개최 11월 종목 A코스 24.30km / B코스 10km / C코스 3km / D코스 5km / E코스 3.5km 워킹

기타 일본 최서단 요나구니지마 일주 마라톤 대회 日本最西端与那国島一周マラソン大会
섬 고유의 풍경 속에서 한가롭게 달리자.
지역 요나구니 섬(与那国島) 개최 11월 종목 24km 코스 / 10km 코스

기타 에코 아일랜드 미야코지마 마라톤 エコアイランド宮古島マラソン
친환경 마라톤 대회.
지역 미야코 섬(宮古島) 개최 11월 종목 마라톤 / 하프 마라톤

자신의 취향에 맞는 대회를 선택하자

참여하고 싶은 스포츠 이벤트를 찾았다면 대회 요강을 살펴보고 세부 사항을 확인한 다음 미리 신청하도록 한다. 인기 있는 이벤트는 금방 마감된다는 점을 주의하자. 등록은 우편, 전화, FAX로 가능하며 이외에도 홈페이지나 메일로 신청이 가능한 대회도 많다. 또한, 스포츠 이벤트 접수 전용 사이트가 있어 카테고리별로 전국의 다양한 대회와 정보를 확인할 수 있다.

관련 홈페이지 스포츠 엔트리 www.sportsentry.ne.jp

스포츠 트립
02

마음 가는 대로 오키나와 사이클링

아름다운 바다 전망, 푸른 녹음이 우거진 숲, 바람에 흔들리는 사탕수수밭, 한적한 마을 등 페달을 밟으면 지금까지 접하지 못한 멋진 풍경을 만날 수 있다. 롱 아일랜드에서 산책하는 기분과 대회의 본격적인 로드레이스까지 다양한 경험을 할 수 있는 오키나와의 자전거 여행을 꼭 체험해 보기 바란다!

🌴 **오키나와에서 부담 없이 자전거를 즐기기 위하여**

바람을 가르고 자연을 느끼며, 느긋하고 여유롭게 풍경을 감상하며 자전거를 달리는 여행. 사실 여행과 자전거는 궁합이 딱 맞는 것 같다. 하지만 여행지에서 자전거를 타기 위해서는 준비가 필요하다. 누구나 부담 없이 자전거를 즐길 수 있는, 알아 두면 도움이 되는 간단한 정보를 소개한다.

Point 1 언제나 즐거운 오키나와의 사이클링

자동차 문화가 발달한 오키나와에서는 자전거 이용이 많지 않았으나 최근 에코 열풍과 함께 건강을 위해 자전거를 타는 사람이 늘어나고 있다. 따뜻한 기후의 오키나와에서는 일 년 중 언제든지 상쾌하게 자전거를 탈 수 있다.

Point 2 자전거 대여로 즐기자

빈손으로 부담 없이 이용할 수 있는 자전거 대여는 오키나와 관광을 즐기는 또 다른 방법이다. 일반 자전거에서부터 전기 자전거, 하이브리드 자전거, MTB 등 다양하게 준비되어 있다. 자신의 체형과 목적에 맞는 자전거를 골라 오키나와를 달려 보자.

Point 3 '월 정기 사이클링'에 참가하자

오키나와 사이클링 협회, NPO 법인 투르 드 오키나와 협회가 매월 주최하는 '정기 사이클링月例サイクリング'에 누구나 부담 없이 참가할 수 있다. 오키나와의 길을 잘 아는 스텝이 선정한 아름다운 자전거 코스는 친구들과 함께하는 오키나와 여행을 더욱 풍성하게 한다.

자전거 대여

오키나와 린교(주) 沖縄輪業(株)
자전거 이벤트 개최, 지원
전화 나하 마에지마(那覇前島)점 098-868-0404, 나하 마에지마 2호관 098-943-6768, 하에바루(南風原市)점 098-888-0064 홈페이지 okirin.ti-da.net

NPO 호우진 시마츠쿠리 넷 NPO 法人しまづくりネット
나하 시내의 자전거 대여점
전화 098-862-1852 홈페이지 shima.p-kit.com

플러스니도 ぷらすにどぁ
미야코 섬 사이클링 투어 & 자전거 대여
전화 080-6661-6204 홈페이지 www.plus2do.jp

구메지마쵸 관광협회 久米島町観光協会
구메지마쵸의 렌탈 사이클 취급 대리점
전화 098-896-7010 홈페이지 www.kanko-kumejima.com

포타링 슈리 ポタリング首里
나하 시 슈리의 전기 자전거 대여점
전화 098-963-9294 홈페이지 pottering-shuri.net

플래닛 챠오 プラネット・チャオ
온나손에 있는 호텔에서 인수, 반납 가능
전화 098-965-7807 홈페이지 planet.ciao.jp

구마노미 렌타 くまのみ・れんた
렌터카도 취급, 이시가키 섬의 대여점
전화 090-6862-0755 홈페이지 yaeyamaocean.com/kumanomi

장시간 즐겁게 라이딩하는 3가지 포인트

Point 1 더위 대책을 철저하게

긴 소매의 옷이나 토시 등으로 오키나와의 강렬한 햇볕을 차단하여 피부 노출을 피함으로써 체력 소모를 방지한다. 바람 때문에 시원하다고 느껴지지만 실제로는 체내 수분 손실이 많으니 음료를 준비하여 수분을 충분히 보충하도록 한다.

Point 2 교통 규칙을 지키자

'사이클링은 차도가 원칙, 보도에서는 보행자 우선', '차도에서는 좌측 통행' 등 자전거를 안전하게 즐기기 위해서는 자전거 교통 규칙을 확인하고 준수해야 한다. 날이 어두워지면 반드시 라이트를 켜고 천천히 주행해야 한다.

Point 3 응급 수리 장비 휴대

특히 교외를 달리거나 장시간 사이클링을 할 때에는 응급 상황을 위해 공기펌프 등 비상 장비를 미리 준비해야 한다. 최근에는 휴대용 공구가 많이 나와 있어 쉽게 구매할 수 있다. 자전거 용품을 취급하는 상점의 위치도 확인해 둔다.

> **Travel Tip**
>
> **내 자전거로 달리자!**
> 오키나와에서 자신의 자전거를 타기 위해서는 자전거 전용 케이스에 자전거를 넣어 비행기 수화물 서비스를 이용하는 것이 편리하다. 비행기로 운송하는 경우 자전거가 파손될 우려가 있으므로 하드 케이스를 사용하는 것을 추천한다. 수화물 서비스를 이용할 때에는 앞바퀴와 뒷바퀴, 핸들, 페달, 안장을 분리하여 파손되지 않게 잘 포장한다. 요금 및 자세한 사항은 항공사에 문의하면 된다.

초급편 ★☆☆ 나의 페이스에 매력 만점! 자전거 산책

관광을 즐기며 여유롭게 달린다. 자전거 산책에 적합한 2개의 코스를 소개한다. 오키나와 특유의 풍경이 계속되며 카페와 해변, 공원 등 쉬어 가는 장소도 가득 크로스 바이크와 전기 자전거라면 여성분들도 쉽게 달릴 수 있다. 산책하듯 자전거로 천천히 다녀 보자.

A코스 절경의 연속! 남부 스피릿 라이딩 18.4km / 1시간

오키나와 남부의 동쪽에 자리 잡고 있는 치넨 반도를 일주하는 코스다. 류큐 왕국을 통일한 쇼 하시오 왕尚巴志王의 연고지이며 파워 스폿으로 알려진 세이화 우타키斎場御嶽뿐만 아니라 주변에 류타키御嶽 등 사적이 많이 모여 있다. 바다를 배경으로 헤어핀커브를 그리는 니라이 카나이바시 다리와 '신자토비라' 라고 불리는 고저차 150m의 언덕, 따뜻한 남국의 분위기를 느낄 수 있는 야자 가로수길 등 다양한 볼거리가 이 코스의 매력이다. 또한, 자전거 전용 도로가 있어 달리기 편하며 훌륭한 경치가 펼쳐진 명소가 많다. 달리다 지치면 전망 좋은 카페에서 휴식을 취하는 것도 좋다.

① **오코쿠노 다미미길** 小谷の石畳道 사시키 지역의 류큐 석회암이 깔린 아름다운 길.

② **츠키시로노 궁** 月代の宮 쇼하시오 왕이 살던 성.

③ **치넨 미사키 공원** 태평양이 한눈에 보이는 뷰 포인트를 가진 공원.

B코스 해안선을 따라 달리는 서해안 리조트 코스 8.6km / 30분

오키나와의 대동맥, 국도 58호는 관광 명소가 많아 인기 있는 자전거 코스다. 그중에서도 온나손의 해변은 에메랄드빛 바다가 눈앞에 펼쳐지는 광경이 장관이다. 관광 시즌의 교통 체증 완화를 위해 개통된 온나미나미 우회 도로는 오르막 내리막의 연속이지만 넓고 깨끗한 도로 위를 달리다 보면 어느새 기분이 좋아진다. 신호도 없어 시원하게 달린다! 고지대에 도달하면 눈 아래 서해안을 내려다볼 수 있는 전망대도 있어 해변과는 다른 온나손 마을 풍경을 감상할 수 있다.

④ **문 비치** ムーンビーチ 문 비치 호텔의 프라이빗 비치. 국도 58호 주변에는 많은 해변과 리조트가 있어 쉬어갈 겸 살짝 들러보는 것도 좋다.

⑤ **온나노 역 나카유쿠이 시장** おんなの駅なかゆくい市場 오키나와 요리와 디저트 등 다양한 종류의 음식점이 모여 있다.

중급편
다양한 사이클 이벤트에 도전!

본격적인 로드 레이스를 개최하는 대회에는 단거리 레이스, 초보자, 가족, 관광을 위한 코스 등 다양하게 준비되어 있어 누구나 부담 없이 즐길 수 있다. 오키나와에서 자전거를 즐기는 사람들은 "기온 30도의 여름에도 상쾌하게 달릴 수 있고 겨울에도 달릴 수 있어 좋네요."라고 입을 모아 말한다. 오키나와 고유의 자연환경이 자전거를 신나게 즐길 수 있는 최적의 조건을 만들고 있다.

자전거 동호회에서 만난 친구들과 건배!

다양한 종류의 코스를 마음껏 즐긴 후에 참석하는 신나는 애프터 파티. 전국에서 모인 자전거 교류회 회원들과 오키나와 주민의 뜨거운 환영에 피곤함도 잊어 버린다. 몇몇 자전거 대회의 상징이 되고 있는 돼지고기 통구이를 비롯해 오키나와 전통의 류큐 요리를 맛보고 오키나와 아티스트들이 연주하는 전통 악기 공연도 즐긴다. 자전거 대회에서 사귄 친구들과 마시는 맥주와 아와모리(오키나와 전통 술)는 특별한 맛이 있다.

오키나와 대표 맥주

오키나와의 주요 사이클 이벤트

 1월

 중북부 **츄라지마 오키나와 CenturyRun** 美ら島オキナワ CenturyRun
초봄의 오키나와를 달리는 현 내 굴지의 인기 대회.
지역 온나손(恩納村) **개최** 1월 **종목** 센츄리 코스(160km) / 고우리지마 벚꽃 코스(100km) / 스위트 코스(60km)

 2월

남부 **에코 스피릿 라이드 & 워크 in 난죠시** ECO スピリットライド & ウオーク in 南城市
곳곳에 세계 유산이 숨어 있는 남부의 도로를 달린다.
지역 난죠 시(南城市) **개최** 2월 **종목** 라이드 부문 / 워크 부문 / 노르딕 부문

 3월

기타 **슈가 라이드 구메지마** シュガーライド久米島
봄바람과 함께 섬을 가로지르며 사이클링.
지역 난죠 시(南城市) **개최** 3월 **종목** 관광 명소 코스(40km) / 빙그르르 한 바퀴 코스(45km) / 애슬리트 코스(90km) / 챌린지 코스(130km)

 9월

기타 **투르 드 미야코지마** ツール・ド・宮古島
웅대한 자연을 가로질러 보자.
지역 미야코 섬(宮古島) **개최** 9월 **종목** 로드 레이스 부문(160km, 100km) / 사이클링 부문(100km, 60km)

 10월

기타 **이시가키지마 애슬리트** 石垣島アースライド
일본 최남단의 장거리 코스.
지역 이시가키 섬(石垣島) **개최** 10월 **종목** 기비리오 코스(120km) / 후나쿠야 코스(90km) / 가비라완 코스(55km)

 11월

북부 **투르 드 오키나와** ツール・ド・おきなわ
일본 최대의 사이클 이벤트.
지역 나고 시(名護市) **개최** 11월 **종목** 국제 로드 레이스 대회(210km) / 시민 경주 부문(10~210km) / 외발 자전거 대회 / 세발 자전거 대회 등

※개최일은 변경될 수 있다.

스포츠 트립
03

탁 트인 자연 속에서 즐기는 골프

필드 너머에 펼쳐진 아름다운 바다, 남국의 꽃들이 피어나는 아열대 숲, 있는 그대로의 자연 속 필드는 골퍼들에게 동경의 대상이다. 오키나와는 계절을 불문하고 골프를 즐길 수 있으며 리조트 생활을 누리며 우아한 골프 여행을 즐길 수 있다.

🌴 한 번쯤은 도전하고 싶은 바다 너머로의 티샷!

오키나와 골프의 가장 큰 매력은 뭐니 뭐니 해도 바다와 맞닿은 최상의 로케이션에 있다. 일 년 내내 푸르름을 잃지 않는 필드와 해외 유명 골프 코스에 뒤지지 않는 탁 트인 바다 전망이 골퍼들의 마음을 사로잡는다. 수많은 해변 코스, 절벽이 가로막는 박력 넘치는 홀과 코발트블루빛 바다를 향한 티샷의 상쾌함. 여름에는 시원한 바닷바람과 함께, 겨울에도 따뜻한 날씨에 기분 좋은 플레이를 해 보자. 오키나와에서는 언제나 즐거운 라운딩이 기다리고 있다.

🌴 골프를 마치고 치유의 공간에서 느긋하게

레스토랑과 스파, 트리트먼트룸 등을 다양하게 이용할 수 있는 호텔에 머물면서 경기 후 휴식 시간을 여유롭게 보낼 수 있다. 여름에는 선셋 플레이도 추천한다. 오키나와의 여름은 해가 길고 저녁 7시경까지 밝기 때문에 호텔에 잠깐 쉬었다가 코스에 나와도 충분히 경기를 즐길 수 있다. 황혼이 아름답게 비치는 필드에서의 하프 플레이로 땀을 흘린 후, 천천히 식사를 하거나, 수영장에서 수영을 하거나, 스파를 받는 등 여유를 즐길 시간은 충분하다.

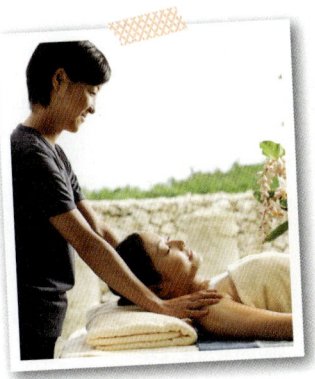

🌴 즐거운 라운딩 3가지 포인트

Point 1 대여로 편하게

홀가분하게 여행하고 싶다면 클럽과 신발을 대여할 수 있는 골프장을 선택한다. 1라운드라면, 개인 장비를 배달시키는 것보다 저렴하게 라운딩할 수 있다. 대여 가능한 초보자용 코스를 준비하고 있으며 빠른 시간 안에 경기 진행이 가능한 리조트 코스도 있다.

Point 2 여행 계획도 자유자재

공항이나 숙소에서 30분에서 1시간 정도의 가까운 거리에 골프장이 많은 것이 오키나와 골프 여행의 매력이다. 오키나와에 도착하면 그대로 코스에 나오거나 짧은 시간 동안 여러 골프장에 들르는 사람도 있다. 오키나와 남부 지역의 숏이나 미들 코스를 돌고 나하 관광을 즐기는 등 자신의 여행 스타일에 맞는 골프를 즐길 수 있다.

Point 3 매너는 기본

'신사의 스포츠'라는 말대로 매너를 중시하는 골프다. 초보자라면 더더욱 골프 기술보다는 골퍼로서의 매너에 신경쓰도록 한다. 가장 중요한 것은 슬로 플레이를 하지 않는 것이다. 내 뒤에서 순서를 기다리는 사람들을 위해 빨리 시작하는 등 항상 배려하도록 하다.

더 서전 링크스 골프 클럽 098-998-7001 / www.southern-links.co.jp

초급편
초보자를 위한 오키나와 골프 여행

오키나와에는 40개 이상의 골프장이 있으며 본인 실력에 맞는 최적의 코스를 선택할 수 있다. 일 년 중 언제든지 리조트 플레이를 즐길 수 있는 골프의 낙원에서 필드 데뷔에 도전해 보자!

오키나와 프로 골프 개최!

봄에 개최되는 오키나와 프로 골프 토너먼트 관전도 인기다. 1988년부터 오키나와를 무대로 매년 개최되고 있는 일본 여자 투어 개막전 '다이킨 오키드 레이디스 골프 토너먼트'(류큐 골프 클럽)와 함께 2012년에는 오키나와에서 처음으로 일본 남자 골프 최고의 대회 '일본 오픈 골프 선수권 경기'(나하 골프 클럽)가 열렸다. 또한 2013년부터는 일본 남자 시니어 투어 개막전 '카네히데 시니어 오키나와 오픈 골프 토너먼트'(키세 컨트리 클럽)가 개최되었다. 프로 토너먼트가 열리는 코스에서 골프를 즐겨 보는 것도 좋을 것이다.

중급편
본격 플레이에 도전!

오키나와 챔피언 코스를 살펴보자. 대자연을 무대로 펼쳐지는 다양한 코스들이다. 메이저 대회를 개최하는 명문 코스에 도전해 보자.

오리온 아라시야마 골프 클럽 オリオン嵐山ゴルフ倶楽部

아열대 숲과 남국의 화려한 꽃이 만발한 코스. 각 코스에는 재미있는 모양의 벙커가 있다.

주소 今帰仁村呉我山654-32(나키진손) 전화 0980-58-1910 홈페이지 www.orion-agc.co.jp 내용 18홀·6,930야드·파72·투썸(2인) 가능

벨 비치 골프 클럽 ベルビーチゴルフクラブ

각 홀에서 세소코瀬底 섬, 이에伊江 섬, 민나水納 섬이 내려다보이는 멋진 풍경을 감상할 수 있다. 리조트 호텔 '벨뷰'가 인접하여 골프와 숙박 패키지 등 다양한 서비스를 제공하고 있다.

주소 本部町崎本部5151(모토부쵸) 전화 0980-47-5949 홈페이지 www.belle-co.com/belbeach 내용 18홀·6,551야드·파72·투썸(2인) 가능

카누 차 골프 코스 カヌチャゴルフコース

산을 배경으로 하는 '빌리지 코스'와 바다를 배경으로 하는 '시 사이드 코스'가 높은 리조트 코스로 유명하지만 3홀, 6홀 플레이 등 가볍게 하는 것도 가능하다.

주소 名護市安部156-2 (나고 시) 전화 098-869-5678
홈페이지 www.kanucha.jp 내용 18홀·6,946야드·파72·투썸(2인)

키세 컨트리 클럽 喜瀬カントリークラブ

화려하고 강한 기복을 그리는 광대한 캔버스, 마음이 편안해지는 녹색 필드, 숲에 둘러싸인 우즈 코스와 리조트 기분을 만끽할 수 있는 오션 코스가 준비되어 있다.

주소 名護市喜瀬1107-1 (나고 시) 전화 0980-53-6100
홈페이지 www.kise-cc.jp 내용 18홀·7,168야드·파72·투썸(2인) 가능

기노자 컨트리 클럽 宜野座カントリークラブ

아름답게 잘 가꾸어진 퍼블릭 코스. 자연의 아름다움과 재미를 겸비한 코스가 매력적이며 코스 정보와 비거리를 바로 확인할 수 있는 'GPS 카트 내비게이션 시스템'이 특징이다.

주소 宜野座村松田2824-264 (기노자) 전화 098-983-2266 홈페이지 www.ginozacc.com 내용 18홀·6,558야드·파72·투썸(2인) 가능

류큐 골프 클럽 琉球ゴルフ倶楽部

일본 여자 프로 골프 투어 개막전 '다이킨 오키드 레이디스 골프 토너먼트'의 무대로 알려진 코스다. 동쪽, 서쪽, 남쪽의 세 코스 모두 금잔디가 깔려 있다.

주소 南城市玉城親慶原1 (난죠 시) 전화 098-948-2464
홈페이지 www.ryukyugolf.com 내용 27홀·9,780야드·파108·투썸(2인) 불가

츄라 오차드 골프 클럽 美らオーチャードゴルフ倶楽部

일본의 명 플레이어 아사미 로쿠조우浅見緑蔵와 다케무라 히데오竹村秀夫 씨가 설계한 언덕 코스는 PGA 투어 최종전, 다이쿄 오픈大京オープン이 열린 오키나와 최고의 명문 코스로 알려져 있다.

주소 恩納村安富祖1577 (온나손) 전화 098-967-8835
홈페이지 www.churaorchard.co.jp 내용 18 홀·6,349야드·파 72·투썸 (2인) 가능

🏁 오션 캐슬 컨트리 클럽 オーシャンキャッスルカントリークラブ

18홀 중 17홀이 바다 가까이에 있다. 태평양을 바라보며 즐기는 라운딩이 매력적이며 개성 넘치는 홀은 골퍼들의 도전 의욕을 자극하기에 충분하다.

주소 中城村登又60 (나카구스쿠손) 전화 098-895-7788 홈페이지 www.orix-golf.jp/oceancastle 내용 18홀·6,442야드·파72·투썸(2인) 가능 (담당자에게 문의)

🏁 오키나와 컨트리 클럽 沖縄カントリークラブ

오키나와 여자 골프 선수권 대회의 장소로 알려져 있는 클럽으로 미야자토 아이宮里藍 선수와 모로미자토 시노부諸見里 しのぶ 선수가 우승을 한 곳이다. 연간 8만 명 이상의 관람객이 방문하는 인기 있는 코스다.

주소 西原町桃原109(니시하라쵸) 전화 098-945-3375 홈페이지 www.orix-golf.jp/okinawa 내용 18홀·5,764야드·파70·투썸(2인) 가능

🏁 팜 힐스 골프 리조트 클럽 パームヒルズゴルフリゾートクラブ

유명 골프 코스 설계사 호나우도 휴리무 씨가 설계한 코스. 이토 만시의 언덕에 있으며 코스 주변의 다양한 아열대 식물과 화려한 클럽하우스가 플레이어의 눈을 즐겁게 해 준다.

주소 糸満市新垣762 (이토만 시) 전화 098-994-8881 내용 18홀·6,934야드·파72·투썸(2인) 가능

🏁 시기 라 베이 컨트리클럽 シギラベイカントリークラブ

일본에서 유일하게 모든 홀에서 바다를 볼 수 있는 퍼블릭 코스. 복장 규정이 없어 티셔츠 차림으로도 플레이할 수 있다.

주소 宮古島市上野字新里1264 (미야코 섬) 전화 0980-76-3939 홈페이지 www.nanseirakuen.com 내용 18홀·6,250 야드·파 71·투썸(2인) 가능

🏁 에메랄드 코스트 골프 링크스 エメラルドコーストゴルフリンクス

미야코 섬에서 가장 아름답다고 말하는 마에하마 비치前浜ビーチ에 인접해 있다. 아열대의 자연 그대로 살아있는 퍼블릭 코스로, 초보자에서부터 상급자까지 누구나 기분 좋은 라운딩을 즐길 수 있다.

주소 宮古島市下地与那覇1591-1 (미야코 섬) 전화 0980-76-3030 홈페이지 www.tokyugolf.com/emerald 내용 18 홀·6,912 야드·파 72·투썸 (2인) 가능

슈레이 컨트리클럽 守礼カントリークラブ

기복이 심한 지형을 그대로 살린 난도 높은 코스로, 가격이 저렴한 편이며 야간 하프 플레이와 요금이 할인되는 AGC 제도 등 혜택이 풍부한 클럽이다.

주소 南城市知念知名1029(난죠 시) 전화 098-947-3411 홈페이지 www.shurei-cc.com 내용 18홀·6,150야드·파70·투썸(2인) 가능

디 아타 테라스 골프 리조트 ジ・アッタテラス ゴルフリゾート

아열대 자연에 둘러싸인 고급스러운 분위기의 골프 리조트다. 중상급 선수에게도 까다로운, 기복이 심한 코스가 특징이다.

주소 恩納村安富祖1079(온나손) 전화 098-967-8184 홈페이지 www.terrace.co.jp 내용 18홀·6,925야드·파72·투썸(2인) 가능(담당자에게 문의)

오키나와 로열 골프 클럽 沖縄ロイヤルゴルフクラブ

36홀의 장대한 스케일을 가진 골프 클럽으로, 4코스로 나뉘어 있다. 넓은 페어웨이, 업다운이 적은 필드는 초보자나 여성 플레이어도 가볍게 도전해 볼 수 있다.

주소 우루마시石川山城1436(우루마 시) 전화 098-964-2811 내용 36홀·13,771야드·파144·투썸(2인) 불가

오션 링크스 미야코지마 オーシャンリンクス宮古島

탁 트인 해변의 아웃 코스와 아열대 특유의 자연 풍경을 그대로 살린 인 코스. 특징 있는 두 코스를 보유하고 있는 클럽으로 바람이 많이 불기 때문에 바람을 읽으며 라운딩하는 것이 코스 공략의 포인트!

주소 宮古島市城辺保良940-1(미야코 섬) 전화 0980-77-8072 홈페이지 www.ocean-links.co.jp 내용 18홀·6,955야드·파72·투썸(2인) 가능

더 서던 링크스 골프 클럽 ザ・サザンリンクスゴルフクラブ

잔디와 바다의 대비가 아름다운 코스로, 절벽에서 바다를 넘는 티샷을 체험할 수 있다. 호텔과 레스토랑, 가든 풀 시설도 갖추고 있다.

주소 八重瀬町玻名城697(야에세쵸) 전화 098-998-7100 홈페이지 www.southern-links.co.jp 내용 18홀·7,030야드·파72·투썸(2인) 가능 (4~10월)

오키나와 국제 골프 클럽 沖縄国際ゴルフ倶楽部

오키나와의 식물 이름을 딴 각 코스는 경사나 해저드에 따라 플레이하기 어렵게 설계되었으며, 1번 홀부터 만만치 않은 난이도를 가지고 있다.

주소 恩納村富着1043(온나손) 전화 098-964-5467 홈페이지 www.pacificgolf.co.jp/okinawa/index.asp 내용 27홀·10,522야드·파108·투썸(2인) 가능

나하 골프 클럽 那覇ゴルフ倶楽部

태평양을 바라보며 즐기는 아름다운 코스. 고저 차 14m의 평탄한 지형을 활용한 필드 주변의 가드 벙커와 6개의 연못은 난도 높은 골프를 즐기기에 안성맞춤이다.

주소 八重瀬町富盛2270(야에세쵸) 전화 098-998-3311 내용 18홀·7,228야드·파72·투썸(2인) 불가

스포츠 트립
04

깊고 푸른 바다와 함께 해양 스포츠

깊고 푸른 바다가 아름다운 오키나와는 해양 스포츠의 메카다. 다이빙을 비롯한 스노클링과 스쿠버 다이빙, 시 카약 등의 활동성 있는 해양 스포츠는 물론, 넓은 모래사장 위에서 비치 사커, 비치 발리볼도 즐길 수 있다. 한없이 투명한 바다, 화려한 산호초와 열대어, 수없이 변화하는 바닷속 풍경, 오키나와 바다는 일상에서 느끼지 못할 놀라움과 감동이 기다리고 있다.

 다이빙 Diving

산호초로 꾸며진 신비로운 바닷속 세계

오키나와 주변의 수많은 다이빙 명소들은 전 세계 다이버들을 매료시킨다. 기후가 온화하고 일 년 내내 잠수가 가능한 것이 오키나와 다이빙이 가진 매력 중 하나이며 다이빙 숍도 많아 다양한 투어를 체험할 수 있다. 수영을 하지 못하거나 다이빙을 처음 하는 분이라면 '체험 다이빙'을 추천한다. 수영을 하지 못해도 잠수복의 부력 때문에 물에 쉽게 뜰 수 있으며, 출발 전 자세한 설명과 강사의 친절한 지도만 따르면 초보자도 문제없이 즐길 수 있다. 도구나 장비도 다이빙 숍에서 제공하기 때문에 수영복만 준비하면 되며 반나절 코스도 선택할 수 있다. 깊고 맑은 오키나와의 푸른 바다에 몸을 맡기고, 호기심 가득한 다이빙을 즐겨 보자!

(재)오키나와 마린레저 세이프티 뷰로
전화 098-869-1173 홈페이지 www.omsb.jp

NPO법인 오키나와 에코 투어리즘 추진 협의회
전화 080-2727-1386 홈페이지 www.ecotourism-okinawa.jp 이메일 info@ecotourism-okinawa.jp

 시 카약 Sea Kayak

탐험하는 기분으로 바다를 향해

웅대한 자연을 즐기면서 모험하는 기분을 맛볼 수 있는 시 카약은 연료를 사용하지 않는 친환경적인 해양 레포츠로 주목받고 있다. 나이와 성별을 불문하고 누구나 쉽게 즐길 수 있으며 얕은 바다라도 문제 없이 이동이 가능하다. 한없이 투명한 오키나와 바닷속에는 아름다운 산호초와 열대어가 가득하다. 무인도 투어, 맹그로브 숲 탐험 등 오키나와만의 다양한 프로그램이 준비되어 있다.

맹그로브와 그곳에 사는 생물을 관찰할 수 있는 리버 카약도 큰 인기를 끌고 있다. 이리오모테 섬에서는 본격적인 정글 트레킹과 연결되는 카약 투어도 즐길 수 있다.

시 카약은 아이들도 탈 수 있어 가족 모두가 즐길 수 있다. 가이드 투어는 전문 강사가 옆에서 친절하게 설명해 주기 때문에 안전하다. 젖어도 괜찮은 편한 옷과 구명조끼만 입으면 준비 완료. 강한 햇볕을 막아 줄 모자와 수분 보충을 위한 음료도 반드시 챙기자.

(재)오키나와 마린레저 세이프티 뷰로
전화 098-869-1173 홈페이지 www.omsb.jp

NPO법인 오키나와 에코 투어리즘 추진 협의회
전화 080-2727-1386 홈페이지 www.ecotourism-okinawa.jp 이메일 info@ecotourism-okinawa.jp

> **Travel Tip**
>
> **일 년 내내 즐길 수 있는 오키나와의 바다**
>
> 적도 부근의 따뜻한 해수가 구로시오를 타고 이동해 오기 때문에, 오키나와의 근해는 사계절 내내 따뜻하다. 연간 평균 해수온은 오키나와 본섬(나하 시)이 25.0℃, 야에야마 지방(이시가키 섬)이 25.9℃ 등 모두 20℃를 웃돌며, 겨울에는 지상보다 바닷속이 더 따뜻한 역전 현상이 일어나는 경우도 있다. 이러한 오키나와에서 레저 시즌, 바다 개장은 매년 3월 초 전후로 야에야마 지역부터 시작되고, 4월 말까지 이어진다. 기온의 변화에 따라 달라지지만, 해수욕은 10월 하순까지 문제가 없다. 다이빙이나 스노클링 등 잠수복을 입고 하는 해양 레저도 기본적으로는 일 년 내내 즐길 수 있다. 해양 스포츠를 즐길 때 주의할 점은 한낮에 내리쬐는 태양 광선이 매우 강하기 때문에 7~9월과 같은 한여름이 아니더라도 자외선에 대비해야 한다. 자외선 차단제는 물론, 모자나 선글라스를 반드시 착용하고, 수분을 충분히 공급하여 탈수 현상을 막자.

비치 사커 Beach Soccer

불타오르는 맨발의 슛볼

일반 축구장보다 작은 코트에서 5명이 경기하는 비치 사커는 슈팅도 많고 전개가 빠르다. 화려한 리프팅과 패스 연결, 애크로배틱한 공중전도 비치 사커의 특징 중 하나이다. 비치 사커는 경기하는 선수는 물론 관객도 열광하는 스포츠다. 오키나와에서 전국대회 1위의 실력을 보유한 프로 축구팀 'SOL MAR PRAIA(소마 프라이)'의 팀원들은 "해변에서 가볍게 즐기면서 관전해 주세요."라고 말하며 비치 사커를 알리는 데 힘쓰고 있다.

비치 발리볼 BeachVolleyball

친구들과 즐겁게!

비치 발리볼은 미국의 서해안에서부터 시작된 해양 스포츠로 올림픽의 정식 종목이다. 오키나와에도 애호가들이 모여 많은 팀을 구성하고 있고, 어린이부터 어른까지 폭넓게 사랑받고 있다. 비치 발리볼이 인기인 니시하라 마을에서는 대회를 상시로 주최하며, 니시하라 키라키라 비치에는 오키나와 유일의 상설 코트가 있어 일 년 내내 언제라도 비치 발리볼을 즐길 수 있다. 매년 2~3월에는 프로 선수의 합숙도 이뤄지고 있다.

오키나와의 비치 스포츠 추천 해변!

니시하라 키라키라 비치 西原きらきらビーチ
여름에는 배구과 축구를 한꺼번에 즐길 수 있는 이벤트도 개최한다. 비치 발리볼, 축구 코트를 대여할 수 있다.(이용료 1시간 500엔 ※ 볼 포함)
주소 西原町東崎17 전화 098-944-5589

아라하 비치 アラハビーチ
소마 프라이가 연습하는 모습을 볼 수 있다.
주소 北谷町北谷2丁目 전화 098-926-2680

기노완 트로피컬 비치 ぎのわんトロピカルビーチ
일본 대표 비치 사커 선수의 트레이닝 캠프가 열린다.
주소 宜野湾市真志喜4-2-1 전화 098-897-2759

도요사키 츄라산 비치 豊崎美らSUNビーチ
비치 발리볼, 사커 코트가 연습과 이벤트에 이용되고 있다.
주소 豊見城市豊崎5-1 전화 098-850-1139 / 비치 사커 (사)오키나와 사커 협회 098-861-2401, E-mail fa-okinawa@jfa.or.jp, www.okinawafa.com / SOL MAR PRAIA 사무국 098-982-7020, E-mail beachsoccer@solmarpraia.com,solmarpraia.com / 비치 발리볼 오키나와 비치 발리볼 연맹 090-1946-6662 E-mail obvf@hotmail.com

톡톡 오키나와 이야기

오키나와 스포츠 캘린더

오키나와의 계절별 독특한 기후를 확인하여 여행 시기에 맞는 복장과 소지품을 준비하자.

봄
봄이 찾아오는 3월부터 따사로운 햇살을 느끼며 스포츠를 즐길 수 있다. 4월이 되면 반소매를 입을 정도로 날씨가 많이 풀리지만 밤에는 쌀쌀하기 때문에 긴 소매를 준비하는 것이 좋다.

여름
해양 스포츠, 비치 스포츠의 계절! 6월 하순 장마가 끝나면 뜨거운 여름이 찾아온다. 햇볕이 강하게 내리쬐기 때문에 자외선 차단용품을 준비하여 피부를 보호하자.

가을
여름의 뜨거운 열기가 한풀 꺾이는 가을이 찾아온다. 오키나와 각지에서 다양한 스포츠 이벤트가 개최되며 10월까지는 해변에서 수영을 즐길 수 있다. 아침 저녁으로는 쌀쌀하기 때문에 겉옷을 준비하는 것이 좋다.

겨울
따뜻한 오키나와의 겨울은 스포츠를 즐기기 가장 좋은 계절이다. 하지만 날씨에 따라 기온 차가 심하고 특히 찬 바람이 부는 1~2월은 체감온도가 낮아지기 때문에 따뜻한 옷도 한 벌쯤은 준비하는 것이 좋다.

오키나와 관광 정보 서비스 www.okinawastory.jp
경기 시설 등 오키나와의 스포츠 관련 정보 sports.okinawastory.jp
숙박 시설 정보 www.okinawastory.jp/search/ portal/theme_l:1/page:1

여행 정보

- 여행 준비
- 오키나와로 가는 항공편
- 한국 출국하기
- 오키나와 들어가기
- 귀국하기

✈ 여행 준비

여권 만들기

여권은 외국을 여행하고자 하는 국민에게 정부가 발급해 주는 일종의 증빙 서류이다. 여권이 없으면 어떠한 경우에도 외국을 출입할 수 없으며 여권을 분실하거나 소실하였을 경우에는 명의인이 신고하여 재발급을 받아야 한다. (2008년 이후 여행사 등을 통한 여권 발급 대행이 금지되었다.) 여권은 5년 또는 10년간 사용할 수 있는 복수 여권과 1년간 사용할 수 있는 단수 여권으로 분류할 수 있다. 복수 여권의 경우에는 접수 비용이 유효 기간 5년의 경우 4만 5천 원, 10년은 5만 3천 원이고, 단수 여권은 접수 비용이 2만 원이다. 여권 발급은 외교부가 허가한 구청 혹은 도청에서 발급하며 인구 밀도에 따라 별도의 발급 장소를 두고 있다. (표 참고) 여권 발급에 소요되는 시간은 지역에 따라 차이는 있지만 보통 5일 정도가 소요된다. (단, 6~8월과 11~1월은 여행객들의 여권 신규 접수가 많아서 약 10일 정도 소요된다.)

발급처	주소 / 전화번호
종로 구청	서울시 종로구 삼봉로 43
	02-2148-1953~5
노원 구청	서울시 노원구 노해로 437(상계동)
	02-2116-3284
서초 구청	서울시 서초구 남부순환로 2584
	02-2155-6340
영등포 구청	서울시 영등포구 당산로 123(당산동 3가)
	02-2670-3145~8
동대문 구청	서울시 동대문구 천호대로 145
	02-2127-4685
강남 구청	서울시 강남구 학동로 426
	02-3423-5401
구로 구청	서울시 구로구 가마산로 245
	02-860-2681, 2684
송파 구청	서울시 송파구 올림픽로 326
	02-2147-2330
마포 구청	서울시 마포구 월드컵로 212
	02-3153-8481~4
부산 시청	부산광역시 연제구 중앙대로 1001
	051-888-5333
대구 시청	대구광역시 중구 공평로 88(동인동1가)
	053-803-2855
인천 시청	인천광역시 남동구 정각로 29
	032-440-2477
광주 시청	광주광역시 서구 내방로 111
	062-613-2965

발급처	주소 / 전화번호
대전 시청	대전광역시 서구 둔산로 100
	042-600-4195
울산 시청	울산광역시 남구 중앙로 201
	052-260-5252
경기도 본청	경기 수원시 팔달구 효원로 1
	031-120
경기도 북부 청사	경기도 의정부시 청사로 1(신곡동)
	031-850-2249
강원 도청	강원도 춘천시 중앙로 1
	033-249-2562
강릉 시청	강원도 강릉시 강릉대로 33(홍제동)
	033-640-4491
충북 도청	충북 청주시 상당구 상당로 82
	043-220-5577
충남 도청	충남 홍성군 홍북면 충남대로 21
	041-635-2316
전북 도청	전북 전주시 완산구 효자로 225
	063-280-2253
전남 도청	전남 무안군 삼향읍 오룡길 1
	061-286-2320
경북 도청	대구광역시 북구 연암로 40
	053-950-2215
경남 도청	경남 창원시 의창구 중앙대로 300
	055-211-6114
제주 도청	제주특별자치도 제주시 문연로 6
	064-710-2173

자세한 사항은 www.passport.go.kr를 참고

일반 여권 발급에 필요한 서류

① 여권 발급 신청서 1통(여권과에 비치)
② 여권용 사진(3.5×4.5cm 사이즈로, 최근 6개월 이내에 촬영한 것) 1매(단, 전자여권이 아닌 경우 2매)
③ 신분증(주민등록증, 운전 면허증, 공무원증, 군인 신분증)
④ 병역 관계 서류, 가족 관계 기록 사항에 관한 증명서(필요한 경우)
⑤ 수입 인지대(복수 여권 : 5년-4만 5천 원, 10년-5만 3천 원 / 단수 여권: 2만 원)

일반 여권 외 여권

① 관용 여권
② 외교관 여권
③ 거주자 여권(영주권 소지자)

> **비자가 필요한 경우**
> 대한민국 여권을 소지하고 있는 사람이 관광을 목적으로 일본에 방문하는 경우 일본 입국 비자를 발급 받지 않고 90일간 체류가 가능하다. 하지만 학업이나 비즈니스를 목적으로 하는 경우에는 반드시 일본 입국 비자를 받아야 한다. 일본과 관광 비자 면제 협정을 맺지 않은 국가(ex. 중국)의 여권을 소지한 경우 일본 대사관에 직접 문의를 해서 여행 비자를 발급받아야 한다.

항공권 준비

항공권 구입은 충분한 여유 시간을 가지고 예약하는 것이 좋다. 여행객들이 많이 몰리는 성수기(주말 및 공휴일, 6월 20일~8월 20일, 12월 20일~2월 20일)에는 2~3개월 정도 전에 미리 예약해야 한다. 항공권을 구입할 때에는 할인 항공권을 취급하는 여행사의 요금을 비교해 보고 구입한다. 또한 각 여행사마다 왕복 항공권과 숙박을 묶은 배낭여행 상품들이 있으므로 가격을 잘 비교하여 구입하도록 하자. 단, 항공권의 유효 기간에 따라 제약 조건이 있으므로 관련 사항을 꼭 확인한다.(ex. 지정 좌석, 출발일 변경 불가능, 리턴 날짜 변경 불가능 등)

E-TICKET(전자 티켓)

여행사 또는 항공사에서 항공권을 구입하면 이메일 또는 팩스로 E-Ticket 영수증을 받게 된다. 이 영수증이 흔히 말하는 전자 티켓이다. 전자 티켓을 받으면 우선 탑승자명(Passenger Name)이 여권의 영문 철자와 동일한지 확인하자. 본인 또는 여행사, 항공사의 실수로 영문 철자가 틀릴 경우 비행기 탑승이 불가능하다. 출발 날짜 및 출발 시간을 다시 한번 확인하는 것도 중요하다.

전자 티켓은 비행기의 좌석 지정까지 되어 있지는 않고, 공항에서 좌석 번호가 지정되어 있는 탑승권(Boarding Pass)으로 교환을 해야 한다. 모든 항공사의 홈페이지를 통해 미리 좌석을 지정할 수 있으니 선호하는 좌석이 있는 경우라면 미리 신청해 두는 것이 좋다.

비행기 사전 좌석 지정

인터넷으로 좌석 지정을 할 때는 전자 티켓 번호(E-Ticket Number) 또는 항공사의 예약 번호(Reservation Number)를 입력해야 한다. 전자 티켓 번호는 아시아나 항공 988, 대한항공 180, 전일본공수(ANA) 205, 일본항공(JAL) 131로 시작되는 13자리의 숫자이며, 항공사의 예약 번호는 6자리로 알파벳과 숫자의 조합으로 되어 있다. 전자 티켓 발권 시스템에 따라 예약 번호처럼 보이는 것이 두 개인 경우가 있는데 이런 경우 항공사의 코드 다음에 있는 것이 항공사 예약 번호이다. 항공사의 코드는 아시아나 OZ, 대한항공 KE, 전일본 공수(ANA) NH, 일본항공(JAL) JL, 제주항공 7C, 진에어 LJ, 티웨이 항공 TW 이다.

숙소 예약

여행 일정을 준비할 때 가장 중요한 것은 숙소의 위치와 교통의 편리성이다. 오키나와에서는 보통 나하를 중심으로 숙소를 예약하고, 리조트 호텔을 이용할 경우 남부와 북부의 해안가의 리조트를 이용한다. 호텔은 웬만하면 한 곳의 호텔을 이용하는 것이 좋다. 오키나와 본 섬의 관광지는 아무리 멀어도 차로 3시간 정도면 다다를 수 있으며 여러 호텔에 숙박할 경우 짐을 싸고 풀고의 반복과 체크인 체크아웃을 하는 번거로움이 있기 때문이다.

오키나와의 호텔은 계절에 따라, 시기에 따라 요금의 변동이 크다. 여름 휴가철과 연말연시가 있는 겨울철, 일본의 골든위크인 4월 말과 5월 초의 요금이 비싼 편이며 우기인 5월 중순과 6월 초 사이에는 반값 이하의 가격으로 호텔을 이용할 수 있다. 오키나와의 특성상 호텔은 대부분 리조트 호텔과 특급 호텔이 많으며 나하 시내에는 비지니스 호텔 등 저렴한 호텔이 모여 있다. 호텔 이외에도 민박과 게스트하우스도 쉽게 찾아볼 수 있다.

여행가방 꾸리기

환전 및 신용 카드 이용

현금보다 여행자 수표로 환전하는 것이 보다 낮은 환율을 적용받을 수 있지만, 짧은 기간의 여행 중에는 여행자 수표를 현금으로 바꾸기 위해 은행을 가는 시간조차 아까울 수도 있으며, 은행의 업무 시간이 평일 09:00~15:00이기 때문에 시간에 맞추는 것도 쉬운 일은 아니다.

환전을 할 때 여행사 또는 인터넷을 통해 환전 할인 쿠폰을 이용하면 수수료를 아낄 수 있다. 공항에서도 환전을 할 수 있지만 공항 은행의 환율은 시중 은행보다 높기 때문에 미리 환전을 하는 것이 좋다. 일본 식당은 신용 카드 이용이 안 되는 경우가 많기 때문에 여유 있게 환전을 하는 것이 좋은데, 숙박비를 제외하고 시내 교통비, 식사, 간식 비용을 보통 3,000~5,000엔으로 계산하면 된다.

현지에서 현금이 부족한 경우 신용 카드를 이용해 현금 서비스를 받을 수도 있다. 일본 전 지역에 있는 세븐일레븐 편의점 및 우체국의 ATM기에서 해외 카드를 이용할 수 있으며 세븐일레븐 편의점의 경우 24시간 이용할 수 있다. 이를 이용하기 위해서는 해외 사용이 가능한 카드인지 확인해 두어야 하며, 비밀번호 4자리 숫자를 반드시 알고 있어야 한다.

세븐일레븐 편의점과 우체국 외에 국제선 공항, 시티 은행의 ATM에서도 신용 카드 현금 서비스를 받을 수 있으며, 대부분의 ATM 기계는 영어로 이용할 수 있다.

공항에서 수하물로 부치는 짐은 20kg까지만 허용되며 기내 반입은 20L 또는 10kg를 초과할 수 없다. 항공 보안의 이유로 100ml 이상의 액체는 기내로 반입할 수 없기 때문에 반드시 수하물로 부쳐야 한다. 100ml 이하의 경우라도 지퍼락 비닐팩에 넣어야 하며 최대 1000ml를 초과할 수는 없다. 면세점에서 화장품 또는 주류를 구입한 경우 표시가 남는 비닐 포장지에 담겨 물건을 받는데 이 상태 그대로 있어야 기내에 휴대할 수 있으며, 우리나라로 돌아올 때는 반드시 수하물로 보내야 하니 병이 깨지지 않도록 주의하자. 여행 가방을 쌀 때는 꼭 필요한 것만 챙겨서 넣자. 신발은 여행지에서 많이 걷게 될 것을 대비하여 발이 편안한 것을 준비하고, 여름이라면 간편한 슬리퍼 또는 샌들을 준비하는 것도 좋다. 겨울철에는 옷의 부피가 커지기 대문에 얇은 옷을 여러 벌 준비하는 것이 좋다. 호텔에 짐을 풀고(또는 코인라커에 짐을 맡기고) 편안하게 휴대할 수 있는 작은 가방을 준비하는 것도 잊지 말자.

호텔에 숙박한다면 기본적인 세면도구(칫솔, 면도기, 드라이기, 수건, 샴푸, 샤워젤)가 있으니 따로 준비할 필요가 없지만 피부, 헤어가 예민한 경우라면 세안제와 샴푸는 별도로 준비하는 것이 좋다.

오키나와로 가는 항공편

우리나라에서 직항항공편 이용

인천 – 오키나와

인천 공항에서 오키나와의 나하 공항까지는 대한 항공, 아시아나 항공과 저가 항공인 진에어, 제주 항공, 티웨이 항공, 이스타 항공, 피치 항공이 취항한다. 요금은 대한 항공과 아시아나 항공이 30~60만 원 정도, 나머지 저가 항공들은 20~40만 원 정도의 요금을 유지한다. 저가 항공은 이벤트나 할인 혜택이 많아 사전에 잘 알아보고 구매하면 저렴하게 구매할 수 있다. 대한 항공은 진에어, 티웨이는 이스타와 코드쉐어를 하여 시간을 조절할 수 있다.

아시아나 항공	편명	시간	취항일
인천 – 오키나와(나하)	OZ 172	10:10~12:25	매일
오키나와(나하) – 인천	OZ 171	13:00~15:25	매일

대한 항공	편명	시간	취항일
인천 – 오키나와(나하)	KE 0735	15:30~17:55	매일
오키나와(나하) – 인천	KE 0736	19:05~21:35	매일

진에어	편명	시간	취항일
인천 – 오키나와(나하)	LJ 245	10:35~12:50	매일
오키나와(나하) – 인천	LJ 256	13:50~16:05	매일

제주 항공	편명	시간	취항일
인천 – 오키나와(나하)	7C 1802	13:30~15:45	매일
오키나와(나하) – 인천	7C 1801	16:35~18:55	매일

티웨이 항공	편명	시간	취항일
인천 – 오키나와(나하)	TW 271	14:05~16:20	평일
인천 – 오키나와(나하)	TW 271	15:05~17:20	주말
오키나와(나하) – 인천	TW 272	17:20~19:35	평일
오키나와(나하) – 인천	TW 272	18:20~20:35	주말

이스타 항공	편명	시간	취항일
인천 – 오키나와(나하)	ZE 631	11:30~14:00	매일
오키나와(나하) – 인천	ZE 632	14:50~18:10	매일

피치 항공	편명	시간	취항일
인천 – 오키나와(나하)	MM 906	16:10~18:25	매일
오키나와(나하) – 인천	MM 905	13:10~15:30	매일

부산 – 오키나와

부산의 김해 공항에서 아시아나 항공과 진에어가 취항하고 있다. 아시아나는 수, 금, 일 주 3회, 진에어는 매일 운항한다. 요금은 인천 출발과 비슷하다.

아시아나 항공	편명	시간	취항일
김해 – 오키나와(나하)	OZ 170	08:30~10:25	수, 금, 일
오키나와(나하) – 김해	OZ 169	11:25~13:25	수, 금, 일

진에어	편명	시간	취항일
김해 – 오키나와(나하)	LJ0241	08:00~10:00	매일
오키나와(나하) – 김해	LJ0242	11:00~13:05	매일

대구 – 오키나와

대구 공항에서도 티웨이 항공이 취항하여 주 6회 운항하고 있다.

티웨이 항공	편명	시간	취항일
대구 – 오키나와(나하)	TW277	08:25~10:20	월, 화, 수, 목, 토, 일
오키나와(나하) – 대구	TW278	11:20~13:10	월, 화, 수, 목, 토, 일

* 항공 스케줄은 날씨나 항공사 사정에 따라 변경될 수 있다.

일본에서 항공편 이용해서 가기

오키나와는 일본에서도 인기 있는 관광지로, 일본 대부분의 공항에서 이동이 가능하다. 이용 가능한 항공도 다양하지만 일본 국내선 요금은 상당히 비싼 편이기 때문에 가능한 저가 항공을 이용하는 것이 좋다. 일본 본토에서는 나하 공항을 거치지 않고 주변 섬인 미야코 섬, 이시가키 섬으로의 이동도 가능하다.

오키나와 (나하 공항) 운항 일본 국내선 공항

홋카이도 신 치토세 공항 (ANA, SKYMARK, Jetstar)

동북 센다이 공항 (ANA)
도쿄 하네다 공항 (JAL, ANA, SKYMARK)
도쿄 나리타 공항 (Jetstar, ANA, Vanilla Air)
도쿄 이바라키 공항 (SKYMARK)
중부 니가타 공항 (ANA)
중부 고마츠 공항 (JAL)
중부 시즈오카 공항 (ANA)
나고야 센트리아 공항 (JAL, ANA, SKYMARK)
중부 이타미 공항 (JAL, ANA)
간사이 국제 공항 (JAL, ANA, Jetstar, Peach)
고베 공항 (ANA, SKYMARK, Solaseed Air)
히로시마 국제 공항 (ANA)
오카야마 공항 (JAL)
마츠야마 공항 (ANA)
다카마츠 공항 (ANA)
후쿠오카 공항 (JAL, ANA, SKYMARK, Peach)
나가사키 공항 (ANA)
구마모토 공항 (ANA)
미야자키 공항 (ANA, Solaseed Air)
가고시마 공항 (ANA, Solaseed Air)

이시가키 섬 운항 국내선 공항
도쿄 하네다 공항 (JAL, ANA)

나고야 센트리아 공항 (ANA)
간사이 국제 공항 (JAL, ANA, Peach)
후쿠오카 공항 (ANA)

미야코 섬 운항 국내선 공항
도쿄 하네다 공항 (JAL)

운항 항공사
일반
JAL : www.jal.co.jp
ANA : www.ana.co.jp

저가
SKYMARK : www.skymark.co.jp
Solaseed Air : www.skynetasia.co.jp
Jetstar : www.jetstar.com
Peach : www.flypeach.com
Vanilla Air : www.vanilla-air.com/jp

일본 국내선 운항 정보
www.naha-airport.co.jp/ko/flight

✈ 한국 출국하기

공항 도착

인천 국제공항

오키나와로 향하는 비행기를 타려면 인천 국제공항을 이용해야 한다. 서울에서 인천 공항으로 이동할 때는 공항버스나 공항 고속 전철을 이용하거나, 자가용을 이용할 수 있다. 공항버스는 서울역을 기준으로 할 때 인천 공항까지 약 1시간이 소요되지만 서울 시내의 교통 사정이 좋은 편이 아니므로 교통 체증 시간에 출발할 경우에는 미리 서두르자. 공항버스 노선도 및 시간은 www.airportlimousine.co.kr에서 미리 확인할 수 있으며, 버스 노선별로 적용되는 할인 쿠폰도 다운받을 수 있다. 또한 공항 고속 전철은 김포 공항이나 서울역, 홍대 입구 등 시내 전철역에서 공항 고속 전철을 이용할 수 있으며, 김포 공항에서 인천 공항까지는 30분 정도 소요된다.

탑승권 발급
출발 2시간 전에 공항에 도착하여 해당 항공사 카운터에서 탑승권을 발급받고 짐을 부치도록 하자. 인천 국제공항은 2018년 1월 18일부터 제2여객 터미널이 신설되어 제1청사는 아시아나 항공와 제주 항공을 비롯한 저비용 항공사와 외항사(델타 항공, KLM, 에어프랑스 제외)가 이용하고, 제2청사는 대한 항공, 델타 항공, KLM, 에어프랑스 항공

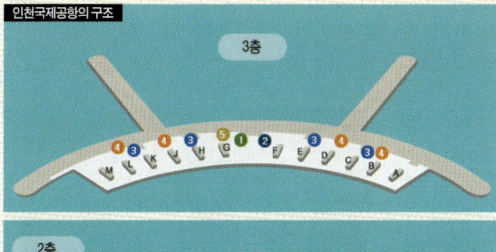

A~M 체크인 카운터
1 병무 신고
2 영사 민원 서비스 센터
3 출국장
4 대형 수하물 수속 카운터
5 출입국 관리 사무소

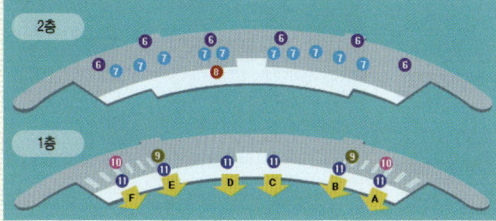

A~F 도착장 출구
6 검역 심사대
7 입국 심사
8 동물물 검역
9 대형 수하물 수취대
10 분실 수하물 안내 카운터
11 세관 검사대

사만 이용을 한다. 아시아나 항공의 경우 제1청사 L,M에서, 대한 항공의 경우 제2청사 3층에서 탑승권을 발급받을 수 있다.
칼과 가위 같은 날카로운 물건이나 스프레이, 라이터, 가스 등의 인화성 물질, 그리고 일정 용량 이상의 액체 및 젤류는 기내에 반입이 안 되니 짐에 모두 넣도록 하자.

출국장

인천공항 제1청사는 3층에 4개의 출국장이 있고, 제2청사는 3층에 2개의 출국장이 있다. 아무 곳으로 들어가도 무방하며 출국장으로는 출국할 여행객만 입장이 가능하다. 입장을 할 때 항공권과 여권, 그리고 기내 반입 수하물을 확인한다. 또한 출국장에 들어오자마자 양옆으로 세관 신고를 하는 곳이 있는데, 사용하고 있는 고가의 물건을 외국으로 들고 나가는 경우에는 미리 이곳에서 세관 신고를 해야만 입국 시 세금이 부과되지 않는다.

보안 검사

여권과 탑승권을 제외한 모든 소지품은 검색대를 통과해야 하는데, 기내에 반입이 안 되는 소지품이 발견되면 모두 압수되므로 주의해야 한다.

출국 심사

검색대 바로 뒤쪽에 출국 심사대가 있다. 항공권과 여권을 보여 주면 여권에 도장을 찍어 준다. 2006년 8월부터 출국 신고서가 폐지되었으므로 출국 심사관에게 제출할 서류는 따로 없다.

면세점 쇼핑

해외 여행을 계획하면 여행 경비 외에 가장 큰 예산을 차지하는 부분이 바로 면세점 쇼핑이다. 평소 갖고 싶었던 아이템들을 저렴하게 구입할 수 있는 기회이니 가격을 따져 보고, 할인 쿠폰을 챙겨 가며 알뜰하게 이용해 보자.
출국 심사를 통과하면 공항 면세점이 있는데 입국할 때에는 공항 면세점을 이용할 수 없으므로 출국 전 이용하도록 한다. 시내 면세점에서 미리 물건을 구입한 경우에는 면세점 인도장에서 물건을 찾을 수 있다.
주의할 점은, 출국 시 내국인 구매 한도는 1인당 미화 $3,000(국내 상품 구입 제외)지만 입국 시에는 면세점 구입 상품(수입품, 국내 상품)을 포함하여 해외에서 구입하여 가져오는 상품 총액이 1인당 미화 $600을 초과하면 세관에 신고 후 세금을 납부해야 한다는 점이다. 따라서 면세점에서 구입했다고 해서 모두 면세가 되는 것은 아니라는 점을 명심하고, 금액을 초과하면 세관 신고를 반드시 해야 한다.

비행기 탑승

정해진 게이트에서 출국 30분 전에 탑승이 가능하다. 항공 탑승권에 보면 'Boarding Time' 밑에 시간이 적혀 있다. 이 시간이 탑승 시간이므로 늦지 않도록 주의하자.

✈ 오키나와 들어가기

나하 공항 입국장

입국 심사

비행기에서 내려서 터미널 빌딩으로 들어서면 먼저 검역 심사대가 있다. 몸에 이상이 없는 사람은 그대로 통과한다.

다음은 입국 심사인데, 8곳의 심사대 상부 전광 게시판에 '국내인(일본인)'과 '외국인'이라고 표시되어 있으므로 외국인 표시가 있는 심사대 앞에 줄을 선다. 출국 심사와 달리 입국 심사는 엄격하므로 입국 신고서에 공란이 없는지 확인하고 정확하게 기입한다. 심사관이 숙박지와 체제일수, 목적 등을 영어나 일어로 질문하는 경우가 있으나 말이 통하지 않을 경우는 주위에 대기하고 있는 공항 직원이나 아시아나 항공 직원에게 통역을 부탁하도록 하자. 여권에 첨부된 출국 심사서는 출국 시 제출하는 서류이므로 분실하지 않도록 보관한다.

수하물 수취

입국 심사대를 통과한 후 인천 공항에서 맡긴 수하물을 수취한다. 벨트 컨베어로 운반되어 나오

나하 공항 국제선 터미널

는 짐 가운데서 자신의 짐을 꺼낸다. 만약 짐이 파손되거나 분실되었을 경우에는, 짐을 부칠 때 받았던 교환증과 여권, 항공권을 갖고 아시아나 항공 직원에게 문의한다.

세관 검사

수하물을 찾았으면 다음은 세관 검사 카운터로 간다. 세관 검사는 신고할 물품의 유무에 따라 검사대가 나누어진다. 신고할 물품이 있는 사람은 붉은색 검사대로 가서 세관 신고서를 작성한 후 수하물 검사를 받는다. 신고할 물품이 없는 사람은 녹색의 검사대로 가서 수하물 교환증을 건네고 자신의 수하물이 맞는지 확인한 후 짐을 열어서 내용물 확인을 한다. 만약 신고 물품을 숨기고 있는 경우에는 엄중한 처벌을 받게 되므로 신고 물품이 있는 사람은 반드시 신고하도록 한다. 세관 검사대의 좌측에는 동식물 검역소가 있으므로 반입이 금지된 육류, 과일, 야채 등은 이곳에서 검사를 받게 된다.

✈ 귀국하기

오키나와 출국

출국 심사
수하물을 X-ray 검색 장비 컨베이어에 통과시키고 자신도 금속 탐지기를 통과하여 보안 검사를 받고 출국 수속을 한다. 입국 시에 작성한 출국 신고서가 여권에 부착되어 있는지 확인하고 여권과 항공권을 심사관에게 제출한다.

출국 대기
출국 대기실에는 면세점이 있으며 명품을 비롯해 화장품, 오키나와 기념품까지 다양한 상품이 판매되고 있다. 쓰고 남은 일본 엔은 공항 내부에 은행이 없으므로 소액인 경우는 여기서 모두 사용하는 것도 좋을 것이다. 탑승 안내 방송이 나오면 신속하게 탑승구로 향한다.

한국 입국

입국 심사
한국에서의 입국 심사는 여권만 있으며 특별한 문제가 없다. 파란색의 대한민국 여권이 표시되는 입국 심사대에서 심사를 마치고 짐을 찾으러 간다.

짐 찾기
해당 카운터의 컨베이어 벨트로 이동하여 짐을 찾는다. 짐을 분실했을 경우 분실 수하물 카운터에 문의하자.

세관 검사
짐을 찾은 후 입국장으로 나가기 전 마지막으로 세관 검사를 받는다. 특별히 신고할 내용이 없다면 여행자 세관 신고서를 제출하고 그대로 빠져나가면 된다. 신고서를 기재하지 않거나 허위로 작성하였을 경우는 처벌을 받을 수 있으니 주의하자. 면세품을 구입한 경우 영수증 제시를 요구 받을 수도 있으니 영수증은 보관해 두는 것이 좋다. 구입 물품은 600달러까지 면세가 되며 그 이상인 경우 신고를 하고 세금을 지불하게 된다.

Index

Sightseeing

가비라완	231
가츠렌 성	142
간케이몬	97
게리마 제도	104
고양이 섬 오우지마	190
고우리 대교	207
고우리 섬	207
고우리 오션 타워	208
고우후쿠몬	99
곤도이하마	234
구 해군사령부 방공호	184
구다카 섬	191
구마 구와	91
국제 거리	85
국제 거리의 시장 골목	87
나가마하마	242
나고 파인애플 파크	209
나고미노 토우	234
나카구스쿠 성	143
나키진 성터	206
나하 시 제일 마키시 공설 시장	87
나하 시립 츠보야 도자기 박물관	91
냐테이야 동굴	213
네오파크 오키나와	209
누치마스 소금 공장	145
뉴 파라다이스 거리	86
니라이 카나이바시	188
니시잔바시	235
니시헨나자키	241
니지하마	237
니치이다이	98
다마도리사키 전망대	231
다케토미 섬	234
닷츄	212
도요사키 츄산 비치	189
동남 식물 낙원	144
드래곤 팰리스	139
로우코쿠몬	98
류큐 무용 공연	95
류큐 유리 마을	183
류큐 쵸초조엔	205
류큐무라	148
류탄	101
류히	99
마에다 곶	151
만자모	151
무라사키무라	150
무타바루 전망대	210
문 비치	154
미나토카와 스테이츠 사이드 타운	155
미바루 비치	190
미션 비치	153
미야코 섬	240
미츠오 시사 미술관	86
민사 공예관	233
반코쿠신료노 카네	98
백합 필드 공원	213
벤자이텐도우	101
별 관측 타워	238
부세나 해중 공원	152
비비비치 이토만	191
비세 후쿠기 가로수 길	206
비오스의 언덕	146
사카에마치 시장	89
사쿠라자카 도오리	89
삿포우시치히	99
선셋 비치	140
세나가 비치	189
세소코 비치	211
세소코 섬	211
세이덴	100
세이화 우타키	187
소노향우타키이시몬	97
쇼인 & 사스노마	99
슈레이몬	97
슈리 성	96
슈리 성 공원	94
슈리킨쵸우쵸우 돌다다미길	101
스나야마	242
스카이맥스 60	139
시장의 고서점 우라라	88
시키나엔	102
시마노에키	208
아라하 비치	141
아열대 식물원 유부지마	236
열대 드림 센터	205
에메랄드 비치	204
엔가쿠지 소우몬	101
오리온 해피 파크	210
오키나와 라이브하우스 무즈	140
오키나와 월드	186
오키나와 코도모노쿠니	143
오키나와 향토촌 오모로 식물원	205
오키나와 현 평화 기념 자료관	185
오키나와 현청	86
와지	213
요나하마에하마	242

요네하라 비치	232
요미탄 도자기 마을	149
요시노카이간	241
우나	100
이리노 아자나	99
이리오모테 섬	236
이시가키 섬	229
이시가키 섬 선셋 비치	232
이시가키 섬 종유 동굴	233
이시가키 항 이섬 터미널	229
이에 비치	213
이에 섬	212
이케마 대교	240
이케이 비치	145
이쿠토엔 토게이도우쇼	92
일본 최남단의 비석	238
자키미 성	149
잔파 곶	150
잔파 비치	151
즈이센몬	97
챠탄 관광협회	139
츄라우미 수족관	204
츄라우미야	88
츠보야 도자기 거리	91
치넨 미사키 공원	188
쿠리마 대교	240
크래프트 하우스 스프라우트	92
타미우돈	102
테르메 빌라 츄라 유	141
트로피컬 비치	153
평화 기념 공원	184
평화의 초석	185
하트 바위	208
하테루마 섬	237
한국인 기념탑	185
해도 곶	215
해양박 공원	203
해중 공원	241
해중 도로	144
호쿠덴	100
후사키 비치	232
후챠쿠 비치	154
히가시손 후레아이 맹그로브 숲 공원	215
히라쿠보사키	231

🌺 Shopping

DFS T 갤러리아	111
가이소우	110
가카즈 쇼우카이	90
그레이스	159
기미도리노토리 인 카이리	110
긴타코 쿠루아샹 타이야키	157
데포 아일랜드	158
돈키호테	107
라 쿠치나 소프 부티크	109
류카슈텐	90
류큐 피라스	110
마쓰야	107
스플래시 오키나와	107
아시비나 아웃렛	111
오키나와 분카야 잡화점	106
우미카지 테라스	111
이온 챠탄점	157
이온몰 오키나와 라이카무	158
잼 마켓	108
점프 스테이션	108
카니발 파크 미하마	156
코스믹	106
쿠쿠루 오키나와	108
튜이트리	109
티투티 오키나완 크래프트	109
포트리버 마켓	159
한비 프리마켓	157

🌺 Cafe & Restaurant

A&W 오키나와 A&W	119
가루비 플러스 오키나와	112
고쿠 카페	221
과자 공방 시마바나나	126
구루메 회전 초밥 시장	162
국제 거리 야타이 무라	113
군치야	117
기지무나아	161
나카모토 센교텐	195
돈테이	120
디포츠 가든	162
라멘 가도	164
라멘 단보	118
류큐 모던 클래식 요츠타케	117
류큐 오카시테이 류구	127
류큐 코히칸	118
류큐노우시	175
마루요시 쇼쿠도	245
마호우 커피	128
만쥬마이	124
모프모나 & 모프모나 노 자카	173
무나카타도	172
무츠미바시 카도야	119
미카도	120
바쿠바쿠테이	163
블루 실 국제 거리점	114
블루 실 아이스크림	161
산 스시	177
샘즈 바이자시	167

Index

샘즈 세라인	122	
샘즈 아카인	116	
소바마치카도	115	
수이텐로	116	
슈가 하우스	125	
슈리 소바	129	
슈리 호리카와	129	
스미비야키 야키니쿠야	245	
스테이크 하우스 88(국제 거리점)	122	
스테이크 하우스 88(츄라우미)	219	
스테이크 하우스 나카마	171	
스테이크 하우스 시키	165	
시나몬 카페	125	
시마큐	121	
시마 도넛	223	
시마부타야	170	
시사이드 카페 하논	316	
아라카키젠자이야	218	
아메이로 식당	124	
아열대 찻집	218	
아이조메사보우 에카제	222	
야마가	127	
야에다케 베이커리	222	
야에야마소바테이 쿠나츠유	294	
야치문 킷사 시사엔	217	
야키니쿠 키타우치보쿠죠 하마사키 본점	244	
얀바루 소바	221	
오카나와 세라도 커피	168	
오하코르테 베이커리	113	
오하코르테	168	
온나노에키	174	
와카페 노도카	170	
우마이모노 시장 구루메관	160	
우치나차야 부쿠부쿠	93	
원조 다이토 소바	125	
웨스트 마린	121	
이시가키지마 키친 빈	163	
이시타다미 차야 마다마	129	
이지안 하브 레스토랑 카페 쿠루쿠마	194	
이치겐야	160	
이페 코페	169	
잇푸쿠 차야	219	
자키스 스테이키 하우스	123	
지로쵸 스시	165	
지지 카페	172	
챠도코로 마카베치나	195	

챠리 레스토랑	194	
챠탄 커피 카페 스트리트	128	
츄라 테라스	220	
츄라 하나	216	
카르마 오가닉스	173	
카진호	220	
카페 야부사치	193	
카페 챠타로	93	
카페 후우쥬	193	
쿠루미샤	176	
키시모토 식당 본점	217	
키펜 케아르	175	
타코스야	115	
테라라부이	167	
테이안다	169	
토토라베베 햄버거	223	
파브로	112	
플라우만즈 런치 베이커리	176	
하나가사 식당	126	
하마베노 챠야	192	
한스	163	
헤키	123	
호사나	177	
홋카이도 사카바 유메야	164	
화부	166	
후쿠기야	114	

Hotel & Resort

EM 웰니스 리조트 코스타 비스타EM	258	
YYY 클럽 이에 리조트	214	
나하 도큐 레이 호텔	251	
니라이나 리조트	269	
더 나하 테라스	248	
더 부세나 테라스	256	
더 비치 타워 오키나와	262	
더블 트리 바이 힐튼 나하 슈리 캐슬	249	
라 티다 이리오모테 리조트	270	
라구나 가든 호텔	259	
라이브 맥스 맘스 칸나 리조트 빌라	257	
로와지르 스파타워 나하	248	
류큐 온센 세나가지마 호텔	250	
르네상스 리조트 오키나와	254	
머큐어 오키나와 나하	247	
미야코지마 토큐 리조트	271	
민숙 얀바루 쿠이나소	266	
베스트 웨스턴 오키나와 코우키 비치	253	
비치 호텔 선샤인	268	
사우선 비치 호텔 & 리조트	263	
소라 하우스	252	
아나 인터콘티넨탈 만자 비치 리조트	253	
아나 크라운 플라자 오키나와 하버뷰	246	
아다 가든 호텔 오키나와	266	
아트 호텔 이시가키지마	271	
얀바루 로하스	267	
오쿠 얀바루노 사토	266	
오쿠마 프라이빗 비치 앤 리조트	265	
오키나와 그랑 메르 리조트	259	
오키나와 카리유시 비치 리조트	255	
오키나와 카리유시	252	
오키나와 호텔	247	
유인치 호텔 난죠	264	
이시가키 시사이드 호텔	269	
일마레 우나리자키	268	
카누차 베이 호텔 & 빌라	267	
카사 비엔토	214	
카후 리조트 후차쿠 콘도	257	
코코 가든 리조트 오키나와	260	
팜 로얄 나하	252	
퍼시픽 호텔 오키나와	248	
하얏트 리젠시 나하 오키나와	250	
하이무루부시	270	
하쿠나가란	264	
함비 리조트	262	
호텔 그랑뷰 가든 오키나와	263	
호텔 닛코 아리비라	261	
호텔 루트 인 나하 토마리코	247	
호텔 몬트레이 오키나와 스파 & 리조트	254	
호텔 무라사키 무라	260	
호텔 문 비치	258	
호텔 벨파이스	265	
호텔 선팰리스 큐요칸	249	
호텔 잘 시티 나하	251	
호텔 하마히가지마 리조트 오키나와	261	

인조이 **오키나와**
휴대용 여행 가이드북

넥서스BOOKS

오키나와
Okinawa

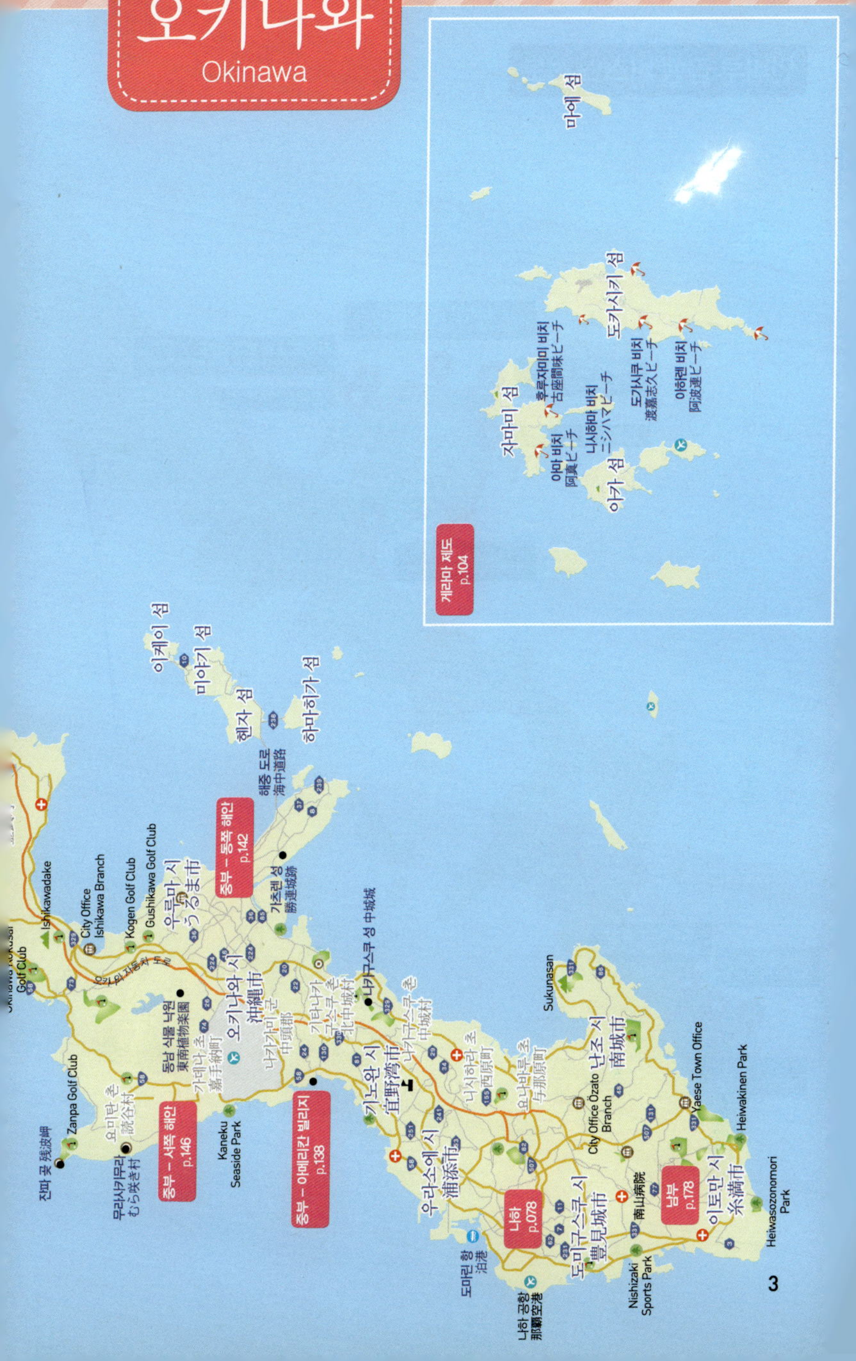

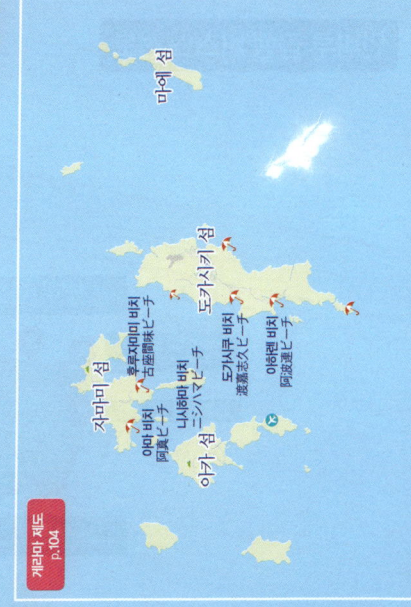

마에 섬
도카시키 섬
후루자마미 비치
古座間味ビーチ
니시하마 비치
ニシハマビーチ
도카시쿠 비치
渡嘉志久ビーチ
아하렌 비치
阿波連ビーチ
자마미 섬
아마 비치
阿真ビーチ
아카 섬
게라마 제도
p.104
이케이 섬
미야기 섬
헨자 섬
하마히가 섬
해중 도로
海中道路
중부 – 동쪽 해안
p.142
가츠렌 성
勝連城跡
나카구스쿠 성 中城城
Ishikawadake
City Office
Ishikawa Branch
Kogen Golf Club
Gushikawa Golf Club
우루마 시
うるま市
Golf Club
오키나와 시
沖縄市
동남 식물 낙원
東南植物楽園
Zanpa Golf Club
요미탄 촌
読谷村
가데나 초
嘉手納町
나카가미 군
中頭郡
기타나카구스쿠 촌
北中城村
나카구스쿠 촌
中城村
Sukunasan
잔파 곶 残波岬
무라사키무라
むら咲き村
중부 – 서쪽 해안
p.146
Kaneku
Seaside Park
중부 – 아메리칸 빌리지
p.138
기노완 시
宜野湾市
니시하라 초
西原町
요나바루 초
与那原町
난조 시
南城市
City Office Ōzato
Branch
Yaese Town Office
Heiwakinen Park
우라소에 시
浦添市
나하
p.078
도미구스쿠 시
豊見城市
남부
p.178
이토만 시
糸満市
Heiwasozonomori
Park
南山病院
도마린 항
泊港
나하 공항
那覇空港
Nishizaki
Sports Park

얀바루 급행 버스 노선도

유이레일 노선도

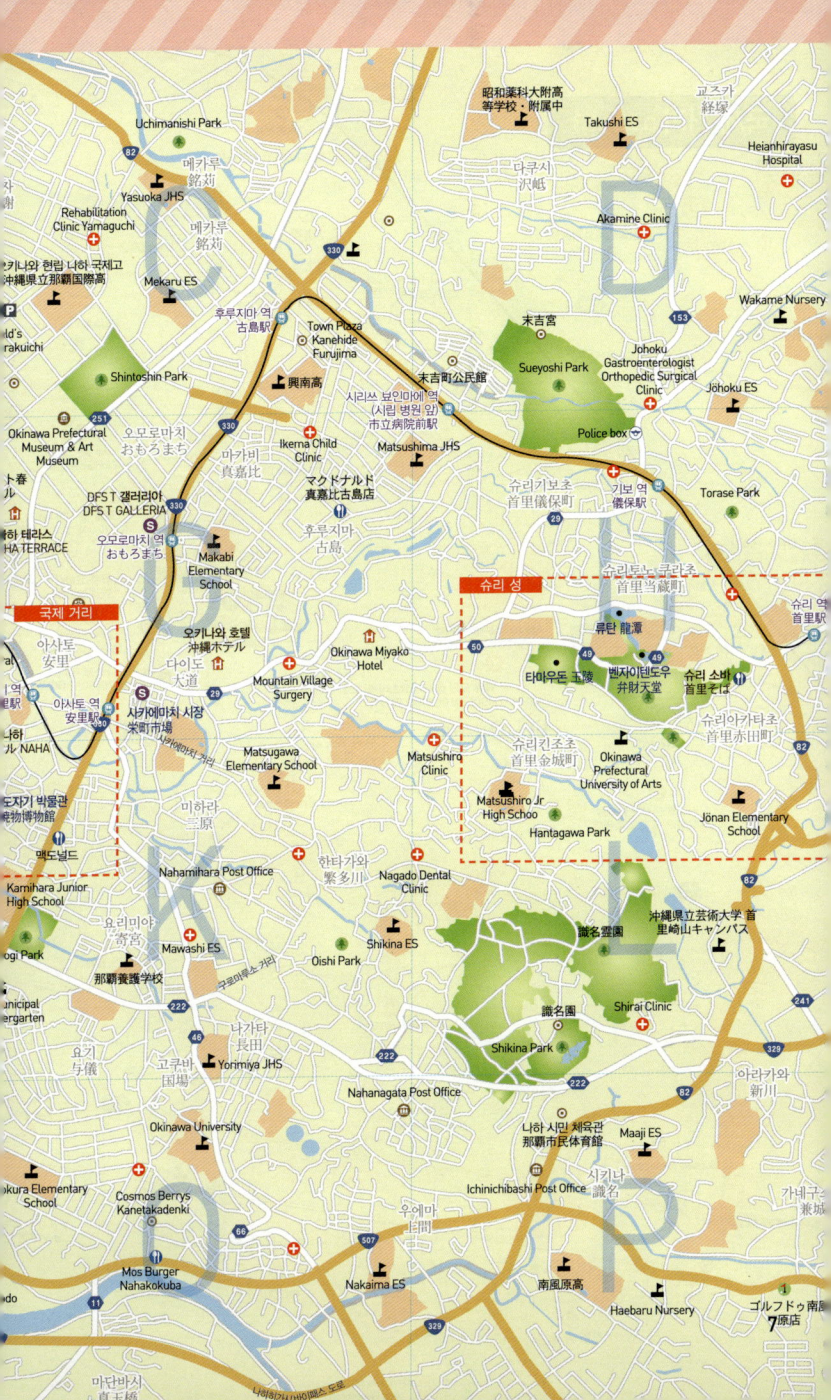

슈리성 p.95

아메리칸 빌리지

시사이드 카페 하논
シーサイドカフェハノン

데포 아일랜드
デポアイランド

기지무나이
きじむなぁ

한스
HAN'S

선셋 비치
サンセットビーチ

테르메 빌라 츄라 유
Terme VILLA Chula-u
テルメヴィラ ちゅらーゆ

우마이모노 시장 구루메관
うまいもの市場 グルメ館

드래곤 팰리스
ドラゴンパレス

이치겐야
いちげん屋

디포츠 가든
Depot's Garden

아메리칸 데포
アメリカンデポ

블루 실 아이스크림
BLUE SEAL ICE CREAM

오키나와 라이브하우스 무즈
OKINAWA LIVE HOUSE MOD'S

더 비치 타워 오키나와
THE BEACH TOWER OKINAWA

스카이맥스 60 SKYMAX 60

카니발 파크 미하마
カーニバルパーク・ミハマ

차탄 관광협회

이온 차탄점
イオン北谷店

긴타코 크루아상 타이야키
銀だこクロワッサンたい焼き

(財)북곡정공공
시설관리공사
北谷町公共
施設管理公社

스테이크 하우스 시키
ステーキハウス四季

구루메 회전 초밥 시장
グルメ回転・寿司市場

홋카이도 사카바 유메야
北海酒場 ゆめ家

라멘 가도
ラーメン我道

차탄 공원
Chatan Park

차탄 공원 육상 경기장
北谷公園陸上競技場

차탄 공원 테니스장
北谷公園庭球場

차탄 공원 실내 운동장
北谷公園屋内運動場

Kuwae Jr High School

Choritsu Mihama Nursery

SEATERRACETK

Drug Store Mori Chatan Shop

이시가키지마 키친 빈
Ishigakijima Kitchen Bin

지로쵸 스시
次郎長寿司

함비 리조트
Hamby Resort

바쿠바쿠테이
ばくばく亭

아라하 비치
アラハビーチ

한비 프리마켓
ハンビーフリーマーケット

서쪽 해안

잔파 곶
残波岬

잔파미사키 공원
Zanpamisaki Park

잔파 골프 클럽
Zanpa Golf Club

宇加地公民館

자키미 성
座喜味城

무라사키무라
むら咲き村

Yomitan Village Office

Furugen Junior High School

Kaneku Seaside Park

Kadena Town Office

공군 기지

Sunabebaba Park

호텔
ホテル・

真栄田岬ダイバーズハウス

류큐무라
琉球村

이온 오키나와
イオンモール沖縄ラ

아메리칸 빌리지
KARMA

플라우만즈 런치 베이커리
PLOUGHMAN'S LUNCH BAKERY

미나토카와 스테이츠 사이드 타운
港川ステイツサイドタウン

테이안다 Teianada

오하코르테 oHacorte

이빼 코뻬 Ippe Coppe

오키나와 세라도 커피 Okinawa Cerrado Coffee

와카페 노도카 和カフェ 和花

포트리버 마켓 Portriver Market

트로피컬 비치
トロピカルビーチ

라구나 가든 호텔
ラグナガーデン
ホテル

기노완
宜野湾

모프곤
Mofgmn

무나카타도
宗像堂

중부 p.132~133

서쪽 해안 세부 p.134~135

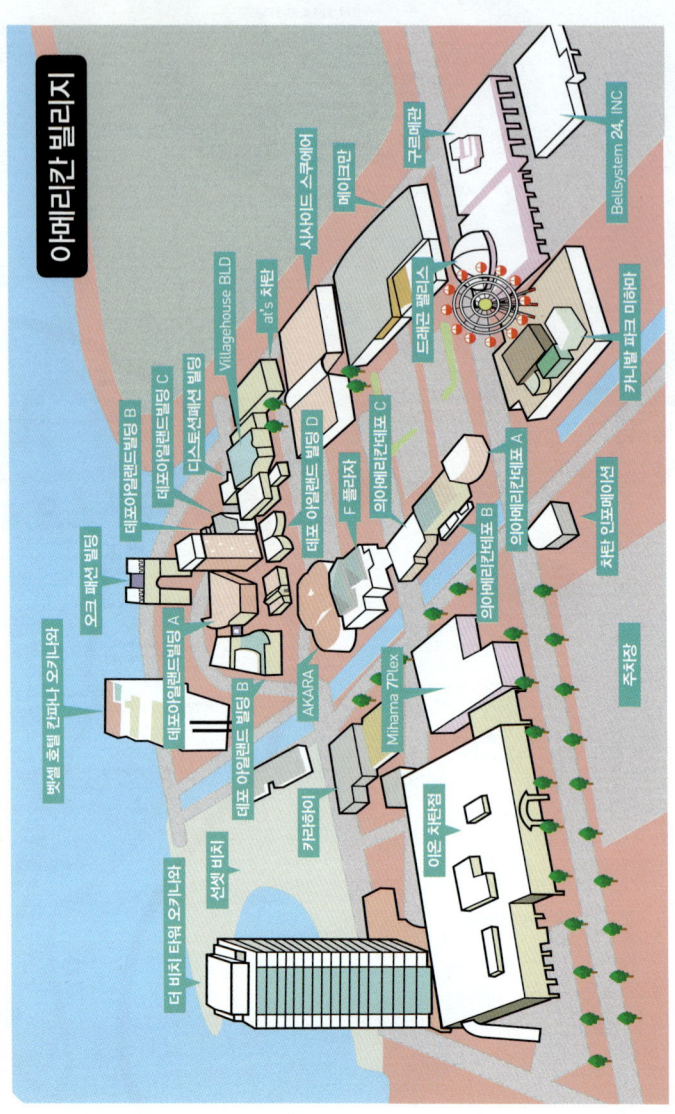

북부 p.198~199

이에 섬

- 와지 湧出
- 백합 필드 공원 リリーフィールド公園
- 米軍施設イエジ マレンジ
- 이에 섬 伊江島
- 카사 비엔토 Casa Viento
- Iejima Country Club
- 이에지마 공항 Iejima Airport
- 닷츄 城山
- 225
- Ie Sohritsu Nishi Kindergarten
- Ie Village Office
- 伊江村青少年旅行村
- 나테이아 동굴 ニャティア洞
- YYY 클럽 이에 리조트 YYY CLUB IE RESORT
- 이에 비치 伊江ビーチ
- Ie Port

- 비세 후쿠기 가로수 길 備瀬のフクギ並木
- 고우리 섬 古宇利島
- 長浜ビーチ
- 호텔 벨파라이소 ホテルベルパライソ
- 츄라우미 수족관 美ら海水族館
- 해양박 공원 海洋博公園
- Niizato Port
- 北山荘
- 나키진 성터 今帰仁城跡
- 고우리 대교 古宇利大橋
- 本部グリーンパーク ホテル&ゴルフ場
- 北山高
- 畜産研究センター
- 나키진 촌 今帰仁村
- Unten Port
- 모토부초 本部町
- 아이조메시보우 에키제 藍染茶房 藍風
- 야가지 섬 屋我地島
- Motobu Police Station
- 키시모토 식당 본점 きしもと食堂
- 我部公民館
- 세소코 섬 瀬底島
- 이에다케 베이커리 八重岳ベーカリー
- 안바루 소바 山原そば
- 아지분 킷사 시사엔 やちむん喫茶シーサー園
- Orionarashiyama Golf Club
- Makiya Elementary School
- 구니 믹
- 토토라베베 햄버거 ToTolaBebe Hamburger
- 이에 산
- 琉球セメント(株)屋部工場
- 나고 파인애플 파크 ナゴパイナップルパーク
- 네오파크 오키나와 ネオパークオキナワ
- Haneji Elementary School
- Haneji Post Office
- Sorahashiyar
- 名護サーキット場
- Hotel & Restaurant On the Beach Lue
- 호텔 리조넥스 나고 ホテル リゾネックス名護
- 나고 버스 터미널 名護バスターミナル
- 시마 도넛 しまドーナッツ
- 나고 시 名護市
- Tanodake 多野岳
- 오리온 해피 파크 オリオンハッピーパーク
- Nagodake
- Hitotsudake
- 모토부 반도
- 数久田区体育館
- 轟の滝
- 道の駅許田
- Kyoda Port
- 카누차 베이 호텔 & 빌 カヌチャベイホテル&ヴィ
- 부세나 해중공원 ブセナ海中公園
- 後の御嶽
- Ishitake Kushidake
- Kanucha Golf Course
- 츄라 하나 美ら花
- Kyoda Golf Club

야에야마 제도 p.226~227

다케토미 섬 p.235

미야코 제도 p.239

러닝 코스

사이클링 코스

A코스

B코스

일어 회화
Okinawa

매일 쓰는 기본 표현

안녕하세요. (아침/ 낮/ 밤)	おはよう ございます。/ 오하요- 고자이마스 こんにちは。/こんばんは 곤니치와　　곤방와
감사합니다.	ありがとう ございます。 아리가토-　고자이마스
미안합니다.	すみません。 스미마센
괜찮아요.	だいじょうぶです。 다이조-부데스
부탁합니다.	おねがいします。 오네가이시마스
네.	はい。 하이
아니오.	いいえ。 이-에
좋아요.	いいです。 이-데스
싫어요.	いやです。 이야데스
뭐예요?	なんですか。 난데스카

어디인가요?	どこですか。
	도꼬데스카
얼마인가요?	いくらですか。
	이쿠라데스카
잘 모르겠어요.	よく わかりません。
	요쿠　와카리마셍
일본어를 못해요.	にほんごが できません。
	니홍고가　　데키마셍
영어로 부탁합니다.	えいごで おねがいします。
	에-고데　　오네가이시마스
천천히 말씀해 주세요.	ゆっくり はなして ください。
	윳쿠리　하나시테　구다사이
다시 한번 말씀해 주세요.	もう いちど おねがいします。
	모-　이치도　오네가이시마스
써 주세요.	かいて ください。
	가이테　구다사이
나는 한국 사람입니다.	わたしは かんこくじんです。
	와타시와　간코쿠진데스

숫자

1	2	3	4	5	6	7	8	9	10
いち	に	さん	し	ご	ろく	しち	はち	きゅう	じゅう
이치	니	산	시	고	로쿠	시치	하치	큐-	주

돈

1엔	いちえん	이치엔
5엔	ごえん	고엔
10엔	じゅうえん	주-엔
50엔	ごじゅうえん	고주-엔
10000엔	いちまんえん	이치만엔

100엔	ひゃくえん	햐쿠엔
500엔	ごひゃくえん	고햐쿠엔
1000엔	せんえん	센엔
5000엔	ごせんえん	고센엔

비행기 안에서

제 자리가 어디죠?	わたしの せきは どこですか。 와타시노 세키와 도코데스카
이쪽입니다.	こちらです。 고치라데스

이쪽 　こちら 고치라
저쪽 　あちら 아치라
그쪽 　そちら 소치라

실례합니다.	しつれいします。 시쯔레이시마스
저기요.	すみません。 스미마센
담요 주세요.	もうふ ください。 모-후 구다사이
커피 주세요.	コーヒー ください。 고-히- 구다사이

냉수 　おみず 오미즈
주스 　ジュース 주-스
맥주 　ビール 비-루

화장실은 어디인가요?	トイレは どこですか。 토이레와 도코데스카
얼마 후에 도착합니까?	あと どれぐらいで 아토 도레구라이데 つきますか。 쓰키마스카

입국 심사

외국인은 어느 쪽에 서나요?	がいこくじんは どちらですか。 가이코쿠진와 도치라데스카
방문 목적이 무엇입니까?	にゅうこくの もくてきは 뉴-코쿠노 모쿠테키와 なんですか。 난데스카
관광입니다.	かんこうです。 간코-데스
공부하러 왔습니다.	りゅうがくです。 류-가쿠데스
어느 정도 체류합니까?	どのくらい たいざいしますか。 도노쿠라이 다이자이시마스카
일주일입니다.	いっしゅうかんです。 잇슈-깐데스

일주일	いっしゅうかん	잇슈-칸
이틀	ふつか	후쓰카
3일	みっか	믹카
4일	よっか	욧카

어디에서 머물 예정입니까?	どこに たいざいしますか。 도코니 다이자이시마스카
프린스 호텔입니다.	プリンスホテルです。 프린스 호테루데스

수화물 찾기

NH 908 짐은 어디서 찾나요?	NH908の てにもつは どこで 에누에치 큐-제로하치노 테니모쯔와 도코데 受け取りますか。 우케토리마스카
짐이 나오지 않았어요.	にもつが でて きません。 니모쯔가 데테 키마센
제 짐은 두 개 입니다.	わたしの にもつは ふたつです。 와타시노 니모쯔와 후타쓰데스
한 개 두 개 세 개	ひとつ 히토쓰 ふたつ 후타쓰 みっつ 밋쓰
짐이 없어졌어요.	にもつが なくなりました。 니모쯔가 나쿠나리마시타

세관 검사

신고할 물건 없습니까?	申告する ものは ありませんか。 신코꾸스루 모노와 아리마셍카
없습니다.	ありません。 아리마센
가방 안에 무엇이 들어 있습니까?	かばんの なかに なにが 가방노 나카니 나니가 はいって いますか。 하잇테 이마스카
가방을 열어 주세요.	かばんを あけて ください。 가방오 아케테 구다사이

이것은 무엇입니까?	これは なんですか。 고레와　난데스카
이건 제가 사용하고 있는 물건입니다.	これは わたしが つかって 거레와　와타시가　쓰캇테 いる ものです。 이루　모노데스
이것은 가지고 들어갈 수 없습니다.	これは もちこむ ことが 고레와　모치코무　고토가 できません。 데키마센

공항에서

버스 승강장은 어디인가요?	バスのりばは どこですか。 바스 노리바와　　도코데스카
어디로 가야 하나요?	どこに いきますか。 도코니　이키마스카
관광 안내소는 어디인가요?	かんこう あんないしょは 간코-　　안나이쇼와 どこですか。 도코데스카
지도를 주세요.	ちずを ください。 지즈오　구다사이
호텔 예약이 가능한가요?	ホテルの よやくが できますか。 호테루노　요야쿠가　데키마스카

교통

표는 어디에서 삽니까?	きっぷは どこで かいますか。 깃푸와 도코데 가이마스카
요금은 얼마입니까?	りょうきんは いくらですか。 료-킨와 이쿠라데스카
전철은 어디서 탑니까?	でんしゃは どこで のりますか。 덴샤와 도코데 노리마스카
몇 시에 출발합니까?	なんじ しゅっぱつですか。 난지 슛파쓰데스카
신주쿠행입니까?	しんじゅくゆきですか。 신주쿠 유키데스카
이거 시나가와에 가나요?	これ、しながわに いきますか。 고레 시나가와니 이키마스카
신주쿠까지 얼마나 걸립니까?	しんじゅくまで どのくらい 신주쿠마데 도노쿠라이 かかりますか。 가카리마스카
하라주쿠에 가고 싶은데요.	はらじゅくに いきたいですが。 하라주쿠니 이키타이데스가
어디서 갈아탑니까?	どこで のりかえますか。 도코데 노리카에마스카
걸어서 갈 수 있습니까?	あるいて いけますか。 아루이테 이케마스카
열차를 잘못 탔어요.	のりまちがえて しまいました。 노리마치가에테 시마이마시타
표를 잃어버렸어요.	きっぷを なくして しまいました。 깃푸오 나쿠시테 시마이마시타

호텔에서

체크인 부탁드립니다.
チェックイン おねがいします。
쳇쿠인 오네가이시마스

예약했는데요.
よやくしましたが。
요야쿠시마시타가

방에 열쇠를 두고 나왔어요.
へやに かぎを おきわすれました。
헤야니 가기오 오키와스레마시타

415호실입니다.
415ごうしつです。
욘이치고 고-시쓰데스

체크아웃은 몇 시까지입니까?
チェックアウトは なんじまでですか。
쳇쿠아우토와 난지마데데스까

내일 7시에 모닝콜 부탁합니다.
あした 7じに モーニングコール
아시타 시치지니 모-닝구코-루
おねがいします。
오네가이시마스

인터넷을 할 수 있습니까?
インターネットを つかえますか。
인타-넷토오 쓰카에마스카

편의점은 어디에 있나요?
コンビには どこに ありますか。
콘비니와 도코니 아리마스까

하루 더 머물고 싶은데요.
もう いっぱく したいですが。
모- 잇파쿠 시타이데스가

짐을 5시까지 맡아 주세요.
にもつを 5じまで
니모쓰오 고지마데
あずかって ください。
아즈캇테 구다사이

쇼핑

이거 주세요.	これ ください。
	고레 구다사이

옷 입어 봐도 될까요?　　　きて みても いいですか。
　　　　　　　　　　　　기테 미테모 이-데스까

작아요.　　　　　　　　　ちいさいです。
　　　　　　　　　　　　지-사이데스

커요.　　　　　　　　　　おおきいです。
　　　　　　　　　　　　오오키-데스

얼마입니까?　　　　　　　いくらですか。
　　　　　　　　　　　　이쿠라데스까

비싸요.　　　　　　　　　たかいです。
　　　　　　　　　　　　다까이데스

싸게 해 주세요.　　　　　やすく して ください。
　　　　　　　　　　　　야스쿠 시테 구다사이

할인이 가능합니까?　　　わるびき できますか。
　　　　　　　　　　　　와리비키 데키마스까

포장해 주세요.　　　　　ほうそうして ください。
　　　　　　　　　　　　호-소-시테 구다사이

쇼핑백에 넣어 주세요.　　かみぶくろに いれて ください。
　　　　　　　　　　　　가미부쿠로니 이레테 구다사이

영수증 주세요.　　　　　レシート ください。
　　　　　　　　　　　　레시-토 구다사이

음식

추천 요리는 무엇입니까?	おすすめ りょうりは なんですか。 오스스메 료-리와 난데스카
잘 먹겠습니다.	いただきます。 이타다키마스
잘 먹었습니다.	ごちそうさまでした。 고치소-사마데시타
맛있어요.	おいしいです。 오이시-데스
맛이 이상합니다.	あじが おかしいです。 아지가 오카시-데스
생맥주 500CC 두 잔.	なまビール 中ジョッキで 2はい。 나마비-루 주-좃키데 니하이
물 좀 주세요.	みず ください。 미즈 구다사이
개인용 접시 하나 주세요.	とりざら ひとつ ください。 도리자라 히토쓰 구다사이
담배를 피워도 됩니까?	たばこを すっても いいですか。 다바코오 슷테모 이-데스카
계산해 주세요.	おかんじょう おねがいします。 오칸조- 오네가이시마스

인조이 시리즈가 당신의 여행과 함께합니다

ENJOY your TRAVEL

세계여행

1. 인조이 도쿄
2. 인조이 오사카
3. 인조이 베트남
4. 인조이 미얀마
5. 인조이 이탈리아
6. 인조이 방콕
7. 인조이 호주
8. 인조이 싱가포르
9. 인조이 유럽
10. 인조이 규슈
11. 인조이 파리
12. 인조이 프라하
13. 인조이 홋카이도
14. 인조이 뉴욕
15. 인조이 홍콩
16. 인조이 두바이
17. 인조이 타이완
18. 인조이 발리
19. 인조이 필리핀
20. 인조이 런던
21. 인조이 남미
22. 인조이 하와이
23. 인조이 상하이
24. 인조이 터키
25. 인조이 말레이시아
26. 인조이 푸켓
27. 인조이 스페인·포르투갈
28. 인조이 오키나와
29. 인조이 미국 서부
30. 인조이 동유럽
31. 인조이 괌
32. 인조이 중국
33. 인조이 인도
34. 인조이 크로아티아
35. 인조이 뉴질랜드
36. 인조이 칭다오
37. 인조이 스리랑카
38. 인조이 러시아
39. 인조이 다낭·호이안·후에
40. 인조이 치앙마이

국내여행

1. 이번엔! 강원도
2. 이번엔! 제주
3. 이번엔! 남해안
4. 이번엔! 서울
5. 이번엔! 경주
6. 이번엔! 부산
7. 이번엔! 울릉도·독도

넥서스BOOKS